預約幸福：

RESERVING THE UPCOMING HAPPINESS

乘著文學去旅行

陳碧月 著

就是要旅行

　　1990年，在我大學二年級升大三的暑假第一次出國。那時自助旅行的風潮剛剛興起，為了犒賞從五專考上插大的自己，我花了一年的時間兼家教打工存錢，只求一圓遊歐的夢想。

　　當時有一個「聯合自助旅行服務中心」，有幾個愛好旅行的人，以自己的旅遊經驗，專門提供自助旅行者相關的旅遊資料，只要繳幾百塊的會費就可加入會員，不過他們是不提供帶團服務的。他們把要到同一個國家旅行的人集合起來，提供場地、諮詢，讓大家可以參與行前會議。

　　我記得當時共有三十多人要到法國、義大利、瑞士和英國，我們三姐妹是最年輕的，其他都是社會人士，其中以老師居多。那時在討論租車問題時，需要「信用卡」，那是我第一次聽到「信用卡」這個名詞。一個來自高雄的像是土財主的大哥很豪氣地表示：「我有信用卡，沒問題，到時租車刷我的卡就好了！」結果到了巴黎戴高樂機場，這位被大家捧著的老大卻反悔了，他說仔細考量後，發現團友太多了，萬一出什麼狀況，他會有困難。大家就這樣被放鴿子了，於是所有的人各自散，沒有信用

卡，就租不了車，也沒必要全部綁在一起了。這是我第一次發現信用卡的重要。

我們三姐妹和另外四位老師組成了一團，所有的計劃全部打亂，又得重整再來。隔天，在羅浮宮的透明金字塔前，遇上一個獨自旅行的還在輔大夜間部就讀的社會人士，當他知道我們的困難後，二話不說把信用卡借給我們，還和我們一起往普羅旺斯走，分擔車資。問他為何獨自旅行？他說他藉由旅行療傷止痛，因為剛和交往了三年的女友分手，女友父母反對他們的婚事，因為他是客家人。然而，這個客家人卻僅僅因為一面之雅的同胞愛，就解決了我們的大麻煩，誰說客家人小氣呢！這些刻板印象都是需要消除的。

我很慶幸第一次出國，盡興而歸，遇到許多困難都一一解除，留下美好的回憶。

和善熱情的義大利人是教人懷念的。那次從愛丁堡搭夜車到劍橋，由於沒有事先預定座位，因此，我們一行七人，只能就僅有的三個空位輪流休息。

走道隔壁座位四位年輕人頻對我們眨眼，嘴裡還哼著：「莎呦哪啦！」他們以為我們是日本人。從他們的語言，可以肯定他們是義大利人。

我坐在同伴座位的扶手處，試著闔眼。其中一位年輕人起身拍我的肩膀，示意要我坐他的位子，我婉謝他的好意，未料他迅速地從旅行包中拿出一張草蓆和厚紙板，他先將草蓆鋪在走道上，然後在厚紙板寫上："Don't touch me." 隨即就躺了下來，然

後很自然地將剛剛寫的警告標幟蓋在身上；另外三人也滿心誠意催促著我坐下來，在盛情難卻的情況下，不好意思再一次拒絕。遺憾的是，在匆忙下車之際，只是再次感謝，而忘了告訴他們：我們是來自臺灣的中國人。

記得在巴黎遊賽納河時，結識了一群也是到法國旅行的瑞士人，當告之我們來自臺灣時，他們的第一個反應是 "MONEY"，然後爭著和我們幾個「有錢人」握手。當時的臺灣可是以外匯存底曾高居世界前幾名而聞名的呢！

他們誇我穿的衣服很漂亮，我很自傲地說，"Of course. Made in Taiwan." 拿出中國結及幾張臺灣有名風景區的明信片送給他們，並邀他們有機會也到寶島一遊。

「路不拾遺」這種大同世界的境界在國外隨處可見。那是教人感動的一幕——開往倫敦的火車遲遲未開，在窗玻璃外遠遠見到一位身著制服的站務人員，焦急地舉起一個白色的自製暗袋，最後他在我們這個車廂停了下來，指著我們這群黑頭髮的外國人，然後，從暗袋中取出護照和美金，此刻，一位日本女孩驚惶地衝了出去。站務人員向列車長打著稍後啟動的手勢。待那女孩帶著欣喜，又回到車廂裡，全車的人都為她捏了一把冷汗。

就在結束近兩個月的旅行，懷著歸鄉似箭的心情上飛機的同時，才發現遺掉了一瓶要送給老爸的免稅酒，抱著顆希望渺茫的心趕回候機室，居然發現它依然安安靜靜地躺在那。那種失而復得的感動，迄今仍難以言喻。

在旅途中遇到幾位德國朋友，問他們來自東德還是西德，他們既詼諧又正經八百地回答："In the middle."

別了，一面之雅偶遇的人們，可能是在高聳壯麗的愛丁堡城上，穿著紅白格子裙的風笛手；或許是在馬特洪峰上一起賞雪的人兒。別了，再回首必然已是百年身了。

時間，撕裂了歐洲落葉的呢喃，昔日美好的足跡，恰似地中海蔚藍海岸的潮水般，也似橫跨英吉利海峽洶湧的波濤般從心靈的國度流逝，而我只能以無奈和沉默送走凝注滿杯的記憶；然而，這凝注滿杯的記憶，也將恰如托斯卡尼的陽光愈之燦爛、白蘭地之鄉Cognac的Hennessy酒廠的陳年葡萄酒愈陳愈香。

回國後，我把這樣的心情寫下第一篇旅行文章刊登於《臺灣時報》，1990年12月23日，第27版。又是一個難得的生命經驗。

我怎麼也沒料到，我的處女行旅，讓我有機會認識自己、發現自己，進而朝從事教職的目標去努力，而今能在自己的工作舞臺上悠遊自得。

忘了是在哪裡見到這句話：「成長代表的是快樂的不斷遞減。」我覺得非常有道理，但我們卻可以透過旅行，不斷地更新自己，找尋下一波的快樂。

古人說：「無字書者，天地萬物是也。」我永遠忘不了旅遊中的每一次「初體驗」，第一次在瑞士見到皚皚白雪；第一次在法國尼斯見到上空女郎；第一次在普羅旺斯品嘗紅酒，享受紫色的微醺時光；第一次拜訪超迷你小國——梵蒂岡——僅僅兩個中

正紀念堂大小；第一次進賭場見識摩納哥賭城的紙醉金迷；第一次在馬爾地夫潛水，見到海底的斷崖；第一次見到金字塔上的滿月；第一次在沙漠中見到海市蜃樓；第一次見到在南非草原上奔跑的獅群；第一次在巴里島住Villa；第一次見到紐西蘭特殊的峽灣與湖泊；第一次在印度被行乞的孩子們團團包圍；第一次在柬埔寨洞里薩湖見到爭先恐後坐在水桶裡滑到身邊跟你索錢的貧窮小孩，這些強烈的文化跌宕撼動我心，同時也讓我對生命心懷感激，並繼續找尋生命的綠洲，泰戈爾說出了我的心聲：「我很高興生活在這個偉大的世界上！」

本書著重探討旅遊文學與人生的關係，及其所觀照的人生層面，期待能透過作品的主題思想加以探究，提昇學生的人文素養。且為因應未來觀光業的發展，期待同學可藉由旅遊文學的欣賞，開擴眼界，或對未來有意從事觀光產業者訓練書寫旅遊行程。期待讀者在這場文學旅行中，能夠隨心所欲，找到那一對結合旅遊與藝術的美學翅膀，展翅翱翔！

本書撰寫期間，感謝整個美編與文編團隊在其專業上各司其職，每個環節都是意義深重，謹致上最深切的感謝。

德國詩人李斯特說：「人生有如一本書，愚者匆匆翻閱；智者卻是小心翼翼地仔細閱讀，因為他知道那是一本無法再回頭看第二遍的書。」我的人生之輪轉動了45年，旅行了近60個國家，利用旅行的收穫，努力充實自己的生命之書，相信這本集結了我的旅遊文章的新書出版，不僅能更加豐盈我的生命，也能影響讀者的生命能量！

旅遊文學所涵蓋與延伸的層面極廣，在創作、論析或討論活
動設計方面，或有不盡周詳全面之處，期請博雅方家不吝賜教，
以為再版修正之參考。

陳碧月

2014年1月謹識於臺北城敦南寓所

contents

第一章

概論「旅遊文學」

第一節　古代的「旅遊文學」

　　旅遊文學，就形式上看，應可屬於是文學性質，而且是具有獨立文學體系。

　　其實從中國古典文學中，我們就見到很多描述各地名勝古蹟、自然景致、商品文物以及民俗風情的詩歌與散文。早在春秋戰國時期老子遠行去傳道、孔子為了講學周遊列國；到了漢朝張騫出使西域，遠到波斯，也就是伊朗和敘利亞；還有北魏酈道元的地理書《水經注》，仔細描繪了名山大川；唐代的玄奘到印度取經，完成了《大唐西域記》；明代的鄭和七次下西洋，最遠到達了東非海岸；還有旅行家徐霞客在其《徐霞客遊記》中將所遊歷的見聞與所見風光詳實記敘。

　　許多騷人墨客遊山玩水、或者是因遭貶謫而離家流放，或因為戰亂而顛沛流離，也有人羈旅行役、浪跡江湖、遁跡山林，他

們不管登高憑弔，還是在尋幽訪勝中，將自己的思鄉離亂之情、政治抱負之感寄情於山水之間，經由這些觸情生情的文字記錄，可以確定的是，古代就已出現所謂的「旅遊文學」與「山水文學」的作品，只是未曾被加以分類認定。

然而，這些作家已經藉由他們實際的出走經驗，豐富了我們古典的遊記文學，這些精彩而寶貴的篇章，透露了許多歷史觀點與國內外各地的民情特色。

第二節　「旅遊文學」的發端

近年來隨著經濟快速起飛，帶動旅遊觀光事業的蓬勃發展，其繁榮的氣象，進而連帶相關周邊產業的發達，文學出版界也熱烈參與，有名的相關文藝協會與航空公司陸續舉辦旅行文學獎，比如由香港作家聯會、香港嶺南大學、中西創新學院、明報月刊、明報出版社、新加坡文藝協會、澳門中華文化藝術協會聯合主辦的「世界華文旅遊文學徵文獎」向世界公開徵稿外，還有國內的兩大旅行文學獎——「華航旅行文學獎」和「長榮寰宇旅行文學獎」，都引起投稿者的熱烈參與。因此，「旅遊文學」成為一種新穎的概念而被認真定義。

第三節　定義「旅遊文學」

　　關於旅遊文學，國內外的學術界目前尚無準確統一的定義，各家眾說紛紜，各有其看法，研究旅遊文學的胡錦媛教授說：「主張旅行是跨越疆界的行為，旅行寫作者在離開旅行地點的『直接現場』後，來到寫作的『間接現場』，以文字再現旅行行為，表達跨越疆界的『行動』。而旅行寫作文本如何透過『行動』來彰顯『旅行』的旨意？衡量旅行者是否在旅行行為中跨越疆界，就必須以結構的觀點來看。旅行之所以與『流放』、『流浪』、『流離』或『移居遷徙』不同便在於旅行者終究將回到原先所出發離去的『家』。『家』的存在與回歸是旅行的觀念得以成立的前提；『家』也是旅行者得以衡量整個旅行過程的『得』與『失』的秤頭。旅行因此形成一往一返的圓形結構。旅行的回歸點即出發點，兩者既相同重複，又在相同重複中產生差異。旅行的最高境界便是旅行者跨越自我與在旅行中相遇的異己（the other）之間的疆界，將封閉固著的空間轉化為自由開放，帶著『差異』回返家鄉。」（胡錦媛：《臺灣當代旅行文選》，二魚出版，2004年，序頁）這是屬於狹義的定義。

　　至於廣義的定義，也有被認定為凡是關於觀光、出走、考古、田野調查、自傳、回憶錄、返鄉、流放、流浪、流離與移居遷徙、親身的實證經驗與憑空的想像遨遊。但大抵可歸納分為以

下四種說法：

一、凡是因為從「出發」與「返抵」兩點之間的旅遊過程而產生的，在異地非定居性暫時的所有生活記錄，或者期間可以引起遊客興味的文學作品，都可以稱為「旅遊文學」。

二、藉由旅行者到旅遊點見到的山水名勝，因景而生的情感，或者導遊介紹旅遊景點的人文風景，這種以各種形式──包含書寫、講述、歌唱、讚頌、篆刻的表達，小自旅行者大至社會傳遞相關的旅遊資訊，都稱為「旅遊文學」。

三、由以上兩點看來，是從「廣義」的範疇去定義「旅遊文學」，也就是說所有關於旅遊文字的記載，包括借景抒情的遊記散文、描寫景物的山水詩、各地的傳說故事、觸情入景的對聯、碑文等各種形式和題材類別，所有在旅遊過程中發生的直接或間接的經歷內容，都可以歸納為「旅遊文學」。

四、相對於「廣義」的「旅遊文學」便是「狹義」的「旅遊文學」，它限定於是從純粹文學和藝術觀點而出發的記錄旅遊的文學，是一種紀實加上報告性的文學。

根據上述四種定義，不過就是包含了寫景、抒情、敘事和議論，因此，我們可以為「旅遊文學」下一個較為「開放式」的定義：旅遊者從離開固定居所開始，到返回途中所發生的一切旅途見聞，見到的景色風光，優美的、糟糕的；遇到的人，好的壞

的，包括與人的交流互動，談論的事情；遭遇到的事情，例如：交通、食物、住宿旅館，愉悅的、不快樂的；旅遊景點的傳說故事和景點所引發的相關的觀光契機，凡此以上所有和旅遊的關係與現象的總和，可以表達其思想情感與審美趣味的文學，皆可稱為「旅遊文學」。

第四節　「旅遊文學」的基本特徵

基於以上對「旅遊文學」的定義，可以歸納出旅遊文學的四點基本特徵：

一、異地性：旅遊點只是暫時居住在異地的居所，是屬於流動性質的，短期的特殊生活經過的文字記載；如果離開居住地到旅遊的目的地永久居住所記錄下來的文字，就不算是旅遊文學。

二、寫實性：旅遊文學，就內涵來說，是以文字書寫的方式，具體而實際地表現該地域的自然風光與風俗民情的，將與旅遊有密切相關的資料，與實際展開「出走」的旅遊經過、見聞和生活加以紀錄，因此具有記實的寫真性。
例如：冬季到首爾去旅遊實際紀錄下在街上見到幾個穿著紅色厚雪衣的人，遊走在街上，原來他們就是專門解決觀光客的疑難雜症的，有問題都可詢問他們，他們會盡全力幫忙。他們身上掛著「日本語」、「英語」和

「中文」等語言的牌子，提供國際化的旅遊服務；或者記錄到韓國入境隨俗去洗「汗蒸幕」搓身體的經過——「在櫃台付錢後，拿到一把鑰匙，那是鞋櫃和衣櫃的同一把鑰匙，在一樓鎖好鞋子後，就從男女專用入口分別進入。在淋浴室簡單的淋浴後，兩個穿著整套內衣內褲的『阿珠麻』，引導我們進到淋浴室隔壁的區域。這裡有四張像手術檯一樣的躺床，『阿珠麻』就開始為我們搓身體，正面、背面、左右側邊，還有脖子相當仔細。後來，我們發現當地人省錢的作法就是拿著專用的搓布，彼此在淋浴室相互搓身。於是，我也去他們的小商店買了兩塊小搓布，一塊1000won換算台幣為 27塊，我想可以帶回台灣在健身房自助。沖澡後換上汗蒸幕專用的衣服和短褲，前往男女共用的休息空間，這一區有各種可以蒸汗，不同溫度的主題汗蒸幕，有一間很特別像個土窯，溫度極高一進去馬上飆汗，還有低溫零下的冷凍室，一進去馬上豎起寒毛。在這邊還可以看電視，或躺在枕頭上休息小睡。有的省錢的背包客就在這裡過夜。我們也學韓劇演的去買了雞蛋吃，還跑去找『阿珠麻』教我們怎麼綁韓劇裡的『綿羊』頭巾。」這樣的真實紀錄就是所謂的「寫實性」。

三、享受性：旅遊本身就是一種優質的精神享受，因為人生苦短，所以要追求快樂；因為規律的生活，一成不變，所以要追求更新；因為學海無涯，所以要藉由旅行，在

異地獲得平常得不到的知識，擴大格局。因此，整個旅遊的過程就是一種休閒放鬆的享受，而這種享受正是美的表現，誠如美學家葉朗在《旅遊離不開美學》中所說的：「旅遊，從本質上說，就是一種審美活動。離開了審美，還談什麼旅遊？旅遊涉及審美的一切領域，又涉及審美的一切形態。旅遊活動就是審美活動。」的確，旅遊文學的內容豐富，描寫碧海藍天、日月雲霧、花草生態、樓閣亭臺、教堂寺院、雕刻建築和繪畫藝術，無不涵容了自然藝術的生活享受之美。

以坐落於南歐的「蒙特內哥羅」來說，她與義大利隔海相望，Montenegro原文為「黑山」之意，所以有人另稱為「黑山共和國」，境內主要是山脈和丘陵。自2006年正式擺脫塞爾維亞而獨立後，很快地就成為歐美人士度假的景點。其知名的度假勝地——布德瓦（Budva），擁有21公里長的海岸線和17個海灘，曾被評為世界上最美麗的五個海灘之一。除了海洋和沙灘外，她還和中古世紀的老城並存。在老城裡漫步就是旅遊最大的享受，眼見泛黃的大理石牆、踱步在鵝卵石鋪就的小路，隨興在如迷宮的小巷內穿梭，追尋歷史；你也可以穿過拱門，就見到水天一色透著祖母綠的海洋以及綿長柔軟的沙灘，穿著清涼泳裝的遊人從事各種水上活動，笑聲和浪聲交疊而出，有種穿越時空的感覺。抬眼向著藍天，碧海以讚嘆回答，這是一種多麼難得的享受。

或者搭乘遊輪，紀錄下在郵輪上的享受——「皇家加勒比郵輪公司旗下的『海洋航行者號』原只航行於歐美海域，於2012年首次進駐亞洲，是航行亞洲海域最大的豪華郵輪。他有14萬噸，甲板樓層有15層，目前是全球十大郵輪。遊輪裡有攀岩牆、籃球場、滑冰場迷你高爾夫球場、海上水療中心、游泳池、刺激好玩的滑水梯、15間不須入場費的酒吧、俱樂部、夜總會、美容院以及健身中心。往往在影片中看到郵輪的豪華，總要眼見為憑，才能有瞠目結舌的機會。在郵輪裡完全不用擔心無聊，船公司每天都會安排一連串有趣的活動。我們總共看了四場大型的秀和電影——《戰馬》，還有大型真冰溜冰場的冰上表演；如同精品街的皇家購物大道，限時折扣搶購；如果你因此享受而感到人生的美好，而有了結婚的衝動，這裡甚至提供結婚的教堂；你還可以參觀畫展、精采的魔術秀，或是安靜地在圖書館看書，在這裡的每一個時刻都給人耳目一新的驚奇感受。」

四、知識性：旅遊結合文學後，帶給旅遊者、計劃旅遊者或無法出遊者「行萬里路」的見解和知識。旅遊文學所涵括的知識是多方面的——政治、經濟、宗教、文化、自然、地理、歷史、藝術等，像是一本具有綜合知識的百科全書，不過這卻不是一本工具書，而是一本有趣的，能帶給人們見多識廣的精神享受的好書。

再舉蒙特內哥羅來看，其境內有兩座世界遺產，一是

位於南邊緊鄰著亞德里亞海的科托爾峽灣（The Bay of Kotor），位處於歐洲最南的峽灣，是歐洲本土在挪威之外最大、最深的峽灣，在1979年被聯合國教科文組織列為世界文化遺產。靜謐的峽灣景觀相當特殊，吸引很多觀光客前來朝聖；而另一個世界遺產是科托爾古城，建立於西元7世紀，當時是著名的貿易航海城。背山面海的古城內有保存良好的中古世紀建築，在黑山的圍繞中更顯堅韌。廣場中央的鐘塔前有個相當特別的「懲罰柱」，據說古時犯了罪的人，會被綁在這裡讓人家丟石頭懲罰其過錯，同時也警惕大家不要犯罪。

又如旅遊文章裡記錄到訪藏族聚落，隨處可見各種顏色風幡隨風飄盪搖曳，被稱為「風馬旗」，是藏族聚居的一道特殊光景，相當壯觀。「風馬旗」上，印滿密密麻麻的藏文咒語、經文、祈願文、佛像和吉祥物圖形。原來虔誠的藏族人希望能夠時刻唸經，卻又無法一整天都在唸經，所以，就利用風馬旗，每當風吹一次就代表唸了一次經文。「風」是傳播運送經文的一種無形的「馬」，所以，「馬」就是「風」。旅遊文章便是提供了這樣「知識」。

第五節 「旅遊文學」的價值意義

　　旅遊是要實際離家旅行，但閱讀旅遊文學卻可以不限時空，我們應該結合旅遊與文學相輔相成的力量，充分發揮旅遊文學的最大效益，跟著作家的文字一起去旅行，或想像旅行，或計劃展開旅行，或「放」心帶著靈魂不花一毛錢去旅行，綜上所述，對於旅遊文學這樣一種有意義的文學活動，試將其價值意義總結三點如下：

一、旅遊文學可以開拓心智，發現並檢視自己：孔子「登泰山而小天下」的哲學性的頓悟啟發著我們的人生態度；蘇軾〈題西林寺壁〉：「橫看成嶺側成峰，遠近高低各不同。不識廬山真面目，只緣身在此山中。」讓我們思考面對人生事物的角度、真相。可見我們可以借助旅遊文學的作用和藝術感染力，從作家所帶領的空間的轉換，結合物質與精神文明，跳脫原有的生活軌道、拓寬視野、解放思想，用不同的角度檢視並更新自己，並滿足其精神需求。

二、旅遊文學具有導覽，增進遊興的功能：美麗的景致，如果沒有優秀的旅遊文學作家之筆，就見不到詩情畫意的描摩。就像陳銘磻在《忽逢桃花林》中寫著：「時當春日迎臨，從山間、空間忽然凝聚而來的午後輕霧，使得岩壁下的這幢玻璃屋，朦朧中聳立在雲深高處，櫻花雨

落盡的清涼季節，看山迷濛……，我站在錦屏二橋目擊山岩群樹間，一幢被冠上文學之名的玻璃屋，正流瀉一曲泰雅歌謠的壯闊氣勢，縈迴整個山谷櫻落樹影，遍地微風涼爽。」這樣的文字力量彷彿帶領我們聽見了櫻花落地的聲響，也想像了泰雅民族為我們跳舞，他著實為尖石和五峰鄉做了稱職的導遊。

優秀的旅遊文學在於感動人心，有著增進遊興的作用，舉臺北縣金山鄉的地標──「燭臺雙嶼」來說，這個在清代以來就極富盛名的地理景觀，被列為淡水外八景之一。當地有一則關於燭臺雙嶼的浪漫傳說：一個少婦，每天都佇立在海岸邊等待出海的丈夫歸來，始終盼不到夫君歸來，終於等成了一塊大岩石。幾年後，她的丈夫回來了，知道每日等候他的妻子竟成了岩石，也跑到岩石邊哭泣，不久他也變成佇立於在妻子旁邊的岩石，兩塊岩石，形影不離，因此，燭臺雙嶼，也被稱作「夫妻石」。而當地人又傳說：燭臺雙嶼可以象徵堅貞的愛情，所以，只要到訪的情侶，對著燭臺雙嶼許願，他們的愛情就會像燭臺雙嶼磐基永固，兩人永不分離。這裡相當適合情侶許願，一願愛情堡壘，二願信守承諾，永不分離。這樣的傳說故事，滿足了人們喜歡聽故事的渴望，也增添了旅遊點的浪漫神祕色彩。又如當你知道關於日月潭的美麗傳說，會讓你在遊覽日月潭時，見到大尖山和水社山有更大的感動。這些都是文學為旅

遊所帶來的無以計價的附加價值。

三、旅遊文學是傳遞知識的重要媒介：旅遊本身就是一種知
識性的活動，單就旅遊世界文化遺產所保護的每個旅遊
點而言，每個景點所帶給我們延伸的知識就是無限的。
以敦煌莫高窟來說，這個世界上現存規模最大、內容最
博大豐富的佛教藝術聖地，裡面的佛像、佛教故事、佛
教史跡、經變、神怪、供養人、裝飾圖案和藏經洞，都
為研究中國佛教、古代風俗與美術都提供了重要的價值
資料。另外，如長城、三峽、桂林，這些人為與天然的
美景，不都是透過旅遊文學的描寫，變得生動活潑而更
具文化底蘊。拜訪埃及「金字塔」了解考古學的重要；
從印度「泰姬瑪哈陵」發現建築之美學；北京故宮的
「回音壁」發現回音呼應的科學道理。總之，旅遊文學
從各地的文化角度觀照旅遊，所以，一篇好的旅遊文學
必定可以分享世界的采風，帶給讀者無窮的知識開發。

所謂「讀萬卷書，行萬里路」，可見文學與旅遊這兩種審美
活動，是相輔相成的。旅遊因為文學的潤飾，更顯質感，更能開
闊欣賞生命的視野；文學因為旅遊的能量，更能展翅翱翔，更能
成為旅遊的最佳藍圖。我們要重視兩者密不可分，及其相互輝映
的重要性。

Q　請介紹古代的「旅遊文學」？

Q　何謂「旅遊文學」？

Q　請說明「旅遊文學」的基本特徵？

Q　請說明「旅遊文學」的價值意義。

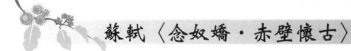

蘇軾〈念奴嬌・赤壁懷古〉

大江東去,浪淘盡,千古風流人物。

故壘西邊,人道是,三國周郎赤壁。

亂石崩雲,驚濤裂岸,捲起千堆雪。

江山如畫,一時多少豪傑。

遙想公瑾當年,小喬初嫁了,雄姿英發。

羽扇綸巾,談笑間,強虜灰飛煙滅。

故國神遊,多情應笑我,早生華髮。

人間如夢,一尊還酹江月。

第二章

走出教室
——出走的能量正飛揚

第一節　我和波西米亞跳舞

　　鐵血宰相俾斯麥曾經說過：「誰掌握了波西米亞，就等於掌握了歐洲。」可以想像波西米亞當時在地理上的優勢，及其叱吒風雲的際會。當時因為鄰國的覬覦、侵犯，一方面造就了波西米亞接受來自四方的文化洗禮，而另一方面也譜成了離合悲歡的歌曲。

　　1814年，拿破崙兵敗滑鐵盧後，梅特涅召集了歐洲貴族，商討恢復昔日貴族的統治模式，此為「維也納會議」，此次會議開了一年，在這段時間內，貴族們盡情享受擊敗強敵後所舉辦的舞

會與慶祝活動，夜夜笙歌，縱情享樂；起死回生的中產階級也參與其中；知識份子在咖啡館裡私下討論如何反抗特權，其政治型態影響到後來的藝術發展；而小市民則寄情於清幽恬淡的大自然生活，史稱「畢德麥雅」時期。

我們市售的「畢德麥雅」咖啡，想必取名緣由於此吧！

奧地利曾經是奧匈帝國的核心，影響力撼動整個中歐，漫步在這個曾是歐洲的音樂之都，彷彿可以聽見「真善美」（The Sound of Music）的音樂，像是依舊迴蕩在鹽湖區迷人的湖光山色間。

德國人自認為是正統的日耳曼民族，他們極不認同奧地利人也和他們一樣是日耳曼民族；但就奧地利人來說，他們除了日耳曼以外，的確又不同於其他民族，因此就民族尊嚴而言，知識份子的內心相當不平衡，甚至有些自卑，於是造就了他們矛盾、敏感又不知所從的性格。

日耳曼民族是個不敢太放縱的民族，嚴謹、事事計畫、不苟言笑，尤其是準時——如果你跟他們約好時間，遲到了十五分鐘，你絕對別想用塞車的理由搪塞，你一定得想出一個在臺灣遲到兩小時的理由去解釋，且還未必交代得過去。

在維也納有很多著名的咖啡館，在接近城堡劇場處，有一間名為「蘭德曼」的咖啡館，因為心理學家佛洛伊德過去經常造訪而聞名，有時間的話，到那裡品啜一杯維也納咖啡吧！看看會不會「夢」見佛洛伊德。

在莫札特的故居薩爾斯堡駐足，悼念這位早年成名的音樂神童——從六歲就開始作曲，年輕時，或是江郎才盡，或是時運不濟，後因不善理財，晚年窮途潦倒——實不勝唏噓！

薩爾斯堡的米拉貝爾花園，是當時權傾一時的渥夫大主教為他所鍾愛的女子蓋的花園，花園的設計包括四個主題——空氣、火、水和太陽。後來，女子先後為大主教生了八個孩子。主教的高堡正對著米拉貝爾花園，可以想像戰爭時主教在山上防禦型的城堡上，居高臨下遙望著他的妻兒。愛情的力量果真大到可以衝破宗教的約制與藩籬！

在薩爾斯堡的市集中心廣場，有一間小房子夾在繽紛多樣，高聳矗立的建築物中，相當突兀。原來這是有一段真實故事的——當時有個窮小子愛上了一個藥局老闆的女兒，因為家世背景懸殊，藥局老闆極力反對，並故意刁難：只要窮小子可以在薩爾斯堡蓋一間房子當作棲身之所，便把女兒嫁給他。地價昂貴的薩爾斯堡豈是窮小子可以去詢價的，於是有一些有錢人被窮小子的真情感動，紛紛有錢出錢、有力出力，硬是幫他在藥局老闆家對面蓋了一間僅一片斜屋頂大小的屋子，形成強烈對比。在此，愛情又超越了貧富貴賤啊！

進入可以媲美凡爾賽宮的熊布朗宮（麗泉宮），可以輕易感受到奧皇時期的輝煌氣勢。從富麗堂皇的宴會廳到花園小徑的雕像、噴泉，充分展現了當時的尊貴與炫麗氣息，無不令人流連忘返。

西西皇后的畫像，貌美動人，想她曾在這樣的宮殿裡忍受深宮的寂寞之餘，會不會反而羨慕當初沒有被選上的海倫娜。

出生於1937年的西西，是巴伐利亞地區麥西米連約瑟夫大公的女兒。在她十五歲那年，他們家族一起到奧地利的鹽湖區渡假，目的是要把西西的表姊海倫娜介紹給當時二十三歲的奧匈帝國國王——法蘭茲‧約瑟夫；孰料法蘭茲卻陰錯陽差看上了西西。當過慣了無拘無束的生活的西西當上皇后後，她覺得嚴謹的皇室生活，幾乎讓她感到窒息，她生性活潑外向，渴望自由，婆婆為此對她極為反感。喜歡繪畫、音樂和文學的西西，不但面對嚴重的婆媳問題，且和法蘭茲除了打獵，沒有其他共同的興趣，她在日記裡字字句句流露出她的沮喪和孤寂。

尤其，後來當她的兒子帶著門戶不相當的小女朋友，到梅椰林殉情自殺後，喪子之痛，更讓她痛徹心扉。

法蘭茲和西西先是維持著貌合神離的婚姻，而後分居；西西經常藉著旅行排解寂寞，1898年到歐洲旅行時被人刺殺，享年六十一歲。

這就是兩個成長背景懸殊的人，要在一起生活的難處，法蘭茲和西西站在不同的流域，操持著不同的言語與心境，更何況是尋求相互理解呢！

　　大陸官方曾送兩隻熊貓給奧地利，並為牠們取了中文名字，但是奧國人老是發不準這兩個中文名字的音，因此，有人在網路上為這兩隻熊貓入境隨俗取新的名字，結果票選最高的是：法蘭茲和西西。我想，這兩位十九世紀末代皇族名的雀屏中選，應該代表了人們對於過去奧匈帝國輝煌時代的緬懷吧！

　　奧地利的物價很高，一瓶礦泉水要將近臺幣80元，所以當你有機會造訪奧地利時，別忘了帶一個小的寶特瓶空瓶，因為奧地利的水是可以生飲的。

　　奧地利人很注重環保，沿著高速公路你會見到很多大型的「風車」，他們不僅利用風力發電、玻璃分類環保回收，還分類白玻璃和黑玻璃；在維也納，小狗搭車除了要買票，還要戴口罩。

　　奧地利人也很重視生活品質，如果你家庭院的草沒有推平，圍籬沒有整理，鄰居覺得有礙觀瞻、影響市容，他是可以打電話到市政廳告你的。政府會以行政命令要你改進，要是你沒有在限期內改善，是會被罰錢的。

　　此外，奧地利人也很注重個人隱私。一位臺灣媳婦嫁到奧地利，婚禮後一個禮拜，媳婦燉了雞湯，準備送去孝敬公婆。開了

一個多小時的車抵達後，卻不得其門而入。

　　婆婆隔著對講機和她通話，就是沒有開門的意思。她帶著難過的心情離去。後來，她接到她先生打來的電話，說是去拜訪他人之前要事先預約的，因為被拜訪的人，可能今天不打算出門，或未梳妝打扮，也沒有見人的心情準備；或者他準備要出門，但因你的臨時造訪，會破壞人家原本的計劃。她婆婆就是屬於後者。

　　半年後，她婆婆過世了，在喪禮上，她第二次見到她公公，而唯一一次見到她婆婆就只有婚禮那一天。在歐洲，父母老了有自己的退休計劃，小孩長大有自己的天空，兩代之間的生活空間是很獨立的。

＞　　＞　　＞

　　車子行駛在往奧地利的邊關，經過加油站，見到路邊高舉著一個寫著 "ITALY" 紙板的兩個女孩子，原來是要搭便車的。

　　到歐洲旅遊，常常會見到手持地圖、背著旅行袋自助旅行的青少年。這些基本上會兩種語言的青少年，在十六歲時就離家去旅行，體驗人生，學習流浪，有的家境比較寬裕的，家長會給他們帶一些錢在身上；若是經濟比較普通的家庭，小孩子就要靠自己旅行到一個定點，就在那裡打工賺錢──有人到餐廳端盤子；有人會在街頭演奏小提琴，演奏前打開琴盒，自己先放幾塊錢歐元進去，然後開始演奏。

通常經過這樣的旅行，回到家後他們更能發掘自己的優缺點，哪些地方有所欠缺，哪些方面是可以發揮所長，然後決定自己要繼續升學或就業。

🕊　　🕊　　🕊

　　通過捷克的邊關後，會見到一個特殊的「奇觀」──女「牆」人──身材婀娜多姿的妙齡女郎，每隔二、三百公尺就出現一個，各自站在雙向車道的路邊，招攬生意，這些女郎未必是捷克人，也有的是從外地來討生活的，在大太陽底下站著，等待顧客上門，實在辛苦。

🕊　　🕊　　🕊

　　布拉格之所以吸引各國的觀光客前往，在於其自十三世紀以來的市中心──舊城廣場的建築保留了最原始的舊有風貌，有如一座建築博物館，包括了哥德式、文藝復興、巴洛可、洛可可等建築。這些建築以優美的身段高傲地爭妍著，與襯托著的古堡和石板路，交織成一個詩情畫意的中古世紀之都。

　　捷克的平交道沒有設柵欄，車輛經過時，見到黃燈亮起，便會乖乖停車，等待火車經過。捷克人的自律，還可以從地鐵見出，地鐵站僅設有打票機，而不像其他國家在出入口，設了一個個通關欄杆。你在捷克搭地鐵買了票後，要記得把票插入機器

孔，打上時間，票務員最容易查的對象是外國觀光客，比如說八塊克朗的地鐵票，如果你被查到投機沒買票，將會被罰四百塊。

查理大橋，橫跨在維爾塔瓦河，連接著東岸舊城和西岸小區，是布拉格的標誌，正因為如此，橋上白天至晚上都是人山人海。我們特地起了個大早，搭上地鐵，去迎接清晨六點的查理大橋，總算見識到他的寧靜之美，橋上兩邊哥德式的橋塔和三十尊巴洛克式的雕塑，襯著第一道曙光，把這座「露天美術館」妝點得更為「布拉格」。

提起布拉格，就會想到被譽為二十世紀存在主義先趨的卡夫卡，卡夫卡於1883年生於布拉格，四十一歲死於布拉格。卡夫卡除了受他猶太商人父親的複雜情感影響外，十九世紀末布拉格特殊的氛圍也深深撼動著他。

黃金巷，所以能成為布拉格古堡最著名的景點之一，最重要的原因是：卡夫卡在第一次世界大戰期間，曾經住在黃金巷22號，有十一個月（1916～1917）之久。

黃金巷，原本是僕役工匠居住的地方，之後，聚集了許多為國王煉金的術士，這些術士堅定地相信可以把石頭變成黃金，因此有了「黃金巷」的名稱；但在十九世紀之後，卻逐漸沒落成貧民窟。直到二十世紀中期重新規劃，原本的房舍改裝成小巧玲瓏販賣紀念品的店家。卡夫卡曾經住過的22號，如今是一家販售卡

夫卡作品集的小書店。

　　擠過萬頭攢動的黃金巷，想必這樣的盛況空前絕對是生前默默無名的卡夫卡怎麼也料想不到的。

　　而更讓卡夫卡始料未及的，應該還有那個兩次當了他的未婚妻，又被他解除婚約的菲莉絲，公開了他寫給她的四百多封情書，儘管他未曾保留她給他的信。

　　但更諷刺的是菲莉絲在卡夫卡的創作巔峰其實扮演著重要的角色——1912年10月24日，卡夫卡連夜寫就〈判決〉，這篇作品完成於他給菲莉絲的第一封信的後兩天；卡夫卡聲稱要把〈判決〉送給毫無所悉的菲莉絲。五個星期後他寫了一封邀請函給她：「我將朗誦妳的短篇小說〈判決〉。相信我，妳將在現場，即使妳人在柏林。」——因為這樣通信五年的「柏拉圖」；因為卡夫卡所想要的聚少離多，終於成就了他的作品的確實「存在」。

　　卡夫卡在德語大學獲得博士學位後，到保險公司上班，這個工作提供他穩定的收入，使他得以在工作之餘，安心創作，據說他常常到深夜還在振筆疾書。

　　卡夫卡的好友在他死後為他出版他的作品，讓世人得以去追尋敏感纖細、不善表達的卡夫卡的曾經「存在」。

　　Hybermska街16號的Cafe' Arco，是卡夫卡最愛的咖啡館，有機會的話也應該在這裡坐下來喝一杯咖啡，閱讀卡夫卡的作品，也許可以超越時空遇見卡夫卡——

　　《蛻變》裡的薩姆薩每天不眠不休地努力工作供養家人，他沒有時間與人交際，也沒有錢談戀愛，單戀的對象是家裡懸掛的

美女圖，生活索然無味。有一天他突然變成一隻大甲蟲，不必再辛苦地外出工作，每天就是待在家裡爬來爬去；他的家人在驚嚇之餘，也只能把他當蟲一樣地養在家裡，後來，薩姆薩死了後，被當成垃圾丟棄，他的家人也終於解脫了。

　　《審判》裡的K是平常生活規律的公務員，也追求愛情、娛樂，是一個正常不過的普通人。突然，一個無預警的逮補令降臨，兩名男子告知他被逮補了，將受到審訊，卻不說明罪名，然後將他釋放，因為他仍被允許自由工作、生活。然而，對K而言，此衝擊已經讓他的生活起了大風浪。K遭受一連串的被傳訊、被釋放，他無法再像從前一樣靜下心來工作，他在審判中堅稱自己沒罪，同時也驚覺自己對法律所知甚少，並不斷為脫罪而努力。

　　但後來時間久了，他卻陷入幻滅的邏輯思考，精神失去原有平衡，性格呈現萎縮，思維也產生麻痺，那尋求真理的反抗細胞，像是根蠟燭燃燒殆盡。一連串的審判、辯護交錯，他看不到目標了，甚至放棄抵抗。在尋不著任何代表意義、價值的打擊下，終究，黯然接受莫須有罪名所安排的死亡。

　　在優雅的國度，學習內斂地遠離塵囂，洗盡塵俗煩囂，在紅塵滾滾的世間，耽溺於建築、文化、美食、音樂和歌劇中，只要用心體會，不管是巴洛克時期的巴哈、古典時期的莫札特、海頓、貝多芬，還是浪漫時期的舒伯特、舒曼，都很容易和我們靠近。

旅行是開啟心靈世界的另一扇窗，這扇窗可能是在卡羅維瓦利的溫泉迴廊；可能是在克勒摩花木扶疏的花園；可能是在聖渥夫岡的湖畔；也可能是在庫倫諾夫街頭轉角的巷弄間。你可以凝神細聽你所拾級的每個石階，也許會見到歲月流變的軌跡；你也可以隨著眾聲喧嘩而去，跳脫原有的框架，和川流不息的觀光客，看看街頭的藝人表演。

　　旅行有時就是要心不在焉，心無定所隨著身體隨意地遐想，任性地流憩、無盡地漂流、享受寂寞的冒險，你將容易體會，郁達夫所說的淒涼的孤單。

　　閒情踱步在潔淨的街道、優雅的小店、美麗的路邊水果攤和色澤鮮豔的花店，可能突然轉進一條粉牆紅瓦的小巷，驚豔到眼前意想不到的美景，而墜入時光的洪流中。到歐洲旅行最重要的一件事就是要在路邊的咖啡館點一杯咖啡，品嘗不同風味的咖啡，因為時空、環境、語言的不同，心情就會隨境遇改變——然後，發呆。還要，看一齣黑光劇、聽一場音樂會，那是唾手可得的幸福，卻也是難能可貴的體驗。當以後在記憶的光碟裡搜尋時，你會發現棧戀難捨的是喝咖啡時的心情、是看劇時的心情、是聽音樂時的心情……。

原載於《明道文藝》，2003年10月，第331期。

第二節　知性與感性的土耳其

如果你對土耳其感到陌生，那麼讓我告訴你，其實土耳其就是我們在歷史課本上所念到的突厥。有一本旅遊書上說：土耳其在秦朝與我們往來密切，早年還聽說有土耳其人聲稱長城是他們所蓋的呢！可見淵源之深。

托卡匹皇宮（Topkapi Saray）裡展現了鄂圖曼帝國的興盛，這座宮殿博物館的建築和庭園都值得一看，不過比較有意思的是：當時的皇帝稱素檀，新素檀即位就會和我們古代一樣挑選佳麗入宮，新素檀對待前朝的嬪妃多是寬厚的，她們可選擇拿一筆安家費離開，或者留在宮中老死。至於未被選上嬪妃的女子，就留下來服侍嬪妃或做女紅貼補宮廷的財政，只要服務滿九年就可以離去，而這些女子出宮後，幾乎都是男人追求的理想對象。這比起我國古代後宮裡三千粉黛，一生可能見不到皇帝一面，就得無從選擇地老死宮中，實在要人性化多了。

在旅途中遇到幾個土耳其人，他們稱我們是"Chyn"，我們儼然成了秦朝的出土古物，聽起來不太習慣，但事實上"Chinese"這個字就是從「秦」字延伸而來的。

土耳其歷史悠久的自然景觀令人嘆為觀止。卡巴多其亞（Cappadocia）的奇石怪狀可以算得上是世界奇觀，各種動植物、物體、人形的天然傑作，馳騁你的想像，是一座超大型的露天藝術博物館，其重要遺產是超過六百座的岩窟教堂。而最特別的應該算是所謂的「地下城」。那是當初基督徒為了躲避阿拉伯人的迫害所建的。就算你親身前往，你也絕對想像不到他們當初是如何深掘這個可容納數千人的地層。有如迷宮的地下城，有八、九層之多，在洞內穿梭曲折蜿蜒，有時洞口僅通一人，後來「柳暗花明又一村」，若非導遊帶路，你絕對會在裡面迷失方向。設施規劃完善，如教堂、酒窖、墳墓和廚房。但廚房是共用的，那是考量到安全的問題，因為炊煙烹煮是容易形跡敗露的，可以想見當時人的智慧與細心。

❧　　　❧　　　❧

　　巴穆卡麗（Pamukkale）的「棉花堡」如雪般的天然奇景，層層疊疊的粉白石灰岩崖，妙不可言，流水經過陽光的照射呈現如海水般的青藍，是有名的溫泉區。遠看像軟軟的棉花，真的涉身其中，踩在腳下的是硬梆梆的石灰，感覺還真像在做腳底按摩。傳說在十一、十二世紀時，有個長得很醜的女孩嫁不出去，想不開想自殺，便跑到山崖上縱身一跳，結果掉進了一池溫泉裡，昏了過去，等她醒過來時突然變得美麗動人，此時一位總督經過，為她動了情，立刻把她帶走，過著幸福快樂的日子。

關於這一類的傳說故事，代表著希臘文化和羅馬時代的繁榮的艾菲索斯（Iphesus）的建城當然也不能缺席，傳說Apazas根據神的指示要找到火、豬、魚三樣東西，並且看見豬跑、魚跳，才可以建城；可是Apazas遍尋不著，當他絕望地飢腸轆轆之際，他到海上抓魚，準備烤魚充飢，魚被烤得跳了起來，附近的山豬聞香跑來，他擒住山豬，以烤山豬肉裹腹，在陰錯陽差中符合了神的指示，而得以成功建城。

十五世紀以後的艾菲索斯幾乎是在歷史上銷聲匿跡了，一直到十九世紀後半這個古都市的遺跡才被發掘出來，雄偉的建築，令人讚嘆。圖書館（Celsus），是藏書最完整的圖書館，但這並不稀奇，稀奇的是圖書館的底下有一個通道，這個通道是有其特殊作用的，因為，圖書館的對面是一間妓院，當時男人若要去尋歡可以騙妻子說是要去圖書館；另一方面又不用偷偷摸摸擔心會被熟人撞見不好意思。

此外，值得一提的是，在古都中有一塊堪稱是世上最早的廣告告示，這塊廣告告示是在地上的一塊大理石，上面有一個左腳的腳印，腳印的右邊是一個「大波霸」，腳印的左上方有著金錢的符號，旁邊還畫著一顆心；另外在大理石的右下角還寫著一些文字。原來這是妓院的廣告，古都原接近港口，方便水手們下船後尋歡。識字的人就看右下角的希臘文，不識字的人就只好看圖

指示了，圖像告訴我們：如果你要找美女，就往左轉，不過你要有錢，才能夠得到她們。這個廣告實在頗具智慧！

>   >   >

博斯普魯斯海峽（Bosporus）橫越歐亞大陸，坐在渡輪上，欣賞著兩岸如詩如畫的美景，今天的天空的確很「希臘」。

伊斯坦堡（Intanbul）橫跨歐洲和亞洲位於土耳其西北部，當地人每天要說數次「我要去歐洲」或「我要去亞洲」，一天之間，來去歐亞洲數次，你也可以在歐洲、亞洲走路，至於那些早上去位在歐洲的地方上班；晚上回位在亞洲的家睡覺的人，就更不足為奇了。

>   >   >

領隊告訴我們，土耳其人是相當熱情而且直率的民族，她舉了一件發生在她身上的事：有一次她的團員參觀完景點準備要上車，土耳其的小孩擋在車門口兜售東西，她無可奈何，只好也把小孩擋住，讓團員上車，小孩居然對她口出穢言，她也不甘示弱地罵了回去，後來上車後，對當地的土耳其導遊說起剛才發生的事，導遊二話不說，要司機馬上把車開回去，準備要教訓那個小孩，後來經由領隊勸阻，導遊才罷休。

同樣的事情發生在埃及小孩的身上就不一樣了，埃及小孩圓

滑多了。有一次，她在路邊喝咖啡等團員上車，一個小孩來跟她兜售東西，她拒絕購買，小孩也沒有離開，先是誇她是不是從月亮來的，要不然怎麼會長得那麼漂亮，接著便閒聊起來。後來，領隊被灌了迷湯後，不好意思，只好表示要向他買東西，不過她說：「一個3塊錢太貴了，算我2塊錢我就買。」小孩說：「我們已經是朋友了，一個算妳1塊錢就好了，不過妳要買三個。」成交後，領隊高興得揮手向他說再見，待招呼團員上車，準備離開前，才聽見另一個埃及小孩拿著同樣的東西，喊著：「1塊錢三個。」

　　土耳其男人愛拍照是出了名的，這次果真是見識到。好幾次走在路上，他們見你手裡拿著相機，就主動跑過來要和你合照，連在餐廳用餐完畢，上自老闆，下至服務生也不放過你，真是熱情難耐！夜宿在臨愛琴海的「鳥島」的晚上更是因土耳其人的熱情而演出了一場驚魂記。

　　我和姊妹淘四人在傍晚搭計程車離開飯店到市中心，下車後我們走進了一條商店街，其中一人有意買皮衣，我們便在一家皮衣店門前駐足，老闆馬上招呼我們進去試穿，因為式樣和價錢的問題，我們離開了那家店。

　　在隔了兩間的皮衣店，店家就在門口熱絡招攬，他先用日語問候，當我們表示來自臺灣時，他馬上改口說「你好！」我們才

進店內，老闆便招呼我們坐，還立刻差人泡了四杯當地有名的蘋果茶，甚至連隔壁的店家都送來甜點。老闆拿了好幾件皮衣給同事試穿，終於她選出了最喜歡的兩件，價錢也由美金136元殺到85元，但老闆堅持，若買一件，只能算90元；若買兩件，則一件85元。我們推說考慮看看，雖然沒能成交，但老闆還是滿臉笑容地送我們到店門口。

接著，我們走進了一家藝品店，那裡也有賣蘋果茶，和親切的老闆把價錢談攏後，我們買了六十盒的蘋果茶準備回國送人，我們買得很快樂，老闆也賣得很高興，他看著伙計幫我們打包，玩笑說：「妳們是不是把我店裡的蘋果茶都買光了！」打包好我們的戰利品後，老闆問我們要不要看皮衣，他可以幫我們介紹。我們跟著老闆走到對面的一家皮衣店，此時，天色漸暗，很多商家陸續關門。皮衣店的老闆個子不高，臉上卻是表情十足，長得像極了電影《美麗人生》裡那位極力不讓兒子蒙上猶太人被納粹迫害的陰影的男主角。他才請我們坐下，便馬上有兩個伙計送來幾件皮衣讓我們挑選，我們向他描述了我們所喜歡的款式和顏色，他馬上差人去找。在等候時，我們其中一位跑回藝品店請老闆晚點關門，我們還要看看其他東西。

皮衣店老闆問我們要喝咖啡，還是茶，我們說不用了，免得沒有買不好意思，其實我們走了幾家店，已經喝茶喝到飽了。他動作誇張地要我們放心，"My store is your store." 我們商量著先到藝品店看東西，等皮衣送來了再過來。但我們才起身便被老闆制止了，伙計送來了蘋果茶，老闆要我們坐下來喝茶，他看見我

們手上拿著照相機，還提議著要一起合照，照完了相，他還問起我們的中文名字，也跟著念一遍，然後介紹起他的連鎖店。

終於，一個身著黑色皮衣，戴著黑色墨鏡的光頭彪形大漢送來了像是之前那一家出價85美元的皮衣。

好戲上場了，當他拿計算機要算價錢時，我們提醒他說，"Do not forget your store is our store." 他在計算機上按了625，我們馬上退後了好幾步，他解釋說這是原價，他會給我們折扣。最後，打了折又打了折，他的最後底價是125。

我們怎麼可能前面那家店的90塊不買，來買這件125塊的，再加上他一開價就開那種天價，我們實在也意興闌珊了。他似乎看出了我們的想法，他開始激動起來，拿起打火機在皮衣上燒；又把整件皮衣折疊到最小，然後塞進他的西裝褲口袋，最後又把皮衣從口袋裡拿出來展現在我們面前，說是「防火、防皺又免燙」所以才值這個價錢。我們再三跟他強調，我們知道品質很好，只是價錢太貴了，我們買不起。他又強調是 "baby lamb"，怕我們聽不懂，他還表演起小羊，然後指著皮衣說，品質柔軟，相當難得。

大門是關著的，戴著墨鏡的光頭老兄插著腰站在門口。就在我們一面安撫老闆的情緒，一面思索著該如何逃離現場時，藝品店的老闆開門走了進來，我們像是見到了救星，我們誇大其辭地請求他救我們出去，就在他和皮衣店老闆瞭解狀況時，我們相當有默契地提起東西快步走出了大門，往對面的藝品店走。

就在藝品店老闆和伙計一面平撫我們的恐懼心情，一面向我們解釋皮衣店老闆本是個性情很急的人時，說曹操曹操到，他又

拿著那件皮衣走了進來，我問他是不是生氣，他笑著說沒有，我想他大概也沒有想到臺灣人這麼識貨、這麼精明吧！最後，藝品店的老闆當中間人，以美金90元成交。皮衣店老闆仔細地為同事把皮衣穿上，然後向我們一一握手後離去。

當我們還在挑選其他藝品時，我見到戴墨鏡的光頭老兄很自然地走進店裡塞給藝品店老闆一張鈔票，又走了出去，那大概是他的佣金吧！

離開藝品店時，整條商店街只剩路燈，但還有一家店準備關門，就是先前85元沒能成交的那間皮衣店，老闆站在門口向我們說再見。

此時我們才開始感到飢腸轆轆，走進一間燒烤餐廳，引來一陣側目，整家店除了兩個女人，其他全部都是在看電視足球現場實況轉播的男人。這一餐我們才享受到世界第三大美食的美味。

不曉得是不是才剛經歷皮衣驚魂記，我們吃得有些心驚膽跳，很擔心萬一他們足球賽輸了，不知道又會有什麼驚人之舉。隨著他們的狂喜叫囂，我們也跟著鼓掌叫好，還好終了他們贏了球。

就在他們欣然離去前，坐在我們後方的那一桌土耳其人派出了一位代表送來了一包甜點說是要請我們吃。

因為土耳其甜點甜得出名，簡直難以下嚥，所以我們以已經吃飽為由，謝絕了他的好意；話還未完，他馬上拿起其中一塊，

吃了一口說：「我先吃一塊給妳們看，表示沒有毒。」被他這麼一說，我們反而不好意思，只好拿了一塊。

回到飯店，經過大廳，被領隊攔下來，說是我們出名了，全飯店的中國人都認識我們了。原來我們後來在藝品店又買了一些紀念品，其中有個小東西老闆忘了放進去，他記起閒聊時我們跟他提起住宿的飯店，於是專程開車為我們送回這件兩塊錢美金的小東西。

當晚，伴著海浪聲入眠，心緒也跟著起伏。

無獨有偶的，後來在卡帕多其亞奇石區的小攤上購物，付錢後離去，後來聽見老闆在後方追趕著我們，手裡還拿著錢，我馬上往回走，直覺是錢少給了，結果老闆退還我，多給了的一塊錢美金。

4月5日，在伯魯（Bolu）過夜的晚上，晚餐前經過同團友人的房間，見到一群人聚集在電視機前看新聞，新聞傳來中美軍機在南海上空擦撞，雙方針鋒相對的消息。杞人憂天的我們不禁又為兩岸局勢可能的再度白熱化而擔心，第一次深深感受到國家完整性的重要，土耳其雖說比我們落後，但畢竟是一個完整的國家。

隔天，在伊斯坦堡用晚餐，同時觀賞土耳其的肚皮舞和民族舞蹈秀，最後舞臺上走出了一男兩女的歌者，男歌者先用日語問候，在舞臺對面的那一團日本人有了回應。接著，他用標準的國語，環顧四周說：「你好！」除了日本人外，臺下所有的客人都有了回應，於是他說，"Taiwan"我們這一團和舞臺斜對面的另一團向他揮手並給予熱烈的掌聲；接著他說，"Hong Kong"臺下沒有任何反應，他確定沒有香港人後，接著又說，"China"，果然和我們隔著舞臺正對面的那一個大陸團有了回應。想想其實蠻悲哀的，本是同根生的中國人，卻被分割為三種人。男女歌者結束了一首土耳其民謠後，先獻唱了一首日本歌，並且找了一位日本人上臺表演；接著我們耳熟能詳的「高山青」，從他們的口中傳出，我們兩團臺灣人雖然距離遙遠，但合唱起來的聲音果然真是「出國比賽」。我不禁瞥見隔著舞臺對面的大陸團員中有一個男子也興高采烈地唱著「阿里山的姑娘美如水」，但不一會兒馬上遭到他們團友的白眼，他立刻閉上了嘴，全團人愀然變色，我感覺到「兩岸」局勢的緊張，但我們還是接著臺上音樂傳來的「青春舞曲」和歌者大聲合唱，歌者找了一位臺灣人上臺表演，我們的情緒高漲到極點。最後，歌者唱起了「康定情歌」，指著那個大陸團說，"China"，並將麥克風轉向他們，我看他們似乎沒有什麼反應，只是鼓著掌，反倒是我們這一群臺灣人的聲音幫他們展現了中國人的驕傲。說真的，就是想壓倒他們，不過又想想「相煎何太急」。

登上特洛伊（Truva）為「木馬屠城計」所複製的木馬，遙想著從小雙目失明的荷馬，在特洛伊戰爭中長大，是以怎樣的情愫憑著幼時父親講述故事的記憶，寫下撼動人心的史詩。

其實，每個人的生命都是一則動人的故事。聰明的你，不妨藉由「行萬里路」來充實你書中的內容吧！

〈細說土耳其〉，原載於《明道文藝》，2001年11月，第308期。

第三節　我的心遺留在埃及

我的心遺留在埃及，好像回不來。快一個星期了，但腦子裡還是那些巨大的雕像、高聳或崩塌的神殿、立柱、牆壁上強而有力的浮雕與彩繪、廣闊的荒漠沙原、湛藍的紅海、沙漠中的海市蜃樓，當然，還有至今仍不知是怎麼建造起來的金字塔。

回國後，我的腦子還被一堆大量的數字盤據著，原來旅行途中動不動就是三、四千年的歷史遺跡、第一大金字塔有一百四十六米，約有四十一層樓高，兩百三十萬塊石頭，一塊石頭有四十噸，金字塔塔身的傾斜度51度51分……其實，我對數字是最沒概念，也最沒興趣的，可不知怎麼，這些數字好像和龐

大、巍然矗立等形容詞畫上了等號，崇高地讓我揮之不去。

　　當然，讓我永遠不想揮去的是在埃及的美好記憶，對於她的好與壞，我照單全收，因為她是那樣一個令人又愛又恨的國度。

　　開羅機場的簡陋是令我意外的，這樣一個在旺季時一個月就有五十萬人次的遊客流量的國際機場，怎麼會是這樣的門面？第二個令我意外的是我們的埃及導遊一口流利的中文。這個個子不算高的賽伊德介紹自己的中文名字叫「高大偉」，此後他在介紹他們國家時，總不忘在埃及前面加上「偉大」兩個字。

　　學了四年中文的大偉介紹他自己，說他已經有一個老婆，兩個女兒：「但是，愛情不分年齡，體重不是壓力，國籍不是問題，所以，我還有三次機會。」在這樣的風趣和中文的牽繫中，馬上拉近了團員和他的距離，在我們的笑聲中，他接著介紹回教徒的婚姻，他說很多人對回教徒的第一個印象就是可以娶四個太太，其實這中間有很多誤會，回教是允許最多有四位太太，但還是認為理想的家庭是一夫一妻的；如果，一個回教丈夫真的要娶第二個女人，是要第一個太太同意的，娶了進來後，丈夫必須平等地對待每個太太，不能偏心，送了一個禮物給二太太，也一定要送同樣的禮物給大老婆。

　　在一邊聽著大偉的介紹時，我們一邊「讚嘆」著開羅的紊亂的交通，路上沒有紅綠燈和任何的線道，但又像是亂中有序，他們的人車就是有辦法行走。大偉順便機會教育說，不要看他們的交通這麼亂，其實就算發生車禍，他們也不吵架的，他們覺得那是真主阿拉的安排，他們相信阿拉安排所有的一切，而一切自

有命定，所以，這裡的人活得很知足，雖然貧窮的人佔了百分之九十五，但是他們卻也不忌妒或羨慕有錢的人，因為富翁也有富翁的煩惱。

隨著車速的前進，當世界聞名的七大奇景之一的「吉薩金字塔」毫無預警地出現在我們眼前，大家不約而同地驚呼「金字塔」時，大偉說，你們所說的金字塔，埃及的原意是：最大的、最古老的墳墓。那怎麼會有「金字塔」的由來呢？據說是一個臺灣人見到「金字塔」後，覺得它們就像你們的中文「金」字的形狀，所以，就開始將它們稱為「金字塔」。

第二個讓我驚訝不已的是埃及博物館，不知是不是館內收藏的古物太多了，古物的擺放，感覺有點天馬行空的隨意的普普風。而從圖坦卡蒙的墓室中所挖掘出的珍貴的珠寶箱、雪白的雪花石膏瓶、帶獅頭裝飾的金躺椅、豪華的金製戰袍，真是令人目不轉睛。

1990年，我到歐洲自助旅行，在倫敦的大英博物館裡見到一大堆的埃及木乃伊；2007年，我到埃及，卻只在博物館和路克索的帝王谷見到屈指可數的木乃伊；埃及政府曾將路克索神殿的一根方尖碑致贈給法國，方尖碑被矗立在協和廣場上，那也是我1990年在巴黎見過的，現今在穆罕默德阿里清真寺的拱廊後面，見到法國國王路易飛利浦回送給埃及的大鐘，這座鑲滿彩繪玻璃、黃銅製的大鐘，好像見證著我的兩個生命階段，很是弔詭地參與著不可理喻的歷史，彷彿這中間幾千年的時間隔閡突然消失了。

講起博物館，在希臘羅馬博物館中有個小小玻璃瓶，叫「淚

壺」，為什麼叫「淚壺」呢？因為，羅馬時期爭戰不休，在家等待丈夫戰爭回來的妻子，常常都是淚眼汪汪，於是，她們將眼淚存放在淚壺中，寄給遠方的丈夫，表示纏綿的相思之情；如果要說這個浪漫的「淚壺」所代表的意義是積極主動的，那麼我想，我們中國的「望夫石」──等待丈夫回來，等到化成了一塊石頭──未免也太消極被動了。

埃及的行程是多種多樣的，完全顛覆了我墨守的刻板印象──酷熱、沙漠、身著長袍戴黑色頭巾、只露出雙眼的婦女──如果要說埃及屬於何種顏色？我原本以為她應該是屬於灰黑色、土黃色的；但是親臨埃及，發現她是多樣色彩的。連女性頭上的頭巾也是啊！

單就旅行中的交通工具來說，包括飛機、遊覽車，就有十種之多呢！聽起來很累人嗎？一點也不，對於喜好變換的我，樣樣都感到新鮮。

在夜臥火車上，吃完了火車上提供的餐點，看著服務生如何把兩人座中間一個小餐桌的房間，變成上下的床鋪，此時在房門口，早已擠滿了人正拍攝著他的全程表演，在驚聲連連中，這位服務生儼然成了過去為法老王建造金字塔的工匠或祭司般的偉大，他被我們這群觀光客崇拜著的英雄主義，讓他結束工作時的眼神更為堅定。

在巨大的玻璃船上，欣賞「紅海」的海底世界，清澈的海景、珊瑚礁群及五彩的熱帶魚，隨著船上刻意播放的空靈的輕音樂，你會以為自己置身於熱帶島嶼！坐在四輪傳動車上，奔馳

在「撒哈拉沙漠」中，享受衝沙的極速的快感；乘船造訪「費拉」、「柯歐波」神殿，記錄神殿接近時的驚豔的感動。

　　騎著駱駝在沙漠中行走，想像幾千年前的貴族，僱來沙漠部落的獵手也陪伴著我，我和身著游牧部落的服裝、持箭佩刀的獵手，帶著獵狗，在沙漠中奔跑狩獵；在「艾德夫」（Edfu）搭乘馬車前往「艾德夫」神殿，達達的馬蹄，映襯著我期待被打動的心跳聲。

　　五星級的遊輪設施就不用多說了。但我覺得比較幸福的是，傍晚時分到船頂上，閒散地翻著書，清風徐來，等著迎接尼羅河上夕陽的感動；回到房間，服務生已經打掃過了，床上還有一隻開屏的孔雀等著，天啊！那是用浴巾折成的，別的房間還有用浴巾折成的天鵝以及高難度的鱷魚，單單這些又讓我按下了幾張快門。

　　當然，最重要的交通工具其實是自己的雙腿，到訪埃及，你想要在短時間內玩得盡興，體力一定要夠好，那麼你才有辦法彎著身體，從入口就已陡到不行的坡道出發，在狹小的甬道中往下走，進到「吉薩金字塔」裡面一探究竟，當然你還不能有幽閉恐懼症才行。但金字塔的入口是怎麼來的呢？書上說是西元820年，一位叫哈里發的古埃及人為了要盜墓，找人以爆破的方式開出的通道口。

　　其實，古埃及人為了避免陵墓被盜，在建造法老的陵墓時，費了很多心思，做了種種努力，把墓址選在人煙稀少的地方，入口隱密，盜墓者很難發現，陵墓裡的通道就像迷宮一樣，還修築了很多走不通的死路，這樣，即使盜墓賊順利進入了陵墓，也無法到達安放法老們的木乃伊的地方；他們還把棺柩製成數噸重的

石棺，這樣，盜墓者就無法輕易地抬起棺柩，另外還安排了士兵和神官日夜守衛陵墓，在一連串的保護措施下，讓法老們可以在陵墓中安心長眠。

埃及最讓我受不了的，除了是男人拼命死盯著「妳」瞧以外，還有不合理的要小費的怪現象，除了我們用餐餐廳的洗手間有人硬要強塞給你衛生紙，跟你要小費外，居然在國內機場的洗手間也遇到這樣的現象，雖然大偉說不用管他們，但總是讓人不舒服，如果是觀光點的洗手間要給錢，也還算合理；難怪，領隊第一天抵達埃及就一直跟我們心理建設說：「埃及」的臺語是什麼？就是「愛錢」嘛！

在等候開羅往亞斯文的火車月臺上，我們遇到兩個男人帶著三個小孩，小孩很可愛跑過來和我們玩，男人示意我們可以和他的小孩拍照，當我們有所遲疑地準備掏出相機時，他馬上補上一句說，"It is free."

過了幾天，我也入境隨俗了，在飯店大廳有兩個年輕人見到我們在拍照，年輕人拿著手機問說可不可以和我們合照，我學當地人伸出手掌心，笑著說，"One dollar."

"Kidding?" 他們會心地問。

"No, no kidding. One dollar." 我故作堅持說。

拍完照後，我笑著對他們說，"Just kidding."

我想，若要說入境隨俗，大偉希望的應該是在他的宗教上。如果大偉不當導遊，他應該也可以成為一個優秀的傳教士。旅行途中他總不忘宣揚他所信奉的阿拉，講起齋戒，他說齋戒是

為了讓人學習克服慾望，比如對食物和性的慾望；尤其是讓有錢人體會貧窮人的饑餓，因而產生憐憫之心，所以，齋月期間做善事的有錢人特別多。據說在齋月期間，行一件善事，等於是作了一百件好事。所以，我們在路邊見到很多像臺灣過去的「奉茶」文化，提供過路人方便，還有一些有錢人設立所謂的「仁慈餐桌」，讓路過的窮人免費享受。大偉說阿拉讓他們知道，你希望別人怎麼對你，你就要怎麼對別人，最後他居然還冒出一句：「己所不欲，勿施於人。」大家真是要給他個大掌聲，他不僅會用諺語，連現在臺灣年輕人用的術語，他都很清楚，他講了個笑話，見我們不笑，還會自嘲說：「好冷。」接著對於不捧場的我們說：「你們很『機車』。」

在「虎加達」的清晨，我們四點半起床，帶著浴巾要到飯店外的「紅海」游泳，走出飯店時，遇到準備要去禱告的大偉，他是一個身體力行的人。

大偉是相當聰明風趣的，為了幫助我們記憶要去參觀的「哈姬普蘇特」女王的神殿（Hatshepsut Temple），他把這個神殿說成“hot chicken soup”。我記得下去參觀時太陽正烈，回到有冷氣的遊覽車上，大家紛紛感嘆：「真是『熱雞湯』啊！」

在「亞斯文」（Aswan）搭乘風帆船時，我問大偉有沒有什麼難忘的帶團經驗？大偉說起三年前，有一團大陸團讓他印象相當深刻。他特別先強調：「不是因為你們是臺灣來的，我才這樣說，我說什麼，阿拉都聽得見。」他說大陸人的文化水平真的沒有臺灣人高，每到一個定點，他才準備要集合介紹古蹟的特色

時，全團的人已經各自解散去拍照了，所以，他都是要在下車前先宣布上車時間。我說：「那你也樂得輕鬆，不用那樣一頭汗地在大太陽下講解，像我們這樣還會一直問問題。」他搖搖頭，說他覺得那樣的團帶起來很沒有意思，英雄無用武之地：「他們不像你們會這樣乖乖聽我上課。」接著，他當場表演隨地吐痰的動作，說那是他最受不了的。

他說他還記得有一天在遊尼羅河時，有一個團員的手機響了，團員對著電話那一頭的人說：「喂！喂！我現在人在國外⋯⋯喔！我在希臘啊！」還有一個團員當他在介紹尼羅河東岸的風景時，終於舉手發問：「請問尼羅河的西岸是什麼河？」天啊！大偉說他很想回答他說：「應該是黃河吧！」

如果有人問我，若再訪埃及只能選一個地方，會選擇哪裡？我會毫不遲疑地回答：「阿布辛貝」（Abu Simbel）。

早起對我來說，一直是一件痛苦的事，但是要從亞斯文出發前往「阿布辛貝」的凌晨，我卻是心甘情願地早早起床，準備就緒。因為大偉一再強調：車隊準時一起出發，是不等人的。

數年前「阿布辛貝」曾經發生遊擊隊屠殺遊客事件，有一段時間，埃及政府規定遊客只能乘坐小型飛機前往，但前一陣子又已准許遊客乘車前往，但是規定車隊要結伴同行。於是，載著來自各地觀光客的遊覽車，在特定的公路邊集結，一個持槍的警察上了我們的車，坐在最前座，後來，大偉說，其實這種保護現在已經是不必要的了，不過國庫拮据只好又「埃及」囉！

一長串的車隊整整齊齊、浩浩蕩蕩地走在「亞斯文」到「阿

布辛貝」唯一的公路上，這條公路像是一條黑色長龍般，切割著黃沙滾滾的無盡沙漠，穿越寧靜荒原，大偉要我們睡一覺，快破曉時他會叫醒我們。

我在欣賞日出時，徹底清醒，努力要回溯我上一次迎接日出是什麼時候啊？在沙漠中看著太陽從遠方的地平線緩緩昇起，真是一個難得的經驗。

在車上享用飯店準備的早餐時，才發現我們的車子是第一名，大偉說要感謝我們司機的配合，原來他的用意是要我們一下車就趕快去上洗手間，免得車隊陸續到達後，大排長龍，到時要照相時就會有一堆路人甲乙入鏡。果然薑是老的辣。

為什麼我會對「阿布辛貝」這樣期待呢？我想是因為「阿布辛貝」結合了古埃及人建造的心血，還有現代人拯救古蹟的心力。

其實考古學家早在十九世紀就發現阿布辛貝，那建築宏偉而精巧的神廟雖令人讚嘆，但因位處沙漠之中，交通不便，所以到訪的人也不多。直到1964年，埃及政府要在尼羅河上游興建亞斯文水壩，導致尼羅河上游水域的水位上漲，包括「阿布辛貝」在內，還有「費麗」神殿等十四個遺跡都會成為新的「納塞湖」的水下世界。因此，考古學家向國際社會發出緊急求救。

於是，聯合國教科文組織展開了一項史無前例，也是空前絕後的拯救計劃，在五十一個國家的響應下，邀集了法國、義大利、瑞典、德國及埃及的考古工程學家通力合作，先是建造了一座圓壩，阻隔高漲的湖水和「阿布辛貝」，接著將整個神廟精密

切割成將近兩千塊石塊，並且還要詳細登錄編號，然後將每塊重量從十噸到三十噸不等的石頭，整個往高處搬遷，在距離原址高六十五公尺的山上，把「阿布辛貝」按照原貌重新組合，總共花費美金4000萬，經過四年的努力，終於讓遊客有幸見到重生的「阿布辛貝」。如此可見，「阿布辛貝」的重要性。

我們在清晨六點多抵達「阿布新貝」，迎接我們的是繼金字塔之後，已經成為古埃及象徵的神殿外的四尊拉美西斯二世的石像。這四尊在入口矗立著的法老拉美西斯二世（Ramesses II）坐像的神殿，是建造神殿的拉美西斯二世用來祭祀太陽神（Ra-Harakhty）之用的。

進入神廟先是見到一個柱廊大廳，四周刻滿浮雕的牆面，訴說著拉美西斯二世的歷史戰績。還有捕魚、捉鳥、射殺河馬都是古埃及壁畫中常見的主題，在他們的壁畫中還記錄了帶著妻妾、僕從、寵物駕船捕獵的上層貴族的娛樂活動。

神殿至今已有超過三千年的歷史，但卻可見當時埃及的天文及度量科技，大廳盡頭處是一個小石室，內有四尊石像，從左到右分別是黑暗之神、阿姆神像、拉美西斯二世和太陽神。奇妙的是每年拉美西斯二世的生日（2月22日）和登基日（10月22日）這兩天太陽的第一道光線會從門口經由神殿的入口，穿過長廊，直射這間石室，由右至左照射著太陽神、拉美西斯二世及阿姆神像，只有最左邊的「黑暗」之神佩特（Ptah）不會被照到，時間前後約二十分鐘。但是因為經過搬遷，照射的時間居然往後了一天。

是不是現代人的科技還比不上古代人的智慧呢？

但無論如何，你若不親眼目睹阿布辛貝，你絕對想像不到人類的偉大啊！

古埃及的許多國王為了追求完美的法老形象，往往以創世者自許，他們企圖透過大規模興建建築物、紀念物去證實自己的身分，因此許多國王在剛即位時，就開始大興土木，為的是要在各地留下大批的建築和紀念物。

不偉大的我，也想為自己留下一些紀念物，於是，我也在我的每一天大興土木，努力留下值得記憶的每一個瞬間。

原載於《明道文藝》，2008年3月號，第384期。

第四節　微笑的斯里蘭卡

人生之所以有趣，就在於你永遠不知道下一個轉彎或下一個決定，你會遇上什麼樣的人、事、物，會對你的生命產生什麼樣的撞擊。

斯里蘭卡給我太多意想不到的意外。

號召要去斯里蘭卡，一群朋友都興趣缺缺，如果不是因為最近「錫蘭紅茶」的廣告，可能很多人並不知道這個國家。我所以和愛旅行的好姐妹決定要去斯里蘭卡，實在是因為扣掉我們一起旅行過的國家，還有各自走過的景點，沒有其他國家可以考慮的，至少斯里蘭卡還有多個聯合國世界文化遺跡保護名單

（UNESCO）的名勝古蹟可看。於是，在找不到任何介紹中文旅遊書的情況下，我們買了一本英文旅遊書整裝前往印度半島最南端的小島。2008年暑假，在一片油價上漲、節能減碳的聲浪中，旅行社在連領隊十人下匆促成團。

「斯里蘭卡」（Sri Lanka）在獨立前叫「錫蘭」（Ceylon）。"Sri" 有神聖或美麗的意思。這個國家有一千九百萬人口，百分之八十的人信奉佛教。根據史書記載，佛祖釋迦牟尼總共三次親臨斯里蘭卡佈道，最後一次還是因為兩位王子因兄弟間爭奪王位準備進行戰爭，慈悲的佛祖，為避免百姓生靈塗炭而趕來化解，並講經佈道。因此，在這裡可以見到全世界歷史上最古老、最長的臥佛；斯里蘭卡因曾被葡萄牙、荷蘭和英國統治，所以處處可見殖民時期所遺留下來的歐式建築。馬可波羅說：「斯里蘭卡是印度洋上的珍珠。」從地圖上看這個島的形狀，也有人說像「印度洋的眼淚」，這是比較浪漫的說法，不過仔細瞧瞧，我覺得也很像酪梨，而正好酪梨也是斯里蘭卡特產的水果。

經過轉機的勞頓，我們在最後飛往斯里蘭卡的上空遇到亂流，這陣亂流持續很久，我倆因為跑到最後一排看影片，更是顛得厲害。我已經很久沒有遇過這樣恐怖的亂流了，記得上一次是1990年第一次出國到歐洲自助旅行回國的機上，飛機安全落地時，全機的人都歡欣鼓掌。亂流過後，我和同伴聊起剛剛心緒的流動，我們竟然已經找到最糟的狀況，也覺得這輩子應該足夠了。我還慶幸幾個月前，為朋友業績還額外買了個意外事故險，至少可以留給兒子……。「只是，希望至少是玩回來後才發生

吧……」我倆心有靈犀地表示。我喜歡好朋友間可以毫無禁忌的
說話。

　　在飛機上，遇上要回家的斯里蘭卡人，不分男女全都對我們
不停地熱情微笑，我們當然也回以微笑。不過有些男人死盯著人
看，讓人很不舒服，我突然想起書上說的：不要隨便和男人眼神
交會，那會讓他誤以為妳對他有意思；如果一個女生的旁邊有空
的座位，而某個男人有其他空位的選擇，但女生卻讓他在妳身邊
坐下，表示妳允許他可以有更進一步的動作。所以，如果妳沒意
思的話，應該要拒絕他，讓他去坐其他的座位。

　　抵達斯里蘭卡機場要辦簽證時，海關在我們的文件上一一蓋
章簽名後，明示加暗示要領隊給點錢，說是：「妳上次好像拿了
我的筆沒有還？」領隊堅說沒有，裝傻硬是不給錢，最後還是讓
我們通了關。的確，此風不可長！出關後，見到有幾家免稅店，
居然賣的是大型家電——冰箱、電視、電風扇，真有意思。

　　隔天一早，我們從丹不拉（DAMBULLA）洞窟展開我們的
行旅，那是一個聯合國教科文組織的保護景點，是一座位於岩石
上的天然洞穴寺廟，裡面供奉了一百五十七尊神像，其中還有全
世界最大、最古老的壁畫群。相傳在西元前一世紀時，當時的首
都遭到南印度塔米爾人入侵，國王被迫逃到丹不拉，當地的佛教
徒不但救了國王，還和他一起對抗塔米爾人，國王在此一待待了

十四年，之後贏得戰役，結束逃亡。國王為了表示感激丹不拉佛教徒的救命之恩，在此修建了五座石窟寺廟，寺廟裡由整塊巖石雕刻而成的佛像，姿態殊異，各有其莊嚴。值得一提的是，這些佛像的手和腳都被塗成紅色，是為了紀念當年當地人在抵禦塔米爾人時，手腳雖沾滿鮮血，卻一意要保護國王的堅定。

洞窟裡有一尊石雕，是佛陀坐在一隻眼鏡蛇底下，據說，有一天佛陀正在打坐，當時風雨交加，有一條眼鏡蛇看到佛陀正在打坐，不動如山，於是牠慢慢靠近佛陀用牠的身體把佛陀撐起來，又用牠的蛇頭為佛陀遮雨，成為一把巨大的雨傘。因此，我們在斯里蘭卡常常見到眼鏡蛇的雕像，那有「保護」的意味，而佛教徒對於眼鏡蛇也有著基本的尊重，就算見到眼鏡蛇也絕不會去傷害牠。

而最教我瞠目結舌的是洞窟牆壁上全是色彩鮮豔的壁畫，這些壁畫已經有一千八百年的歷史了，當時的人已經聰明到利用樹汁去調色繪製。抬頭仔細看石窟裡凹凸不平的天花板上滿滿的彩繪，還見到漏水的痕跡，但一般漏水都是由上往下漏，而這裡卻是由下往上流，我們順著水流的方向，見到石窟中央有一個開放式的圍欄把所接到的水滴圈住，據說每十五到三十分鐘會滴下一滴水，而這所滴下的每一滴水，已經變成神水。

　　我注意到斯里蘭卡的國旗中有一頭顯著的獅子，原來這頭獅子是有其典故意義的。在斯里蘭卡的佛書中記載著：遠古時，有個貌美如花但脾氣暴躁的公主，她的任性連國王、王后都無法忍受，於是公主被父母放逐，跟著一個車隊旅行，途中卻遇上一頭獅子。原本捉到獵物，準備離開的獅子，遠遠見到了閉月羞花的公主便愛上了她。公主見到獅子，沒有任何的恐懼，反而還撫摸牠，在公主的撫摸下，獅子突然激起強烈的熱情而將公主帶回了牠的洞穴，並且結合生下一對龍鳳胎。兄妹倆長大後，哥哥變成北印度的統治者，然後娶了他的妹妹，生下六個兒子。

　　西元前六世紀，錫蘭辛哈族的維加亞（Vijaya）國王，將獅子尊奉為辛哈族的祖先。因為人與獅子的結合的傳說故事，所以，這個國家也被稱為「獅子王國」。

　　在往佛蹟聖地希基里亞（SIGIRIYA）的途中，綠油油的田園，青蔥蔥的遠山，使人心曠神怡，而沿路的佛教古蹟已隨處可見。對於要親自登上六百英呎高的「獅子巖」，我們充滿期待。而這裡所以稱為「獅子巖」，是這座建築在橘紅色巨岩上的空中宮殿，當時巧奪天工地蓋成獅子的樣貌，但因未能善加保護，

現最顯見的是一對巨大的獅子爪子。這是西元五世紀時的遺蹟，有其歷史淵源。當時的國王因為不願說出寶藏的下落，而被庶出的兒子殺害，他的弟弟雖是嫡長子卻被這個庶出的哥哥搶奪了王位，哥哥繼位七年後，為了防衛弟弟的復仇，開始在這個位置險峻的巨大岩石上結合自然景觀，大興工程。從目前遺留的宴會廳、餐廳、廚房、會議室、游泳池、泡澡池和跳舞池，可以想見當時生活的極盡奢華，也可看出對污水處理的智慧。國王先建牆，再蓋護城河，若有敵人來襲，牆外面的水道系統，足以讓整個地方淹水，敵人根本進不來。國王還在獅子巖上還設了很多的哨兵站，若有士兵未能盡忠職守，就直接把他往下推。十八年後，弟弟回來復仇，好大喜功的哥哥和弟弟各自騎在大象上對打，弟弟用力揮動手上的武器，嚇得哥哥的大象往後倒退了好幾步，哥哥見大勢已去，當場自殺了。

我們努力沿著階梯拾級而上，遙想這位只在位十八年（西元477～495）的國王的昔日風光。其中的彩色壁畫，令人嘆為觀止，據說在最完整時多到五百多幅，有兩個足球場的大。經過一面所謂的「鏡子牆」因為石頭表面光滑如鏡。從十三世紀到十七世紀到訪的觀光客或當地的詩人，都用文字寫下對這個地方的讚美，也因此該地成為研究歷史文化和語言的取材之所，這也算是斯里蘭卡最早的塗鴉。

晚上我們住宿的「肯達拉瑪飯店」（Kandalama）是丹不拉非常知名的飯店，是他們國寶級建築大師Geoffrey Bawa的巧思大作。我住過許多有名的飯店，但這是令我再三流連的飯店之一。

這座背山面湖而建的飯店，沒有出色的迎賓櫃臺，櫃臺旁就見到一塊大岩石，作為通往另一個大廳的引道。原來飯店的本體是從岩石中挖進去的。飯店本身昏暗的燈火，不是故意營造氣氛，而是節能減碳早就在這裡施行。這座五星旅館是亞洲地區第一家獲得「二十一世紀綠色地球標章」的飯店，也是被美國綠色建築協會，評為全球第一座環境能源領導型（LEED）旅館。

飯店的建材與設計都盡可能配合並運用既有的自然資源。走完飯店一大圈，會發現其實他是不規則型的，可又很有設計感，有時一個轉彎會出現幾塊原始的巨石作為裝置藝術；飯店除了用餐區和房間有冷氣，其他地方都是開放式的空間，完全不需冷氣，空氣從四面八方自然流通。

進到房間又是另一種驚豔，打開房門與大床相對的落地窗外有個不算小的陽臺，遠眺過去就是廣大的坎達那瑪湖（Kandalama Tank）；超大的浴室，不輸給東南亞國家的高級渡假飯店規格。最具特色的是大型的按摩浴池，你可以邊泡澡邊想像明早見到的一整面透明的落地玻璃外的景致。

晚上入睡前，我們特別把窗簾拉開，希望明早醒來見到的是難忘的湖光山色。清晨，其實是被清脆的鳥叫聲吵醒的，坐在陽臺的椅子上，欣賞著被植物圍繞著的整間房間，又面對粼粼的湖波，見到鳥兒高飛，這樣的自然祥和感覺很放鬆。突然，在泡澡的同伴，大叫了一聲說是好像見到猴子的尾巴。我有點害怕，不知猴子會不會闖進房間裡，我關上落地窗，進到房間，沒多久陽臺上真的出現了三隻猴子，正在搶食昨晚遺留在陽臺茶几上的迎賓水果。隔著厚玻璃，我第一次把猴子看得那樣仔細。

　　你可以想像，一面在透明落地坡璃裡泡澡，還可以拿著望遠鏡遠眺一群水牛正結伴到湖邊喝水，湖中還有鸕鶿和鷺鷥，魚狗家族也在表演釣魚的高超技術，還有秧雞穿梭其中，真是個難得也難忘的經驗。因為設計者的用心，所有面湖的浴室私密而獨立，簡單的一道牆，阻隔了隔壁房間的視線，唯一要擔心春光外洩的是猴群們會突然出現在窗外！

　　我們抓緊時間到七樓的游泳池游泳。這家飯店號稱「打開房門就是自然」，這個自然還包括這座天然的游泳池，池裡深度高低不一，完全是就地取材。因為是一大早，所以池裡只有我們兩人，當然池外的樹上還有眾多繽紛的鳥類，還有池邊不時跑來偷窺的獼猴。游泳池邊的躺椅旁有個望遠鏡可以眺望周遭的森林景致，眼光所及，滿池的荷花與荷葉，伴著傍水而生的生物，在在展現其無比的生命力，美不勝收。

其實，這趟行程最後的重頭戲是到雅拉（Yala）國家公園尋訪野生動物，可是幸運的我們，卻已經在途中見到斯里蘭卡的國鳥——孔雀就出現在路邊巡視，而國寶——大象則是碩大地佔住了我們的車道，我們興奮地歡呼尖叫，拿起相機連拍，旁邊小店有人拿出了兩籃玉蜀黍叫賣著，不知是要給人吃，還是要餵大象。大象朝我們的車子大步而來，整個大臉幾乎貼近了我們車的擋風玻璃，有團員嚇得離開前座，也有人把玉蜀黍交給牠準備伸進窗戶的長鼻子。

導遊說這樣的野生的大象還不少，白天太熱，牠們比較少出來，晚上就會出來逛大街，因此當地人會在房子前蓋一座小瞭望臺，方便一見到大象，就放鞭炮嚇走大象。

經過鄉間小路，見到農夫利用棕梠葉作成像眼鏡蛇一樣的東西插在田裡，是要讓鳥以為是真的眼鏡蛇，而不敢隨意飛來破壞作物。

到了波羅那露瓦（Polonnaruwa），見到帕拉克馬巴胡大帝的宮殿遺址，感覺像是重回柬埔寨的吳哥窟，前者是著名的辛哈里王朝曾建都於此，後者則是吳哥王朝。兩個王朝所留下的建築都堪稱是藝術的精華。

這裡的宮殿原是一棟七層樓高的巍峨宮殿，共有一千多個房間，光是大廳的面積就有四百平方公尺。建造時並沒有地基，全

部是用磚塊、石灰，糯米和一種食物裡的膠黏合在一起。下面的房間都用來當作倉庫。據說釋迦牟尼晚年第三次到斯里蘭卡時，曾在七樓待了一個禮拜。

南印度人入侵時皇宮遭到祝融，因為第一、二層是用磚塊建的，上面五層是用檀香木蓋的，所以，在一、二層樓還見得到石頭樓梯往上的遺跡。從廢墟的結構、厚重精緻的建材，仍可想像當年這棟皇宮的宏偉壯麗。

在這裡的泡澡池或游泳池絕對見不到正方形，導遊說，斯里蘭卡人認為「整數」是不好的，有「小數點」才是比較吉利的數字，所以過去王子的游泳池或王妃的泡澡池，不是長方形就是多角形。

在進入每一座宮殿前，首先會經過一塊半月型的「月亮石」，剛開始這塊石頭只是具有清洗腳的作用的門墊，後來慢慢演變成要進入一個神聖的宮殿或寺廟前，一個讓你洗淨雙腳，並且沉潛心緒的地方。石頭上雕刻著「火」，還有動植物——天鵝、馬、大象和蓮花，有人說若從生命循環來看，火代表陽光，是出生的希望與生存的慾望；天鵝象徵嬰孩的純真；馬代表的是青年時期的衝動；大象則象徵的是穩重，年紀漸長，處理很多事情都會思前想後；而蓮花表示圓寂，進入涅盤，這是生命不同的階段呈現，也代表斯里蘭卡人對思想藝術上的思考。

我們還見到有塊石頭上雕刻著屋鴉和狗，原來是在警告人們如果拜拜之前沒有洗腳淨身的話，就會變成烏鴉或狗。還有要特別注意的是，不可以跟佛像一起合照，因為當你和佛像一起照相時，屁股是對著佛像，那是不被允許的。

十五世紀時，印度教在尼泊爾廣為盛行，佛教相形沒落，晚年生病的釋迦牟尼，在國王和皇后去探訪他問他有沒有什麼事要交代？釋迦牟尼表示希望死後可以回到斯里蘭卡。於是，皇后在釋迦牟尼圓寂後，將其佛牙藏在她的頭髮裡和太子走了好幾個月的路，回到斯里蘭卡，佛牙被收藏在一個純金製的盒子裡，再放入銀塔中，就安置在國王宮殿的湖濱寺廟。

佛教聖城坎迪（Kandy）所以名聞遐邇，正是因為坐落在國王宮殿湖濱的佛牙寺內，供奉了釋迦牟尼的牙齒。進入這個佛教聖地，不禁莊嚴肅穆起來。我們算是非常幸運，正好遇上他們的佛牙祭，整個城市喜氣洋洋、熱鬧非凡。七、八月時到坎迪的遊客達到高峰，因為很多人都是為了要來看佛牙祭，這個超過十天的祭典是用來迎佛牙舍利的，每天晚上都會有遊行，而且規模愈來愈大，最後幾天會達到高峰，當晚將有一百多頭打扮得喜氣洋洋，張燈結綵的大象，還有一千多個鼓者，其中有一頭主角大象身上載著佛牙遊行。至於為何會舉辦這樣的遊行呢？因為過去常常鬧饑荒，人民認為利用這樣的祭典可以阻止天災，但後來就漸漸變成坎迪的一種既定的習俗。

在偌大的寺廟中，見到很多穿著制服的學生在老師的帶領下很有秩序地來到寺廟學習或上佛經課，還有成年人帶著小孩身著全白的服裝來到寺廟祈禱膜拜，沐浴在這樣學佛、禮佛的氛圍中，難

怪他們雖然生活水平不高，但每個人的臉上都是那樣的怡然自得。

　　我不是個佛教徒，但我相信宗教都有勸人為善的安定力量。像釋迦牟尼傳奇的一生就很具說服力。據佛經記載，釋迦牟尼降生於國王之家，有個叫阿私陀仙的修行聖人，對國王說：如果太子住在家中，就會成為統理世界的賢王；如果太子走出世之道，就會成為圓滿的佛陀。阿私陀仙還因為年老的自己不能親眼看見太子成佛而悲傷起來。還有相師占觀後對國王表示：如果太子將來看見老人、病人、死人和出家人，就會離世出家；倘若不讓他看見這四種景象就不會出家，而會成為統理天下的偉大君王。國王為了讓太子繼承他的王位，吩咐禁衛嚴守宮門，只准太子看見快樂幸福之事。

　　太子降生七日後，母親過世，由將他視如己出的姨母撫養成人。王子在尊貴豪華的環境中長大，從八歲開始，學習文化和武藝，從小在宮中過著舒適的生活。成年後，卻因緣際會先後見到了老人、病人、死人和出家人，他深感人間生老病死的苦惱，經常在樹下沉思，卻不得其道，於是在二十九歲時，毅然放下即將繼承的王位和賢妻幼子，出家修道，遍訪名師，開始苦修，最後終於憑著自己的智慧與堅毅，戰勝種種磨難，成為佛陀，悟道之後，開始傳教，度化了許多弟子。

　　離開佛牙寺前見到全身黝黑，光著上身，右肩上掛著一根斧頭的一群人，仔細看肩上還留有長短不一的刀痕。原來他們是斯里蘭卡的原住民——Veddha——是在一萬六千年前就從印度走路過來的，那時印度和斯里蘭卡還相連著。因為他們受到後來文化

的影響，還有希哈利人對他們生存空間的逼迫、壓擠，所以，目前Veddha人已經愈來愈少了。在十九世紀末期，他們的人數已經剩下約五千人，目前他們居住的地方離坎迪很近，到了2006年只有幾百個Veddha人還是以傳統的方式生活著，其餘的人都已經被同化了。

為了滿足觀光客對他們的好奇，他們也開放他們的家提供參觀，成為另一景點。

利用觀光客的好奇謀取小利的還有所謂的「立釣」，據說這是全世界海洋民族中最奇特的一種捕魚方式，又叫「高蹺釣魚法」——漁民坐在撐起於海中的木桿上垂釣，這是嘉列（Gala）地區漁民利用漲潮時或立或坐在木頭橫桿上，以餌誘魚的方式。你一定會提出疑問：這些木桿是怎麼矗立在海中而不會傾倒呢？原來，這個地區的海邊都是珊瑚礁，因此，漁夫才能把木桿釘牢在海中。往嘉列古都的海濱路上，遠遠見到海邊有木桿矗立在海中，旁邊站著漁夫，這些漁夫一見到觀光客下車或車子準備停下來照相，他們立刻快步爬到木桿上拿出釣竿垂釣，好讓觀光客拍照。其實，當地人是在晚上才會出來立釣的，白天出現只是為了吸引觀光客，好賺取一些小費，有時是漁民全家出動，順便兜售一些手工藝。這裡其實是南亞海嘯最嚴重的受災戶，如果有機會經過，看表演之餘，給他們一些資助吧！

斯里蘭卡人有個習慣，離開與進入一座城市之前，會在寺廟前拜拜捐錢，他們有特殊的大型的捐款箱，很像郵筒，就在寺廟前，遊客可以感謝旅途平安或祈求一路順風。

奴娃拉伊利雅（Nuwara Eliya），海拔一千八百几十九公尺，是斯里蘭卡重要的紅茶產區之一，由於這裡氣候清涼，在英國統治時期，成為具有歐洲風格的高原避暑勝地，故有「小英倫」之稱。

　　上山途中，見到氣候的不斷變化，一下薄霧籠罩山頭，一下一場午後大雨，一下又是半山飄雨，半山晴。在層層疊疊的紅茶園中見到準備收工的辛苦的採茶工人。

　　當地導遊在介紹塔米爾人就很有偏見，往往對於超車或不守秩序的人，都會罵上一句：「南印度人！」言語中對於來自印度南方塔米爾的採茶工人更有貶抑的意味。

　　塔米爾人就是南印度人，他們當時就是在早期希哈利人到斯里蘭卡後，才從印度到斯里蘭卡的人，他們信奉印度教，印度教有所謂的種性制度，種性制度有四個階級，這四個階級分別是祭司、戰士（軍人）、商人和農夫，但卻還有連階級都不被列入的賤民。塔米爾人原本是很遵循種性制度的，但他們到了斯里蘭卡後努力想要改變自己原本的階級，他們透過教育和求官職找到自己生存的一片天，所以，目前大部分在斯里蘭卡的塔米爾人只有兩種階級，就是剩下商人和農夫兩個階級。十九世紀，英國人統治斯里蘭卡，看中了這裡潮溼多霧的氣候，大規模地在此種植紅茶，當時需要很多勞工，於是從印度引進更多的勞工，而這些勞工又是階級更低的人，他們來到這裡，跟原本斯里蘭卡的人更不相容。

我總覺得人類生而平等，對於種族、階級或性別的區劃，我都是無法苟同的。

　　晚上，我們夜宿在THE GRAND HOTEL，是一百五十多年前由英國人所建，前身是斯里蘭卡總督的官邸。這家飯店的大廳真的很「古董」——水晶燈、畫作、古董家具、復古窗簾、火爐，當然還有「老舊」到不行的房間設備，踩起來格格作響的階梯和地板，讓我們整晚無法入睡，因為上下左右的隔音設備真是太糟了！

　　還好，當天晚餐前我和同伴溜到鎮上，逛了教堂、超市，還有傳統市場，深入民情，感覺比較不虛此行。

　　不過，生命有些遺憾留下也是好的，也許年老時，記得的反而是這個不完美部分——導遊帶我們去做的要價35塊美金的「阿育吠陀SPA療程」感覺有些粗糙，不曉得是不是因為專門提供給觀光客的。我們的時間太趕，若有充裕的時間，應該安排在飯店的一晚放鬆做好全套療程的。

　　「阿育吠陀」是一種印度傳統的古法草本醫療，不只是一種單純的按摩治療，不同於其他SPA之處，在於其講求身、心、靈合一的精神治療。資料上記載：在全套的療程裡，清早起來先做瑜伽或靜坐冥想，接著吃健康早餐，之後再開始進行整天的療程。聽起來很是動人啊！

到斯里蘭卡旅遊要買紀念品回家除了有名的紅茶外，就屬大象糞便再生紙所製造的相關產品囉！大象糞便因其「質地」的優劣，被製成各式各樣的筆記本、便條紙、賀卡、信封、信紙、和餐牌。斯里蘭卡政府還將這項產品作為贈送國賓的禮物。2002年，美國總統布希和鮑威爾就在斯里蘭卡總理維克勒馬辛哈訪問美國時，收到一盒鑲有鍍金字母的大象糞便製成的回收信封、信紙和名片。

　　斯里蘭卡對於大然物資的利用，自然生態的保護由此又可見一斑。

　　我很好奇的是：這樣製作成的紙張究竟會不會有臭味？答案是否定的。原來大象是草食性動物，糞便本身就不會有太多的臭味，再加上大象的消化能力比較差，因此，絕大部分的草料或樹木纖維都被保存下來，當地人便將糞便裡的雜質揀出來，只剩下粗纖維，經過三到六小時在太陽底下曬乾與技術處理，做成紙漿，再製成紙，過程既衛生又安全。因為斯里蘭卡的工業技術並不發達，所以，大象糞紙產品完全是手工製造，因此，你選到的產品都會因為每張大象糞紙的不同紋路，還有不同封面紙黏土雕塑或樹皮加工，而拿到屬於自己獨一無二的大象糞便產品，當然，可想而知，產品售價比較起其他的東西，不算便宜，大約手掌大小的小型筆記本，封面有可愛的大象圖案，約臺幣140元，但你可以把他當作對動物保育的貢獻，因為售價已經附加了「大象保育基金」。

　　講到對動物的保育，就得大力讚揚他們對海龜的保育。去參觀海龜撫育中心，有機會見到不曾見的玳瑁龜，還可將手掌大小

的可愛的綠蠵龜放在手上，又可抱起五、六公斤的大海龜合照，經驗難得。有兩隻大海龜在海嘯侵襲被救起後，在這裡被飼養著，因為一隻少了個眼睛，另一隻斷了條腿。保育人員指著其中一池說：「那一池我親愛的孩子們，明天就要離開我了。」海龜在人工沙灘上孵化後，先放在小水池中，讓牠適應水性。三天後由保育員野放回大海。

在這裡還見到各國的人到此參觀留下的圖畫，其中有兩幅著色鮮豔的畫作，畫滿大海生物和主角烏龜，上面寫著簡體中文「請你不要把我們的環境弄髒！」「救烏龜！」

斯里蘭卡沒有我們經濟的繁榮，但是對於動物的保育，確有值得我們學習之處。

斯里蘭卡其實只有臺灣的兩倍大，但是實際七天旅行花在交通上的時間很長，主要是因為他們沒有高速公路，而政府不願修築高速公路的原因，就是為了保護野生的動植物，他們有十分之一的土地被列為野生動物保護區，甚至連植物都受到保護，不允許任意破壞、砍伐。

正因為如此我們得以在斯里蘭卡最大的野生動植物及鳥類保護區——雅拉（Yala）國家公園找到生命的感動。

我們在四輪傳動車上，展開尋訪各種的野生動物及鳥類的叢林探險。隨著司機敏銳的指引見到大象、梅花鹿、水牛、公孔

雀、母孔雀、山豬，還有難得一見的豹，而且同時見到兩隻，雖然我也曾在南非有這樣的經驗，不過南非看到的動物和感覺又與這裡有不同的感受。

整整前後三個半小時的叢林感受，在四輪傳動車載我們離開時，還依依難捨，尤其為我們送別的是一大片的夕陽餘暉，我想這樣的瞬間感動是屬於自己的絕無僅有。

斯里蘭卡最大的魅力，除了自然生態、秀麗風光與人文古蹟之外，令人印象最深刻的就是當地純樸人民的純真笑容，他們總是掛著毫不矯揉造的微笑與人打招呼。

不僅這裡的宮殿、寺廟石雕上面的動物和人都是露齒微笑，連在嘉列古都散步到法院外，正好遇到警察押解一大群犯人，犯人們被手銬銬著，一個接著一個走上囚車，每個犯人的臉上還是掛著笑容。我們詢問圍著我們打招呼的警察：「為什麼他們那麼快樂？」三位警察不約而同回答：「他們是快樂啊！」在車上的犯人望向窗外對著我們揮手道別。

黃昏時刻，到小城的水果攤買水果，我們指著硬梆梆的青芒果詢問價錢，老闆立刻拿起一顆準備切開讓我們試吃，我們搖手表示不一定要買，因為太硬了，老闆搖搖頭表示無所謂，大方地先後切了芒果、酪梨和西瓜請我們，最後我們向他買了西瓜和椰子汁。水果攤拍起來多采多姿，我們要求和老闆合照，拍照時老

闆被一群他們當地人大聲調侃著，害羞到不行。

在斯里蘭卡有名的水牛優格小攤買便宜又好吃像豆花綿細的優格，老闆一家也是忠厚又靦腆。

我們有兩次在外臨時找洗手間的經驗，一次是到人家的房間裡，主人大方地借用，還幫忙準備沖馬桶的雨水；還有一次是在嘉列古城的飯店，我們打了聲招呼，伺者就帶領我們到洗手間門口，離開時忍不住放慢腳步，因為被她古典優雅的裝潢給吸引了，大廳牆上還有一張舊地圖，迴廊上舒服的座椅，有人正在喝咖啡。回到車上翻閱地圖才發現原來這家飯店是在1684年由荷蘭人所建的新東方飯店（New Oriental），原本是總督的總部，算是當地最經典的精品飯店。

想造訪斯里蘭卡這個微笑國度的人，必學的一句話是"AYUBOWAN"。這是一句問候語，見到當地人隨口問候，相信你必定會見到他們微笑中的驚訝；還有通關時用來對付海關人員，也可以讓他們嚴肅的臉，露出微笑喔！

原載於《明道文藝》，第391期，2008年10月號。

第五節　美麗的際遇：我和克羅埃西亞相戀

一生中要遇上一個能夠讓你覺得是「此生最美的際遇」的「人」，是相當不容易的，因為掌控權不完全在你手上，也因為愛情是一直在變動的；既是如此，相較於見到夢寐以求的「美景」，讓他們成為你「此生最美的際遇」就顯得容易多了，只要你願意，發球權永遠都在你手上。

第一次知道克羅埃西亞是從九年前的《航站情緣》（2004年）這部電影。男主角為了一圓父親的夢，從東歐搭機到紐約，卻在機場時，因其祖國——克羅埃西亞發生武裝政變，因此他的護照失效，雖抵達紐約，卻進退維谷只能滯留在機場航站的過境大廳，不得進入美國國土，也無法回國。他只好暫時把機場航站當作自己的家，等待國家的內戰結束。他在這裡見到來去匆忙的旅客，不但看盡人生百態，也和空姐談了一場小戀愛。

當時我對克羅埃西亞的認識：是個窮困混亂的小國。其實克羅埃西亞在1991年從南斯拉夫社會主義聯邦共合國宣布獨立後，就開始「奮發圖強」，充分發揮她的觀光資源，如今已成為歐洲人旅遊的後花園祕境。

領帶，可是來自克羅埃西亞的

再從生活上來說，男人的重要飾品——領帶，可是來自克羅埃西亞的。早在歐洲三十年戰爭時期（1818～1848），克羅埃西亞的騎兵在傳統軍服上配戴著彩色的領巾，用一種獨特的方式繫結在脖子上，當騎兵們踏足巴黎時，他們的領巾引起相當的關注。路易十四時期，巴黎人竟然風起雲湧開始配戴這樣的飾品。從此，領帶成為文化和優雅的標誌，風靡整個歐洲至今。

隨著2013年7月克羅埃西亞成為歐盟會員國後，8月，我在克羅埃西亞，讓六個世界自然與文化遺產成為我的心靈訪客。我被美景不可遏止地誘惑著，我跟著整個世界都醉了，醉倒在眼前每個當下難以言喻的美景的臂彎裡。

也許正因為克羅埃西亞是個命運乖舛的國家，所以，有很多世界遺產和歷史遺跡值得細細品味。然而，戰亂並沒有對她造成陰影，從發展觀光業可以看出她的力爭上游。她是一個活潑的國家，每個城市景點各有其特色。

「失戀博物館」來自扎格拉布（Zagreb）

扎格拉布（Zagreb），曾是南斯拉夫第二大都市，在1557年成為首都至今，從經歷爭戰、殖民以及1880年的大地震重創整座城市而重生。到訪過布拉格的旅人再訪札格拉布一定會感覺熟

悉，原來地震重建的建築師群就是規畫布拉格的同一群，因此她有「小布拉格」之稱。她雖然沒有鄰近的維也納、布達佩斯和布拉格有名，卻是個相當值得慢遊的城市，因為有很多新舊的建築和博物館都值得參觀。

其中之一便是有名的「失戀博物館」（Museum of Broken Relationships），這間博物館是克羅埃西亞的藝術家維斯提卡和葛魯比斯奇所創辦，他倆原是情侶，但在愛情走到盡頭時，卻不知該怎麼分配他們這段感情期間的紀念物，丟掉又相當可惜，於是在首都建造了這座博物館。

去年年中就從雜誌上知道這間博物館，我還把裡面的故事轉述給要升國三的雙胞胎兒子。小兒子後來將其寫進了他的模擬考作文中，拿到滿級分──「『失戀博物館』是一間『愛』的博物館，它傳達成長的挫折也可以是件好事，每次挫折都讓我們從另一個角度看待生命，能對生命中的考驗懷有敬意，才能開始新生活；能放手，代表已經準備好再次出發。每個人生的經歷都是正面的，能帶給我向上的力量。」

暑假前計畫這趟旅行時，兒子就在擔心我們有沒有足夠的時間可以去參觀這間博物館，他認為都到了克羅埃西亞一定要去看看我們閱讀到的「實物」。因為這次是跟團旅行，不像以往自助那麼隨興，所以，雖事先查看了地圖，卻也不敢抱太大的希望。但沒想到心想事成，我們抓緊30分鐘的自由活動時間，從山下快速跑上山丘的舊城區，連搭纜車要等十分鐘都等不及。

入館參觀一人要25克幣（KN），大兒子還指著一百七十幾公分的自己告訴櫃台小姐說他是小孩，但是他們只有一種票價。我們三個人折合台幣不到400元。購票時櫃台小姐得知我們來自台灣，立刻問我知不知道他們的活動也要在台北舉辦？我說我知道。出國前我知道這個展將在華山文化創意園區展出，兩位創辦人還會一起舉行開幕儀式。

　　這裡的每件展覽品都有屬於他們自己獨一無二的故事，紀念物旁也註明了地點和戀情的時間。

　　在這裡見到當時在雜誌上讀到的幾件紀念物，真是興奮啊！

　　「一對瓷娃娃」，背後隱藏著一則感人肺腑的故事。那是一位為了逃避家暴而移居愛爾蘭的女士送來的紀念物。當年她面臨生活困頓的低潮時，在市集見到一個拿著一個信封，另一個在編織毛衣的瓷娃娃，正好符合她兩個女兒的興趣——一個喜歡閱讀書寫；另一個喜歡女紅。於是她買下代表她兩個女兒的瓷娃娃。往後瓷娃娃成為她們母女的心靈慰藉，一起度過生命的難關。而在她兩個女兒長大離家，各有成就後，她將瓷娃娃捐給分手博物館，並感謝上天讓她離開暴力的婚姻，給予她再一次重生的機會，放下過去，找到新的人生價值。

　　「一把斧頭」，是一個女同志在得知戀人劈腿後，心痛之餘拿起斧頭斬斷她們所有的紀念品，最後捐出斧頭，代表跟過去告別。

　　「一個SKYPE的鐘」，是一段遠距離的戀愛，女生把時間設定在男生所處地的時間，因為九個小時的時差，兩人戀愛時總努力抓緊可以連繫感情的時間，但最後還是敗給了距離。

「一隻小熊」一個新加坡華人女生，在和前男友開始約會後，男友就送了她兩隻小熊，他們各留一隻在身邊，當對方不在身邊時，小熊就代替對方陪伴著。因為父母反對，所以，他們交往期間沒有合照、卡片和浪漫的飾品，只能暗中秘密交往。為期一年的戀愛分手後，她每天抱著小熊流著眼淚入睡，最後，她把小熊打包起來，甚至沒人注意到小熊不在了。

除了這些勵志和心碎的故事外，也有人幽默以對的。

「一對吊襪帶」，故事介紹上寫著：「我從來沒穿過這對吊襪帶。或許如果我穿了，這段關係搞不好還可以撐久一點。」還有「一支老舊的Nokia手機」，捐贈者說：「早該落幕的戲分分合合拖了300天。他把他的手機給了我，這樣我就沒法再打給他了。」

我記得這個博物館在英國展出時。其中有個展示品是前戰地軍人捐贈的義肢。在腿斷治療期間，他愛上了他的物理治療師，不過最終他們的感情還是沒能和「堅固材質」打造的義肢來得長久。

「認真抓緊當下的美好時刻」，是我參觀完的感想。

和兒子下山快走回集合的廣場，心裡滿滿的，雖然節儉的大兒子還在叨絮著參觀不到20分鐘就花了近四百塊，早知道他不要進去，看我們拍的照片就好了。我告訴他：「我覺得很值得，這個經驗和回憶是無價的。」我也相信這會是我和兒子永遠難忘的回憶之一。

新舊建築交錯的首都——扎格拉布（Zagreb）

在「大主教宅邸」旁的「聖母升天大教堂」是克羅埃西亞最大的宗教建築，兩座直上雲霄高達105公尺的哥德式建築，走到任何地方都可以見到他。在面對大教堂左側的高牆上有個很突兀的大鐘，這個鐘原本在教堂的鐘樓上，但經歷大地震存活便被留下作為紀念，鐘上的時間還停留在大地震時的時間。

走過1926年就開始營業的多拉茲露天市場，只見到整齊劃一的空攤位，可惜那天是星期天，當地多數人都出城度假了，見不到攤商做生意和當地人採買的現況。

舊城中心的卡米尼達拱門，又稱石門，也是有其歷史意義的，蒙古人和鄂圖曼人都曾從這座石門進城襲擊。步行到城區必得經過這座石門，那是唯一被保存下來的老城門。城門裡供奉著一張聖母子畫像，傳說1731年有一場大火吞噬整座城門，然唯獨那張聖母子畫像毫無損傷，現被特別築了黑色鍛鐵保護供奉，供來往人們祈願平安。

我在大學時第一次出國到歐洲自助旅行，一口氣參觀了世界三大教堂，之後再見各國教堂便是「除卻巫山不是雲」，很難再令我震憾，然而當我見到「聖馬可大教堂」時，突然眼睛一亮，教堂的斜屋頂上五彩繽紛的各種顏色的馬賽克拼貼成的兩個大徽章圖案，有如童話故事般童心未泯，那是我見過最可愛的教堂。

新城區「共和廣場」上有個雄起起的雕像，是要紀念「耶拉

齊恰」這位克羅埃西亞的首任總督，他在任內廢除了奴隸制度，成為大英雄。而克羅埃西亞成為獨立自主的民族國家概念可說就是從那時開始的。1866年，維也納的雕塑家Antun Fernkorn在耶拉齊恰過世後，為他打造了這座雕像，但在二次大戰後，前南斯拉夫總統狄托因為政治因素將雕像撤除，並將廣場改名為「共和廣場」。直到1991年蘇聯瓦解，雕像才又得以重見天日，有意思的是：過去的雕像原本朝著北邊的敵人匈牙利，如今卻轉向南邊的塞爾維亞。今日20元的紙鈔上，就是這位克羅埃西亞人心目中英雄的肖像。

新舊交錯的建築、有軌電車在路上行駛、身著傳統服飾賣紀念品的女孩、名牌店與咖啡座林立的塔克拉齊切瓦街熱鬧不凡，屬於這座城市的記憶還在持續書寫她深邃而豐富的歷史。

世界上絕無僅有的海浪管風琴

在札達爾（Zadar）古城海邊擁有世界上絕無僅有的海浪管風琴（Sea Organ），2005年完工後，已成為聞名的地標，吸引各國觀光客前來聆聽絕不重覆的露天音樂饗宴。

知名建築師Nikola Bašić設計海風琴的靈感來自於他生長的海邊，他從小就喜歡聆聽海浪拍打岩石的聲音。他在海岸邊上建了一個長70公尺規則排列的石階，石階底下埋了35根不同直徑和長短粗細不一的管子，隨著空氣的推送、擠壓以及海浪的拍打，湧入管子，也就是說大海就是風箱。當海水漲到合適的水位，大海

就會為所有人演奏出奇妙的樂曲。他們可以彈奏五個八度的七和弦，發出有如管風琴一般低沉的美妙樂音。這架精心設計的海管風琴成為這個海邊城市的特色，不僅各國遊客特地來此聽大海的演奏，也有人選擇在這裡舉辦婚姻。這項創作，獲得歐洲設計第一大獎以及歐洲城市公共空間獎的殊榮。

在海浪海風琴旁邊的長長座椅，還設計成黑白琴鍵，頗具巧思的搭配。坐在琴鍵的長椅上，聽著海浪管風琴發出的樂音，這樣的初體驗，若無親自領會，很難言說。

在海浪管風琴旁邊的城市光廊（Greeting to the Sun），是一座太陽能圓形劇場，有著一個直徑22公尺的大圓圈，有300個太陽能板，白天吸收太陽光，晚上則有無數個LED燈配合著海風琴的節奏，展開五光十色絢麗的燈光秀，迎接晚上人們不約而來聚集在這裡舉辦露天音樂會。這也是Nikola Bašić的另一個傑作。

遙遠的海平線無法入睡，似乎也加入了狂歡的舞會。

亞德里亞海最古老的城市——斯賓尼克（SIBENIK）

斯賓尼克（SIBENIK）是達爾馬齊亞海岸少數沒有被羅馬人占領過的城市，故而在舊城裡不會見到羅馬式的寬廣馬路和豪宅，反而常見到狹窄的巷弄和小房舍。

巧奪天工的「聖雅各大教堂」，是人定勝天的團結之作。這座教堂所以被建造，全是當地居民的用心。在興建這座教堂前，斯賓尼克其實只是達爾馬齊亞海岸默默無聞的小城，居民們為了

讓斯賓尼克出頭天，不讓其他城市專美於前，於是大家興起了蓋一座特別的教堂的念頭。從政府、主教到專業人士和平民百姓，上下一心，全力打造這座世界上最大的一座完全用岩石打造的教堂，當中沒有用到一塊磚塊或木頭去支撐聖雅各大教堂，2000 年被名列為人類珍貴的世界遺產。

教堂有著完美比例的圓頂及拱頂，就建築本身而言就是一座世上不朽的傑作。教堂的岩石外牆上有相當特別的人臉，據說那些人臉，是以15世紀當時居民的長相為臉本，這71顆人頭雕刻得相當生動，平靜、煩惱、驕傲、恐懼和喜悅各種你想像得到的表情都有。這些人頭表現了文藝復興早期人本主義的精神。

世界自然遺產的普列提維切湖國家公園

克羅埃西亞的美景是多元的，若你參觀教堂、遺跡和城市風情有點膩了，你還能選擇媲美中國四川九寨溝的國家公園——普萊維斯國家公園，去親近大自然，遠離塵囂。

在1979年被列為世界自然遺產的普列提維切湖國家公園，因其擁有16個大小翠綠湖泊及無數的飛瀑清泉，故又被稱為「十六湖國家公園」。

一年四季都具有鬼斧神工之美，公園裡的所有人工設施和設計都是為了讓遊客得以更加親近整座公園。木棧道、人行橋，甚至是木屋餐廳都與天然美景巧妙交織。從最高源頭的「祈禱湖」，信步隨著木棧道而下，見到戲水的野鴨、悠游的鱒魚伴著

碧綠晶瑩的「圓形湖」、活潑好動的「漩渦湖」，湖水變化多端，隨著植被不同以及水位深淺，在陽光照射下呈現翠綠、土耳其藍、巴伐利亞藍、淺灰的變換，在這化外之境受到多層次顏色的震撼。走著走著氣勢磅礡的雪白飛瀑突然從天而降，到處可見大自然的驚喜。愜意漫步於大自然的藝廊中，充分享受了絕佳的森林浴。

想要滌淨塵囂，還有比這座國家公園更為「平易近人」的克爾卡國家公園。這座公園同樣擁有喀斯特石灰岩地形特有的湖泊、峽谷、河流和瀑布等豐富景觀。夏日時節，到處都見遊客戲水、游泳。這座公園好似習慣淒清和孤寂，卻又似想被貼近、被打擾，廣漠而深至。我驚異於自身融入於美景的一片「青」，美景已悄然住心入定，拂不去也載不動。

世界文化遺產：最完整的羅馬帝國宮殿建築

到訪古城史普麗特（Split），必得參觀的是古羅馬皇帝所興建風華絕代的「戴奧克里齊安皇宮」（Diocletian Palace），她是唯一不在義大利境內，但保存得最有規模、最完整的羅馬帝國宮殿建築，在1979年已被列為世界文化遺產。

戴奧克里齊安出身貧困，卻相當努力，後因戰功彪炳，在四十歲時，西元284年就當上羅馬皇帝。西元293年，開始在他的出生地附近──史普麗特，打造他將來退休養老的宮殿。皇宮耗時十年的時間完工，使用的都是各國上等的建材，可算得上是頂

級的養老豪宅。

皇宮長215公尺、寬180公尺，城牆高28公尺，共有金、銀、銅、鐵四座城門，16座防禦塔。據說當時戴奧克里齊安皇帝未雨綢繆擔心遭人暗算，於是在地下建築了格局與地上一模一樣的宮殿，以躲避可能的戰亂。

七世紀時，羅馬遭斯拉夫等外族入侵，大批的難民紛紛逃進皇宮或城牆內避難，皇宮成了人們隨意進出之地，後來也有人索性就賴在皇宮不走了。此後，皇宮開始被人們修補擴建，大部分的地上宮殿都被拆掉蓋成房子，就是所謂的違章建築，所以那些加蓋的違建早就損害房子的結構，當局雖擔心隨時有坍塌的危險，卻無法遷移那些「釘子戶」，只好暫時妥協。現在在宮殿裡還可以見到民宅的管線和皇宮建築緊密連結，難分難捨的奇觀。

現在皇宮裡還居住著三千多名的百姓，你可以想像你住的房子、你家附近常逛的商店、和要辦事的機關就在世界文化遺產中嗎？旅人在為古蹟拍照留念時，可得小心連居民晾出屋外的衣物也入鏡喔！這樣皇宮與民宅的共築相依，也算是該城市的特色了。

不過還好地下宮殿是被完整保存下來了，雖說是地下宮殿，其實是和海平面一樣高。皇宮雖歷經戰火的侵襲及歲月的洗禮，卻仍保有當年雍容華貴的風貌——皇宮大廳、蓄水池、下水道水管還有橄欖油池，像歷經滄桑的美人卻盛裝出席。

「聖多米努斯教堂」（St.Domnius），是整個城市的中心，原來是戴奧克里齊安皇帝的陵寢。皇帝生前曾坑殺過數千名當時被視為異教的基督教徒，因此後人就把他的屍骨移走以洩恨，所

以在七世紀時就被改為教堂。

宮殿的列柱廊中庭有高聳的羅馬式石柱、神殿、鐘樓、教堂、皇室居所和陵寢，置身其中你會一時錯亂以為來到了羅馬。現在中庭已經成為一個很好的廣場和表演場所。廣場中有兩位高大的「斯巴達」裝扮的模特兒，可以和遊客合照，但是得收費的喔！

寧斯基主教的紀念雕像，立於皇宮的「金」門城外，已經是史普麗特的重要標誌之一。

寧斯基主教是克羅埃西亞人的英雄，他是克羅埃西亞10世紀時的主教，他不畏強權勇敢地向羅馬教皇挑戰。他不使用拉丁語，堅決用斯拉夫語和文字進行宗教彌撒，激起民眾的民族意識。

雕像前大排長龍遊客排隊等候著，原來據說撫摸寧斯基主教的左腳大拇指會帶來好運，也有說是能許願成真，所以雕像的左腳大拇指已經被各國遊客摸到金亮。

「世界上最美麗的十個島嶼」之一：
「哈瓦爾島」（Hvar Island）

克羅埃西亞有「千島之國」之稱，境內擁有1185個島嶼和沙洲，但其中僅有47座島嶼長期有人居住。因此島嶼的行程安排是絕不可少的。

搭上 "Jadrolinija" 渡輪，前往曾被 "The Traveler" 旅遊雜誌譽為「世界上最美麗的十個島嶼」之一的「哈瓦爾島」（Hvar Island）。這個島在2008年被列入世界文化遺產。

兩個小時的航程可以欣賞碧波萬頃的達爾馬齊亞海岸上羅列著猶如海上珍珠的小島，美麗得很意外，也很突然。雖說對歐洲的美景在心中是始料之所及的，但親眼所見時，卻還是始料未及啊！在波光瀲灩中，你可以窺探、尋索與自我對話，當亞德里亞的海風鑑賞著你飄起的髮時，你得感謝大自然的美景總是平等對人，從不刻意地厚待或薄待於誰。

　　在船上閒晃時，被電吉他的樂音吸引而去，才發現已有一大群遊客圍觀，原來是個準備到哈瓦爾島表演的街頭藝人，大家津津樂道的是他手上的那把當作吉他在彈的掃把，掃把上有他創意「加工」過的吉他弦。在他面前地上的一隻藍色的球鞋裡已經有不少銅板了。

　　「哈瓦爾」之名，源起於希臘文「明亮小屋」的意思。哈瓦爾島每年接受日曬據說是克羅埃西亞之冠，長達2742小時，約250天。有一些旅館還標榜著：如果到小島旅遊正好碰到陰天或下雨，住宿一定打折；若是冬天遇上下雪，有的甚至提供免費入住呢？也正因為這樣得天獨厚的氣候，這個陽光小島又有「薰衣草島」之稱，喜歡薰衣草相關製品的，在島上購買，價格是最便宜的，選擇的樣式和東西也比較多。

　　絕對是心理作用，這個時候是見不到薰衣草的，可才一下船就感覺空氣中飄盪著薰衣草的香氣。除了薰衣草香，還有豐郁的文化古蹟氣息。車子剛進城，就見到山上有幾道像長城的石牆居高臨下在山頭盤據，還有桀傲不遜的哈瓦爾堡壘（Fortica Hvar）——建於13世紀，是威尼斯人用來阻擋土耳其人侵略的防禦工

事，歷經戰爭，現在的城牆是經過重建的。

　　其實早在公元前384年古希臘人就在島的北側設立殖民地，持續到中世紀早期。建於16世紀的「聖史蒂芬教堂」、建於17世紀的「軍械庫」——現在一樓已搖身為藝品店，樓上則是劇院。在這裡，你可以信步古老城中，撫今追昔；也可以沿海濱步道往填海興建而來的「聖史蒂芬廣場」走去，透過沿途小販販售的令人眼花撩亂的薰衣草產品，好好感受一下難得的「商業化氣息」，不過他們不流行殺價的，除非同樣的東西買十個才有得談。你也可以沿著碼頭水岸散步，欣賞整齊的棕櫚樹，到充滿浪漫氣氛的露天餐廳用餐。喜愛日光浴的歐洲人，常常駕著遊艇就到島上來晒太陽，連岩石上都放了躺椅，方便客人做日光浴。若你是遊艇的愛好者，你還可以在水岸碼頭見到歐洲各地的大小豪華遊艇，保證讓你目不轉睛。

　　這個令人心曠神怡的小島，白天、傍晚和夜晚都在在展現了不同的撩人姿態。晚餐後到碼頭點了杯調酒，見到有人此時才要搭船出海，呼應古人秉燭夜遊。慶幸我們在這裡過了難忘的一夜，才能見識到海水隨著光影變換所襯托島上的夢幻風情。

登高必自卑：從鐘塔和城堡更上層樓

　　「欲窮千里目，更上一層樓」，各地的地標鐘塔和城堡，對我來說是定要安排時間攀登遊覽的，唯有如此才能全心全意和那座城市戀愛，不僅因為可以飽覽當地的全景，還有藉由歷史，更

能「登高必自卑」。

　　驚悚大師希區考克曾說過：「札達爾的夕陽，是他所見過最美麗的夕陽。」於是，我們特別趕在夕陽下山前，登上聖安納斯塔西亞大教堂的鐘樓（St.Anastasia）頂樓俯瞰360度有著濃厚拜占庭及羅馬帝國味道的城市全景。頹圯的石柱及殘壁廢墟的羅馬廣場；15公尺高的羞恥之柱（Pillar of shame）──當時的罪犯被手鐐腳銬鍊在石柱上好幾天，受到眾人的唾棄羞辱；還有9世紀的獨特圓柱造型獨特的聖多納特教堂（Crkva Sretog Donata），都像在訴說著一段段的歷史。

　　以盛產牡蠣聞名的史東（Ston）小鎮，又被稱為「石頭城」。以擁有克羅埃西亞版的萬里長城聞名，長城建於西元1333年，全長5.5公里，曾在十字軍時代，為了抵禦威尼斯共和國入侵而建造，肩負著保衛歐洲文化的重要任務。擁有堅固城牆的長城是歐洲最長的防禦工事，也是全世界第二長的長城。

　　海岸小島──特吉爾（Trogir）古城，在1997年被列為世界文化遺產，因為整座古城，就是個露天的城市博物館，其建城歷史可追溯到西元前三世紀。從海門出來之後右轉，沿著濱海大道吹著海風走，就會看到遠方一座高大壯觀的中世紀堡壘──卡梅爾倫哥城堡。城堡於1430年由威尼斯人建造，是用來抵禦鄂圖曼土耳其的攻擊，也曾是威尼斯總督的住所。城堡面海，從城堡上俯瞰整座小島──希臘羅馬的城市布局、若望保祿二世廣場、聖羅浮教堂、各式風格的房子在中世紀的街道交錯，雄偉的圍牆把三座高塔與堡壘串連起來，更顯壯觀。遙想其歷經希臘文明、古羅

馬、基督教文明、拜占庭文化……等洗禮，旅人的心靈似乎也都被洗滌了一番。

登上1979年被列為世界文化遺產的——杜布羅尼克（Dubrovnik）古城牆，眼見為憑的美景，你才能深刻體會所謂的「目不暇給」，似人間天堂的美景一覽無遺，整座古城三面環繞著亞德里亞海，靜默地聳立於小海岬上。碧海藍天的遠處有遊艇往來映襯著白色城牆所包圍著紅瓦建築，讓這座被譽為「亞德里亞海的珍珠」的城，早已一掃1991年內戰遭砲火侵襲的陰霾。每個轉彎都是驚喜，每棟建築似乎都在訴說歷史，步猶未舉的剎那，美景已以讓人毫無招架之姿迷醉了你。

半圓形堡壘隨著不同的時代興建共有十幾座，各具不同的功能，最有名的就是「明闊塔守望塔」。有著歲月痕跡的城牆固若金湯，緊緊守護亞德里亞海這顆珍珠。在塔上你會和古城的文化更為貼近，也更能輕易感受其底蘊的厚度。盡收眼底的是讓人目眩神迷的美景，永遠閃爍於旅人的腦海中。

「亞德里亞海的珍珠」—杜布羅尼克（Dubrovnik）

看過《冰與火之歌》一定會對杜布羅尼克（Dubrovnik）感到熟悉，正因為這座世界文化遺產有著完整的城牆被保留下來，所以《冰與火之歌》選擇在此處取景，劇中的君迎城（king's landing），還有許多在南方的場景，都是在這裡拍攝的。

愛爾蘭作家蕭伯納George Bernard Shaw曾說：「想目睹天堂

美景的人，就到克羅埃西亞的杜布羅尼克。杜布羅尼克是找尋人間天堂必經之處。」這座老城面臨著義大利半島的東岸，座落在達爾馬齊亞海岸南端，被湛藍清澈的亞德里亞海三面環抱，得天獨厚，是歐洲人熱門的度假勝地。

杜布羅尼克從第7世紀開始，就歷經拜占庭、威尼斯和匈牙利多國勢力的統治，但卻一直被作為交易港使用。在14世紀始至1808年，杜布羅尼克成為一個自由邦，稱為「杜布羅尼克共和國」，國力在15至16世紀時達到高峰，是當時亞德里亞海中唯一能和威尼斯並駕齊驅的城邦。

杜布羅尼克有著「斯拉夫的雅典」的稱號，原因在於經歷天災和人禍卻都能將古老的遺產完整保存下來。前者是1667年的一場大地震；後者是1991年秋天到1992年夏初，在克羅埃西亞剛獨立時，杜布羅尼克遭到南斯拉夫軍隊超過兩千多顆飛彈的攻擊，整座城池嚴重受損，四年後才在聯合國和歐盟的協助下重建。

從派勒城門進入老城區，首先被造型奇特的「歐諾弗利歐水池」震懾，只要一個空瓶你就有垂手可得的飲用水；「聖布雷瑟教堂」，是老城顯著的地標，整點時，塔頂有兩尊銅人會準時敲鐘報時；15世紀的「史邦扎宮鐘塔」；最具規模的哥德式建築——「多米尼克修道院」；被譽為「達爾瑪齊亞地區最美麗建築」的「奧蘭多石柱」；名品商店林立的「普拉卡‧史特拉敦大道」，大道上原本舖設紅磚，自1901年改成大理石路面，經歷一世紀，如今已被拜訪的遊客交踏到今之所見的光亮無比。

古蹟、陽光、海岸、咖啡座、觀光人潮帶來高級度假飯店的

興建。這是一座熱鬧非凡的城。

　　守城門的守衛下班了，沿路離開時，也讓旅人拿起相機搶拍。夜晚的古城仍是萬頭鑽動，在燈光照射和多媒體投影展示下，眼前的古蹟似乎若有所思地端詳凝視著我。這裡像是一座夜不眠的露天大型夜店，旅人不約而同地迎接一場盛會，音樂、美酒，到處都有狂歡的旅人，真的很難想像這裡曾發生戰亂。

　　歌聲美妙的街頭藝人在眾人的圍觀下一展歌喉，雖然不懂他們的演唱內容，卻能輕易感染其傳達的歡樂氣氛。讓人圍觀的還有一個造型小石墩，據說這個面積不大的造型石墩有其特殊作用——古時當地年輕人站在上面，可以展示自己年輕的體力，演變到現在有人傳說：只要能站在石墩上面五秒鐘，脫一件衣服並許願，願望就會成真；其實站上去五秒都不容易了，更不用說脫衣服了。若你還夠年輕，有機會一定要來挑戰看看。皇天不負苦心人，我的雙胞胎兒子在練習了幾次後，抓到訣竅，終於站了上去，「貼」在牆上五秒鐘，但果然還是來不及許願。

　　在杜布羅尼克的機場，告別克羅埃西亞的美景。機場貼心地為旅人準備了寄送電子明信片的機器。在進關的洗手間旁，也就是商店的對面以及候機室可以看到這樣的機器。機器裡有十幾張克羅埃西亞的美景明信片可以選擇，寄給自己或朋友，留下隻字片語，也留下難忘的回憶。

與美景再笑結緣

　　搭上回程的飛機，最後與美景再笑結緣，織就成生命中又長又裊的唯美詩意的一筆。

　　他日再憶及與美景一笑相逢的剎那——不管是隨意漫步在普莫斯特半島（Primosten）上中世紀的石頭小徑；坐在卡芙塔特（Cavtat）的路邊吹著海風，找尋產自達爾馬齊亞地區的大麥町狗；在亞德里亞海的海域游泳……，每一幕風景都能讓你找到生命的意義，於是和自己展開人生最親密的對話。

　　我相信，收入我眼底的美景們，結伴與我而歸，將在未來無限的日子與我相視而笑。

原載於《明道文藝》第456期、457期，2014年9月、10月

第六節　在斯洛維尼亞的中心呼喊幸福

　　斯洛維尼亞（Slovenia），是南斯拉夫諸國中最富有的國家。

　　造訪斯洛維尼亞絕不能錯過歐洲最大最美的天然鐘乳石岩洞——波斯多瓦那鐘乳石洞（Postojna Cave），因為特殊的石灰地質，造就喀斯特地形。旅行過五十幾個國家，也參觀過不少鐘乳

石洞，然這個鐘乳石洞的規模真是令我驚嘆。這座鬼斧神工、參天石柱成林的洞穴，據說已有300萬年歷史，全長27公里，在1818年被發現，1872年建造第一段地下軌道，到了1967年完成進出洞穴的環狀鐵道後，每天可用時速30公里，車程10分鐘的小火車運載上萬遊客進到深200公尺的地底，再讓遊客步行參觀洞區。

　　洞穴裡的溫度僅有8度，特別是坐在沒有任何遮蔽的列車上疾駛，定是會感到寒冷的；但若沒帶厚外套，入口處有出租像斗篷式的外套保暖。搭乘小火車，有種探險的感覺，途經的山洞，有的又窄又低，山壁就在身邊，頭手千萬不可以伸出車外。每個轉彎都會讓你感到驚艷，隨著一連串的驚嘆聲，抵達步行參觀的地底。

　　跟著解說員的腳步與解說，慢慢地揭開洞穴的神秘面紗。一般說來，鐘乳石柱100年才會增長1公分，眼前這些巨型壯觀的石柱、石筍、石鐘乳都是歷經百萬年所形成，怎不令人讚嘆。在色彩鮮豔的燈光照射下充分展現其千姿百態，有的像哥德式教堂般雪白的大理石柱、有的像義大利麵條、有的像巨龍、也有像觀世音菩薩的，他們全都和平共處靜靜地生長在這個秘境裡。

　　波斯多瓦那鐘乳石洞所以特別，在於其複雜多樣的洞穴地形，有僅僅可容一人通過的小橋；也有可容納萬人的音樂廳。說起這個在出口處挑高的音樂廳可不是一般的音樂廳。高40公尺，面積3000平方公尺，回音可達六秒，相當奇特。因此，現今多被用作舉辦音樂演奏會的絕佳場地，可容納一萬人。

　　觀賞完這一場精彩絕倫的視覺饗宴，千萬不可錯過和地球

上最古老的生物之一、世上絕無僅有的「蠑螈」（PROTEUS）結緣。蠑螈，是洞穴裡孕育130多種的獨特動植物中最讓人嘖嘖稱奇的。體長約兩釐米，有四隻腳的蠑螈，也被稱為「人魚」（Human Fish），因長期居於黑洞中，為了適應黑暗，所以眼睛退化、皮膚呈半透明，而且還能在不進食的情況下存活10年，最長可以長到25公分。在洞穴外的迷你水族館裡，就可以欣賞到「人魚」。不用擔心找不到或錯過只要見到圍觀的遊客就是了。

斯洛維尼亞的「布雷德湖區」（Bled Lake），座落在朱利安阿爾卑斯山南麓，是歐洲人的度假天堂。因冬天結冰故有「冰湖」之稱；又因溶冰後湖水湛藍，故又有「藍湖」之稱。

被群山懷抱的布雷德湖，用「如詩如畫」來形容是最貼切的，而懸崖上11世紀的「布雷德古堡」倒映在嫻靜的湖水上，更讓人「如癡如醉」。要登上湖心小島，唯一的交通工具就是搭上具有當地特色的搖櫓船——PLETNA，當地政府所以不建橋樑，是因為要保有原始的自然景觀。只有當地的教士和工作人員才可以坐電動船，其他人只能搭船夫的手搖船。

島上最大最有名的就屬建於16世紀的「聖母升天教堂」了。話說要想在這座教堂結婚的話，新人要搭上船夫的搖櫓船來到島上，而新郎得在當天敲鐘之前，抱著新娘登上99個階梯，象徵著未來不管遇到多少險阻都能排除萬難，天長地久；但若新郎無法

達成任務的話，新娘的初夜則是屬於船夫的，代表新郎不夠有「力」保障新娘未來的幸福。

進到教堂見到大家排隊等著「拉鐘」，為什麼呢？因為這是個幸運鐘，可是有典故的。據說有個寡婦找到第二春想移民義大利，但當時社會相當保守，她為了順利改嫁，便去請教主教，主教不忍耽誤她的幸福，便建議她蓋一座鐘塔，並搖三次鐘，願望就能成真。果然這個寡婦後來心想事成。於是，凡是到此一遊的人都來搖鐘許願，據說只要敲響這座教堂的鐘聲三次，願望就能實現喔！

旅人們面對那娓娓不倦的湖水，眾皆默然。湖水似指揮若定，訴說著這萬紅千紫無限好的景色。悠悠旅人心，熙熙攘攘，越陌度阡，不忍此嫵媚的白日，只能用心聆聽迴盪在湖光山色中的悠揚鐘聲。

盧比安納，是斯洛維尼亞的首都，地處阿爾卑斯山山麓的河谷盆地。城市的建築風格受到了奧地利和義大利影響，到處可見文藝復興、巴洛克、新古典主義和新藝術運動風格的建築與橋樑，也頗有地中海風。

盧比安納似乎特別注重文藝，到處可見雕塑藝術和詩人的雕像。「屠夫橋」上除了有面目模糊的肉販雕像，說是藝術家認為肉販屠殺太多動物了，因此血肉模糊；還有兩尊男女雕像，據

說是亞當與夏娃自知闖禍後，害羞懊悔的模樣；而斯洛維尼亞著名的詩人——瓦倫丁（Vodnik）也在街頭供人瞻仰；而最有名的浪漫詩人——普列舍倫（FRANCE PRESEREN）的青銅雕像，則是聳立在以他命名的「普列舍倫廣場」上。普列舍倫曾寫下：「太陽升起時，戰爭從這世上消失，每個人都是享受自由的同胞……」這首詩成為1991年斯洛維尼亞獨立後的國歌歌詞，可見普列舍倫在斯洛維尼亞人心中的地位。凝視著雕像，你以為詩人在沉思、在找尋靈感，其實隨著他的視線望去，卻看到對面一棟不起眼的黃色建築物的二樓牆面上有個女人的雕像。原來當時普列舍倫最愛的女人就住在那裏，然而兩人緣分不夠，無緣相守，因此有了這樣的紀念設計。因為愛情的緣故，讓浪漫的詩人得以永遠遙念他心目中得不到的女神。

廣場上的主要地標——建於1660年的「聖方濟教堂」，其粉紅色的外觀正好襯托普列舍倫這段愛情的浪漫夢幻。

廣場旁的「三重橋」，是橫跨盧比安納河和連接新城與舊城的河道；「三重橋」的左邊是在1901年所建的「飛龍橋」，是為了紀念奧地利國王法蘭西斯約瑟夫登基40周年，展翅高飛的青色的雕龍相當威風；而在「三重橋」的右邊則是「鞋匠橋」。

古老時代，「鞋匠橋」的週邊都是修鞋、做鞋子的店家，現雖僅存一家，但鞋匠橋卻成了觀光景點。橋前面的兩棟建築物間掛了一堆成串的長短不一的各式各樣的鞋子，也變成一種特殊的裝置藝術。為何會有鞋子掛上去已經不可考了，傳說是有人不小心把鞋子丟了上去掛在電線上，後來就陸續有鞋子掛上去了。這

竟也成了一有趣的景觀。

而「屠夫橋」的原始命名，應該是離肉品市場很近，也有人說當時橋邊多是住著屠夫，故而得名。但如今的「屠夫橋」，卻有個美麗的別名──「戀人橋」。橋上有一大堆的鎖頭，據說戀人們只要來到這座橋將鎖頭鎖在橋上，然後將鑰匙丟到水裡，愛情就會天長地久。

因為這些橋樑，讓盧比安納更具水鄉風情。

這個首都似乎到處都在說著故事。聖尼古拉斯大教堂（Church of St. Nicholas），於1996年，紀念斯洛維尼亞信奉基督教1250週年，當年教宗若望保祿二世蒞臨主持，因此建了一座具紀念性的銅門，銅門上浮雕著若望保祿二世和其他五位教宗的面容。而相當突兀的是，六個臉孔下方有個發亮的「手把」，據說「手」把處摸了會帶來幸運，因此整個大門的手把已經被摸得閃閃發亮。

不管是搭乘纜車登上雄踞於山崖上的盧比安納城堡，俯瞰整座城；在詩情畫意的河畔戶外咖啡座喝一杯咖啡；或是閒逛假日的二手市集尋寶。相信只要你用誠敬謙遜的心，絕對能夠讓人文自然的無比魅力優雅地等候著你的探訪。當然也一定要在各個祈願景點留下回憶喔。

將刊登於《今日生活》季刊雜誌

▶ 問題討論與活動設計

Q 何謂「波西米亞人」？「波西米亞主義」？請上網查詢世界各國哪些地方被列為「波西米亞地區」？

Q 從〈我和波西米亞跳舞〉裡提到的「女牆人」，讓人聯想到臺灣的「檳榔西施」，你會如何跟好奇的觀光客介紹我們的「檳榔西施」？

Q 〈我的心遺留在埃及〉裡的大衛是一位盡責的埃及導遊，你認為身為一個優秀的臺灣導遊，應該可以從哪些方面介紹臺灣的觀光景點與人文特色？

Q 在〈微笑的斯里蘭卡〉中提到Veddha是斯里蘭卡的原住民，請問你會如何跟外國朋友介紹我們的原住民族群文化的習俗、內涵與特色？並請說明哪個族群所舉辦的祭典是你認為最具特色的？為什麼？

Q 世界何其大，各國有其禁忌，比如跟中東人談生意時，嚴忌喝酒、談女人、論中東政局和國際石油政策；與法國人交流時，嚴忌談論私事，因為他們很重視個人隱私。東南亞很多國家對於摸小孩的頭也是一大禁忌，因為頭顱天靈蓋是神靈出入之處，被摸頭會被認為是不吉利的。請比較不同民族之文化、價值判斷、禁忌、習慣、信仰等生活方式差異及特色？

李白〈春夜宴桃李園序〉

夫天地者，萬物之逆旅；光陰者，百代之過客。而浮生若夢，為歡幾何？古人秉燭夜遊，良有以也。況陽春召我以煙景，大塊假我以文章。會桃李之芳園，序天倫之樂事。群季俊秀，皆為惠連；吾人詠歌，獨慚康樂。幽賞未已，高談轉清。開瓊筵以坐花，飛羽觴而醉月。不有佳作，何伸雅懷？如詩不成，罰依金穀酒數。

第三章

聆聽魅力
——旅行的生命正年輕

第一節　翡冷翠夜未眠

講起義大利，就會想起1990年暑假在翡冷翠那個難忘的
夜晚。

準備到歐洲自助旅行前，就一直被提醒：「到了義大利要格
外注意當地的治安。」於是，「黑手黨」的恐怖印象，就深印在
腦海裡不敢揮去；再加上到了巴黎，在羅浮宮廣場遇到也是來自
臺灣的自助旅行者，她們說起她們才在羅馬被洗劫一空，當她們
逛完幸福噴泉，走回停車場時，才發現車子的後車廂被撬開了，
行李全都不見了，最難過的是裡面有拍過了的五十幾卷底片。

離開浪漫的法國，開車進入義大利，我們開始戰戰兢兢地武裝起自己。

　　第一站到了比薩，已是晚上八點多，夏天的歐洲約晚上九點以後才天黑。

　　見到以往只能在照片中看見的斜塔，興奮萬分。我們快快把車停好，下了車，七個人準備往斜塔飛奔而去時，對面有一大群黑人朝我們大聲叫囂、吹噓，不知在說些什麼。因為我們全是女生，心裡實在有些害怕，偷瞄了他們一眼後，就低著頭默默地往斜塔奔去。

　　「我們不要待太久，照一下相，晃一晃，就趕快出發找今晚落腳的地方。」年紀最大的同伴建議著。

　　九點多鐘，我們發動車子離開斜塔，那一群黑人大力揮著手，朝著我們說拜拜。

　　我們照著旅遊手冊打電話詢問了兩處青年旅館，皆已無床位。

　　十點多了，天色愈來愈暗，我們走在往翡冷翠的路上。雖是兩輛車一前一後，相互照應，但畢竟人生路不熟，加上一路上問了幾家旅館都已客滿，我們愈加緊張起來。

　　我們決定向當地人打聽，也許有什麼小旅館是我們沒注意到的。

十幾天的旅行下來，我們已經有了問路的經驗，絕對不要向形色匆匆提著公事包的上班族問路，而要向悠閒散步的老年人或有交通工具的年輕人詢問，通常他們都會很熱心地指示方向。

　　幸運的我們遇到了一位會講英文的年輕人，騎著自行車的他相當豪氣的一句 "Follow me." 讓我們暫時放下了心中的大石頭。

　　我們跟著他的車來到一條小巷裡的民宿。還好遇見他，不然誰會知道在這樣不起眼的小巷子裡，竟有這樣一間有模有樣的民宿。我們道了謝後，他帶著酒窩的笑意離去。

　　我們把車子暫時停好，到櫃臺詢問時，老闆用義大利文比手畫腳表示只剩下一間兩張床的三人房，但至少是有房間了。我們打算和老闆商量可不可以讓我們七個人擠一間房間，我們額外付他一些錢。

　　我們在一張白紙上畫了一張雙人床和一張單人床，然後，在雙人床上畫了三個人形，在單人床上畫了兩個人形；接著，又在兩張床的前面地板上，畫了兩個人，示意我們有兩個人可以打地舖；最後，還在最旁邊畫上「＋＄？」，意思是可以酌收一些錢，由老闆決定？

　　老闆見了我們的畫，露齒而笑；我們見他笑，也跟著笑了。誰知才燃起的希望，就被澆滅了。他居然對著我們搖搖頭，然後舉起他的右手，伸出三根手指頭，遞給我們無奈的一笑：就是只

能住三個人。

　　我想，這種狀況如果發生在臺灣一定不會被拒絕，好一點的老闆收取合理的價錢；而若遇上趁火打劫的老闆，則抬高價錢，趁機賺錢。但是據我的觀察，義大利人似乎很注重品質的要求，比如，我們在米蘭的一間鞋店見到門庭若市，但是客人似乎都很擅長等待，店員一定是一位客人服務完後，再服務下一位客人；不像臺灣可能一個店員可以很有效率地同時服務兩三位客人，想當然，服務品質相對地就比較差了。想必，民宿的主人也不希望影響我們的住房品質吧！

　　最後決定讓今天開車的兩個和年紀最長的同伴先入住，我們姐妹三人和另一個同伴在櫃臺拿了張名片，準備開車離開，繼續找旅館。

　　進入車內，看看時間，已經是凌晨十二點多了，疲累不已的我們不想再費心力去找旅館。我們四個商量的結果是：找一個安全的地方把車子停下來，然後就睡在車上，反正再過五個多小時就天亮了，還可以省下住宿費。

　　可是，哪裡才算是安全的地方呢？

　　對了！警察局。

　　我們把車開出了巷口，然後在前面的路口，正好和一輛車併排等綠燈。車上有一對男女，我們搖下車窗，向他們招手，他們

也搖下車窗。所幸那名女子會講英文，而且在他們回家的路上就正好有一間警察局。

我們像是遇見貴人般，對她再三感謝。

我們一面跟著車，一面認路，因為明天我們還要原路開回去和同伴會合。

同伴踩了煞車。

「咦！到了嗎？」當我們四處張望，正感到懷疑時，那個女子下了車朝我們走來，我們立刻下車。她告訴我們警察局就在隔壁的那一條街上，在我們還來不及開口道謝時，她接著問我們找警察局做什麼？

滿臉倦容的我們，裝出一副可憐兮兮的模樣，加強語氣的對她說：因為我們到處找不到旅館，又想不出辦法，只好決定把車開到警察局門口，準備睡在車上。

她彷彿被我們打動了，起了惻隱之心，她要我們稍候，然後走回她的車子。

「她一定是去和她先生商量要不要收留我們一夜。」同伴興奮地歡呼。

「是啊！希望她就貴人『貴』到底吧！」我期待著好消息。

她又朝我們走來了。可是，卻是來向我們道別的，她的眼神有些不好意思，可能是我們期待的表情太明顯了。後來，想想也是，莫名奇妙在凌晨收留四個來路不明的東方人，多數人應該會不想惹麻煩吧！

過了一條街，警察局就在眼前了。這個警察局說大不大，說小不小，前面的空地就是一個停車場，我們把車停在停車場裡的最後一個停車位裡。

　　車子停好後，我們下車準備進警察局，向警察先生詢問最近的公用電話。

　　我們站在燈火通明的警察局正門口，卻不得其門而入。這一扇大門彷彿是用厚重的防彈玻璃製成的，它不像我們臺灣的警察局或派出所大門隨時為你而開。

　　一位身著制服的高大員警從裡頭看了我們一眼，從頭到腳，可能是確定我們沒有攜帶任何武器吧！警察先生按了一個鈕，大門自動打開了。我們帶著一貫的笑容，客氣地問候他，並請問他附近哪裡有公用電話？

　　他看著我們一臉漠然，然後抓抓頭，又搖搖頭說：「媽媽咪啊！」

　　原來他聽不懂英文，於是我們又開始比手畫腳。比畫了半天，他終於明白我們在找公用電話了。

　　我們依著他所指示的方向走，但是找了半天還是沒找著，於是我們又返回警察局，這次，大門很快就被打開了。

　　他知道我們還是找不到公用電話後，有意讓我們用警察局裡的電話，於是我們拿出同伴所住的那間民宿的名片交給他。

他在櫃臺裡，和我們隔著一塊薄的防彈玻璃，但我們仍能聽見他對著話筒所說的話。他先是說了一大串我們聽不懂的話，接著終於冒出一句我們聽得懂的，"Japanese..."

　　我們急著糾正說，"No, No, No, we are Chinese, not Japanese."

　　在臺灣才剛興起自助旅行時，日本的背包客早已踏遍歐洲各國，所以，臺灣人常常都被當成日本人。不過，被當成日本人，也是有好處的。

　　說起來有點不好意思，年輕還是學生時，還真厚臉皮，做過不少沒水準的事！比如，在法國正好遇到他們國慶，上午在香榭儷舍大道上看活動表演，大道上設有流動廁所，當時上一次廁所就要投入五塊法朗，為了省錢，我們七個人陸續卡著門進出完成任務，這個時候遇到人就得要很有禮貌地問候人 "Konnichiha"（午安）；通常青年旅館都附有早餐，如果遇上無限供應的早餐，往往我們都把自己餵得飽飽的，填飽了還不夠，有時會正大光明地帶走咬了一口的法國麵包，感覺像是趕時間，帶著邊走邊吃，其實長長的麵包裡早已塞滿了香濃的奶油，我們會把麵包放在後座，經由陽光照射，午餐享用時就像剛出爐的麵包。當我們執行這種行動時，一定會記得和服務生說 "Arigatou"（謝謝），離開時還要補上一句 "Sayonara"（再見）。那時嫁「禍」給日本人一點也不會過意不去，誰叫他們侵略過我們，還死不認錯！

警察先生為我們接通電話後，他按了一個鈕，櫃臺的小門打開了，他指著我們，要我們一個進去接電話。於是，我就進去了。

　　當我正對著話筒向另一端的同伴報平安時，我見到就在電話機前面的桌上，有三個監視器，而我們的車子正好停在中間那個監視器裡。

　　掛斷電話後，我把剛剛所見，告訴同伴：「今晚我們可以高枕無憂了。」

　　我們向那位有著濃眉大眼且英俊挺拔的警察先生道謝後，就回車上去了。回到車上後，同伴提議拿一顆下午所買的水蜜桃請警察先生，以表達感謝之意。於是，我們帶著照相機和水蜜桃又進了警察局。

　　警察先生笑得很靦腆，欣然收下了水蜜桃，但當我們舉起相機，表示要和他合影留念時，他卻一臉失望又無奈地搖搖頭，比著他身上的制服，然後又做出按快門的手勢，接著又把手放在脖子上，做出「殺頭」的動作。原來，他們在執勤時是不能和別人拍照的，只是他最後一個「殺頭」的動作，不正和我們閩南語中被老闆解雇的意思，不謀而合呢！

　　我們又回到車裡，把車門鎖上，車窗留一點空隙後，四個人調整好位置，準備睡覺。誰知才闔眼，一輛車迎我們而來，刺眼的車燈，驚醒了我們。居然是一輛警車，從警車下來了一位女

警，女警走到我們車子旁，看見我們是外國人，便用英文問我們：「怎麼把車停在這裡？這是警車的專用停車位。必須馬上把車開走。」

我們故技重施，又裝出一副無助且無辜的可憐狀，把我們的無奈遭遇又告訴了女警一遍。女警點點頭，溫柔地問：「怎麼會想到要把車停在這裡？」

「因為我們很害怕，而警察局是最安全的地方。」我詳細且有技巧地回答。

女警會意地笑了，似乎覺得我們很聰明，又接著問我們：「害怕什麼？」

完了，英文的黑手黨忘了怎麼說，於是我們說：「害怕盜賊。」

女警又笑了，有點無可奈何的。

我們答應她，天一亮，我們就離開；其實我們也不得不早一點離開，因為，我們必須繞原路「逆向」行駛回去和同伴會合，所以必須早早出發往回走。

和女警互道晚安後，她便離去了，她把警車停在警局側門門口。

東方漸白，我們在教堂的鐘聲中甦醒。發動車子，往原路走，道路比昨天晚上感覺還狹窄，還好對面沒車，期盼能如此暢行無阻到達目的地。

說時遲，那時快，就在車子轉進小巷後，馬上見到對向有一輛車，司機先生朝著我們猛按喇叭。

　　我們很有默契地又裝傻起來，同伴把車速放慢，我們東張西望，滿滿的不知所措寫在臉上。

　　司機先生可能見到我們是外國人，又是女生，開車技術也好不到哪裡去，便把車子勉強靠邊暫停，挪出車道，搖下車窗，指揮著我們，讓我們先過去。當我們和他會車時，他對我們比劃著這是一條單行道，我們對他微笑、聳聳肩，然後頻頻點頭道謝。

　　安全抵達同伴所住的旅館後，我們才鬆了一口氣。

　　因為時間還早，民宿根本還沒開門，遠方教堂的鐘聲，敲響了欣賞翡冷翠的心情。

　　這個原本只出現在徐志摩筆下充滿瑰麗浪漫色彩的中世紀城市，沒想到和她的第一個聯繫，竟是因為昨天那樣一個難忘的夜晚。

　　因為沒有現代的建築，你幾乎會懷疑她是一幅靜止的油畫，尤其是老市區一致的澄紅色屋頂，最為招豔；在這裡你見不到招牌和電線桿，因為它們全被護守著歷史的捍衛者，列為拒絕往來戶。

　　我大口的深呼吸，面對著眼前美景，心裡不覺微笑起來。

　　在義大利的第一夜，雖然過得驚險刺激，也睡得不怎麼安穩，但卻得到了這樣一個難忘的經驗，唯一遺憾的是沒能和那位

帥哥警察拍到照片，不過，在翡冷翠的這個夜晚將會永遠鑴印在我的記憶中。

原載〈義大利夜未眠〉，《小說族》，1999年2月，第128期。

第二節　到西班牙享用海鮮飯

為了旅行，我真是無可救藥。

1999年，姊妹淘們計劃著暑假的西班牙之旅，而我手上還有未完成的博士論文初稿正如火如荼撰寫著，為了海鮮飯和雪麗酒、為了佛朗明哥舞和鬥牛、為了畢卡索和高第，還有CAMPER和MANGO……總是為了愛玩，可以找出一堆的理由，而我突然就在一邊神遊時，論文出奇進行得萬分順利，靈感泉湧，超越預定進度。果然證實了：當你全心想要擁有某樣東西或完成某個夢想時，全宇宙都會幫助你。

我把博士論文初稿交給指導教授後，不動聲色地飛往西班牙，展開十天的心虛之旅。我的心虛，除了指導教授在幫我看論文，而我卻瞞著他跑出去玩，還包括這次旅行我根本沒時間做功課，所以，也玩得心虛。

因為哥倫布發現新大陸，西班牙的威名得以讓全世界都知道。哥倫布的功績與地位，可以從在西班牙的每個城市幾乎都見得到「哥倫布廣場」（Plaza of Discovery）可以想見。我們到馬德里的第一站就在廣場按下快門；而在西班牙廣場（Plaza de Espana）中央，紀念的是西班牙最偉大的作家——塞凡提斯筆下的騎士英雄人物——瘦巴巴的唐·吉訶德，和他的愛人杜辛妮亞，還有胖嘟嘟的侍從桑丘雕像，雕像周圍擠滿了爭相拍照的遊客。西班牙所發展的人文古蹟，都在首都馬德里展露無遺。我們在主廣場（Plaza Mayor）拱廊下的店舖閒逛，後來意外地看中了很多窗簾布和門簾，不論是兩面都有花邊的緹花布或是精緻的蕾絲花邊，質感都很不錯，大家一起殺價，物超所值。

　　欣賞完和羅浮宮齊名的普拉多美術館的名畫以及皇家宮殿的珍藏，腦海中還佔滿了名家提耶波（Tiepolo）唯美絕倫的溼壁畫，但一走出皇宮拍照，大家便相互提醒，戰戰兢兢武裝起來；因為導遊交代，皇宮外的公園有很多扒手，而這些扒手不是過去給人的鬼祟猥瑣的刻板印象，而是讓你意想不到的，有的甚至偽裝成一對夫妻帶著兩個小孩，假裝在公園野餐，有時會主動要幫觀光客照相，有時是被動地答應小孩和觀光客合照，而往往就在這個時候，你的錢包就不翼而飛了。

在西班牙旅行，像是走入了文學與電影藝術的時光走廊，我們期待見到的迪士尼白雪公主電影拍攝場景的塞哥維亞主題城堡，果然童話古堡的外型，帶我們回到小女孩般夢想遇見白馬王子的心情；安達魯西亞的塞維亞（Sevilla）除了是偉大史詩影片《阿拉伯的勞倫斯》的拍片場景外，還是傳奇人物唐璜（Don Juan）和著名的文學劇作《卡門》的發生地，觀賞著佛朗明哥舞，從舞者展現的妖豔身段，我揣想著唐荷西追問難以捉摸的美豔動人的卡門：「如果我愛妳，妳會愛我嗎？」他聲聲渴求，完全可以感受被愛情女騙子所害的傷口撕裂的痛，這讓我想起白先勇筆下的尹雪豔，她也同樣讓每個有錢的男人明知山有虎，偏向虎山行，甘願拜倒在她的石榴裙下⋯⋯佛朗明哥舞融合了複雜而矛盾的奔放與悲怨，正強烈衝擊我們情感的浪潮。塞維亞這座城的迷人之處，已從文學藝術的色彩著墨中更添亮麗。

來到中世紀古城——托雷多（Toledo），尋訪塞凡提斯筆下唐吉軻德的故事場景，小說中的客棧，還有山丘上十幾座白色的風車，萬分壯觀，風車村成為觀光景點，該是塞凡提斯當時寫作

時始料未及的吧！湛藍的天空，一望無際，像是歌詠著這位英雄人物無遠弗屆的影響力。

講到無遠弗屆的力量，其實歷史遺跡更是不可言喻。塞哥維亞的水道橋（Acueducto）算是保護有佳的羅馬帝國古蹟之一。它是西元一世紀末由羅馬人所建的，水道橋建有一百六十三個橋孔，長七百二十八公尺。「簡潔有力」是我對這個建築藝術的印象。我們在水道橋旁漫步，見著潺潺水流，我想所有的感情也像逆水行舟，不進則退，所以，不管我們再忙，我們總用心往友情的存摺裡存款，我們在水道橋前留下合影，希望我們的友情也能像這座宏偉而高雅的水道橋一樣歷久彌堅。

來到格瑞那達的第一站就拜訪被譽為世上最美麗的阿拉伯式宮殿——阿汗布拉宮（Palacio de Carlos），閒適地坐在樹蔭下的長凳欣賞美輪美奐的宮殿設計，從細緻的雕刻、夏宮花園到林木噴泉……怎不教人讚嘆！

晚上夜宿在格瑞納達的一家飯店，晚飯後，我們到大廳閒逛。一位店老闆看見我們四個黑頭髮的外國人，便叫住了我們，他遞給我們一張紙條，上面寫著——「超級處女橄欖油」。老闆請我們以較大而工整的字體，寫在另一張紙上。

我們四個不約而同綻出了尷尬而詭異的笑容，並指著紙條問他：「這是什麼產品？」我們心想該不會是印度神油之類的東西

吧！於是，老闆從展示櫃上取下了一瓶橄欖油，上面的英文字寫著──Extra Virgin Olive Oil。我們看了不禁大笑。後來，我們其中的英文老師出馬，在紙上幫他翻譯為：「超純橄欖油」。

老闆覺得很奇怪怎麼原本是七個字，但我們卻少了兩個字，英文老師對他解釋：這樣的意思比較完整清楚，生意會更興隆。老闆才滿意地點頭。

回國後，我以這件事為例，機會教育學生，學習任何事物都不能不求甚解。

漫步在西班牙的每個著名景點，時間彷彿在腳下踏開的每個古樸的石板地停格，走在祥和寧靜的中古世紀歷史古城阿維拉（Avila）宛如迷宮般的狹窄巷道，呼吸著古老的風味，時空錯置的恍惚，反而令人更感清明，相當值得尋幽訪勝；還有米哈斯（Mijas）層層疊疊，依山而築的格子窗的白牆住家，戶戶爭妍綻開的鮮花盆栽正鬥豔著，簡直美得令人屏息。回望舖路圓石的足跡，這樣如詩如畫的白色城鎮的迷人景致，怎不讓人流連忘返啊！

緊鄰地中海的瓦倫西亞，也是我最愛的渡假勝地，因著蔚藍的大海；因著寬闊的長灘，還有質樸的漁村、古今交融的建築。這一晚的晚餐是令人期待的，因為我們熟知的西班牙海鮮飯（paella）的發源地就是在瓦倫西亞。我們被安排在一個有歷史價值的洞穴餐廳用餐，這個用餐的環境就讓人興奮不已。

"paella" 在瓦倫西亞語是「煎鍋」的意思，海鮮飯以大型雙柄的平底鍋調理烹煮，主要用西班牙粳米，加上蕃紅花和橄欖油，其他材料還有肉、海鮮、蕃茄或其他蔬菜，以溫火慢煮成色香味俱全的知名美食。傳說這道菜是瓦倫西亞在被摩爾人佔領期間，王宮貴族宴席上沒有吃完的剩菜，被僕人重新混合炒過之後，再帶回家食用的。這種誤打誤撞，讓我想起據說臺灣珍珠奶茶的發明，就是有一次發明人要調製奶茶時，不小心把珍珠給掉進了奶茶裡，後來發現口感還不錯，所以，創造了聞名遐邇的「珍珠奶茶」。人生的每個轉彎，真是處處都有意外的驚喜啊！

　　在傳統的西班牙烹飪中，經常使用以橄欖油為主的植物油，所以他們的生菜沙拉吃起來特別有味道，其實，我也不知道是不是因為這個原因，還是因為沿途上只要遇上西餐，每一次上的生菜沙拉都是四個人一大份，在四個人分食的狀況下，就顯得特別好吃，特別不夠吃。而這一餐，在我們引頸期盼海鮮飯的時刻，服務生居然送上來一人一份的沙拉。我高興地注視著送到我面前的沙拉說：「喔！終於可以吃自己的『份』，不用跟妳們搶了。」姐妹淘們不約而同地說：「是啊！妳自己吃妳的『份』就好了，才不會有人想要跟你搶呢！」

　　那一餐大快朵頤的經驗，特別難忘！

我喜歡巴賽隆納（Barcelona），除了市區依山傍海，氣候宜人，還有隨處可見的哥德式、文藝復興式、巴洛可式以及現代化大樓各式風格的建築。難怪旅遊探險頻道的專業旅遊記者會將她評選為世界第一旅遊城市。

　　高第的建築群之旅是造訪巴賽隆納必要安排的，否則就等於是沒有到過西班牙。

　　1882年，聖家堂在都市計劃區的東北邊以新哥德式的風格啟建。隔年由高第接手，在他生前的最後四十年幾乎把所有的心力都投注在教堂的工程上。據說高第的用心不但在作模型研究上，甚至籍由鏡子反射去觀測效果；他還為了要求雕像的律動和姿態仿效真人，還拿人骨做研究；就連外觀上的雕像的臉孔也是找來真人模特兒去雕塑。這樣的用心，足以獲得世人的肯定其歷史地位。

　　聖家堂共計十八座高塔，以中央一百七十米高的那一座代表耶穌基督，其周圍將環繞四座一百三十米，代表四位福音傳道者的大塔樓，北面的一座後塔將有一百四十米高，代表著聖母瑪莉亞。其餘分別置於各立面有一百米高的共十二座塔，代表耶穌的十二門徒。教堂東側的塔是「誕生立面」（Facana del Naixement），代表著生生不息的奇蹟，因為每天早上太陽由東邊升起；教堂的西側是「復活立面」（Facana de la Passio），象徵「受難與死」；南側則是「榮耀立面」（Facana de la Gloria），代表「榮光」。

　　我並不熟悉聖經故事，但是門上的人像浮雕栩栩如生，繁複細節的精緻用心，都令我嘖嘖稱奇。可惜我們停留的時間不夠，

否則我很想沿著螺旋梯拾階上達一百一十二米高的塔頂，實際感受這座在我走完生命盡頭都還無法完工的教堂，我想應會有相當特別而深刻的悸動。

由於高第的建築設計圖曾毀於祝融，因此影響後續的建築工程，據保守估計，聖家堂要順利完工可能還需要一百多至兩百年的時間。

要欣賞高第的建築藝術，奎爾公園、米拉公寓和巴由之家也是不可錯過的。在奎爾公園體會高第天馬行空的構思；在當地人稱為石頭房子的米拉公寓，感受高第透過各式奇特造型的可愛煙囪設計展現其赤子之心；被譽為巴塞隆納街上最美麗的建築的巴由之家，從其色彩鮮豔繽紛的陶瓷磚，還有不規則的曲線波浪，也可想見高第積極堅持的人生態度。

在巴賽隆納的第二天，也就是我們旅途的最後一天，我們有一個半小時的自由活動時間，可以好好用自己的方式去認識巴賽隆納，尋找和她能量交流的極大值。

在巴賽隆納市區中央的徒步區，廣大的街道兩旁，房舍櫛比鱗次，各種商家林立，連書報小攤都很有特色，特色在於幾乎每一家都大剌剌，毫不避諱地為他們的色情刊物大做促銷活動，因為那些色情刊物實在太明顯了，不論是誘人的封面女郎、超大版面的雜誌、漫畫，又或者是買二送一的醒目價降告示，總是讓遊客停住腳步，多看一眼。我們當然也不例外，在好奇心的驅使下，我們決定用「公費」買一本色情漫畫來一睹為快，問題是誰去掛鈴鐺？一眼望去，所有店員都是高壯的男人，豈不令人害羞。

「好啦！我去！有什麼不好意思的！」捨我其誰自告奮勇的她，成了我們心中的女英雄，我們準備好整數的金額交給她，讓她方便給錢、拿書、走人。我們的計劃是：我們會扮演路人甲、乙、丙，若無其事往前走，在可以看到她的安全範圍，然後假裝在前一家店門口挑選明信片。

　　我們勇敢的女英雄大步往一家店走了過去，只看她終於挑起了一本漫畫，可又跟店員談了一下，然後放下漫畫，轉身往我們這邊走來，大聲地問我們：「老闆說買_送一，要不要？」天啊！老闆也朝著我們露齒而笑，還揮動著他手上A4大小的漫畫，著實令假冒路人甲、乙、丙的我們尷尬不已。

　　晚餐後，我們快步回到房間，準備好好看看我們的戰利品，結果頗令人失望，說是漫畫，其實多數是應召女郎的拉客廣告，只有其中一本多是漫畫頁，畫得還挺有意思的，可見故事情節。

　　接下來的麻煩是：我們該怎麼處置我們不要的那兩本色情漫畫？如果把它們隨便就留在房間桌上，萬一明天退房時，服務生查房以為是我們忘記帶走，然後又送到樓下給我們，那全團的人豈不都知道我們幹的好事！這樣團友會怎麼想我們這些老師？

　　我們四個七嘴八舌地討論著，好吧！那就把漫畫丟進垃圾桶好了！「那也不行，這樣有辱國家形象，昨晚還打電話給櫃臺要冰塊，送冰塊來的服務生拿到小費時還和我們聊了一下，他們都知道我們是從臺灣來的，人家會怎麼想我們這些臺灣女人……」

　　最後，我們決定把漫畫藏到兩層床墊之間，可是又不能藏在床墊邊緣，一定要往床墊中間藏，因為如果藏在邊緣，那麼清潔

人員整理床單時一定會摸到。於是我們四個通力合作，三個搬起上層重重的床墊，一個負責把漫畫放到床墊中央，然後再壓下重重的床墊。

完成任務後，滿頭大汗的我們開懷大笑，我們如釋重負攤倒在床上。在西班牙的最後一個晚上，我們沒有去逛大街，居然在飯店房間裡搬床墊！

我想，這件事會是十幾二十年後，我們回憶起西班牙之旅最難忘的趣事之一。這不就是人生的有趣之處嗎？而這個趣味都要自個兒去體會啊！就像很多的旅遊作品有時對我而言實在是「盡信書不如無書」，因為有時他人的文字確實難以描述行旅時的激情與感動，我一直深信：只有親身體味才能感受生命擺動的能量。

第三節　荷蘭：漫遊醉美的風景走廊

荷蘭，一直是我夢寐以求的旅行國家，因著她的開放、包容與自信——紅燈區納稅、大麻的合法交易、同性戀結婚、安樂死合法——在在展現迷人的身段對我召喚。

和另一半在清晨八點多抵達阿姆斯特丹，航空公司的套裝行程，有安排接機的人，來接機的是位年輕女孩，是交通大學肄業便到荷蘭留學的學生，她說在荷蘭念大學的學費一年大約七萬塊臺幣，順利的話，碩士學位只要一年便可取得。在交大念二年級時因為錯過臺積電獎勵出國的獎學金，於是毅然決然離開臺灣，

自費到阿姆斯特丹求學，準備攻讀完碩士再回國工作。她幫我們辦完check-in後，和我們一起散步，順便做起市區介紹。為了感謝她的熱心，我們請她吃午餐。我說，我很羨慕歐洲的生活水準，雖然高稅賦，但福利制度好；她說那也不見得，像她男朋友的媽媽十幾年前因為公司招待到歐洲旅遊，便愛上了荷蘭，於是辭掉高薪的工作到阿姆斯特丹從事旅遊業，經過幾年的努力，旅行社做得有聲有色，也成為荷蘭的公民。但SARS風暴那年，業績一落千丈，於是便向荷蘭政府申請失業補助，沒想到政府一查，她有房有車，不符合申請的規定；她快氣炸了，她可是按時納稅的好公民啊！賺錢、存錢，買房子、買車子，是中國人的天性，沒想到這個勤儉持家的美德，在荷蘭卻不適用。她說她有個大陸來的同學，有一個荷蘭男朋友，大學畢業卻無所事事，男朋友常常一臉懷才不遇地跟她說：「我是一個有抱負理想的人。」一年後，大陸同學找到了一個打工的工作，開始存錢養活自己，而她的還在領救濟金的男朋友，依然說著：「我是一個有抱負理想的人。」不久，大陸同學就提出分手了。

　　這個接機的女孩，1982年生，是個很懂事的年輕人，拿小費給她時，感謝萬分。她的主動積極，熱情有禮，不同於現在F世代的年輕人。我問她出國最大的收穫？她說：「眼界變寬了，也比較懂得待人接物的道理，不會那麼心高氣傲；以前都覺得很多事情是理所當然的，像父母對我們的付出，現在才知道，自己其實是很微小的。出國後，更清楚自己未來要走的方向。」

　　和她揮手道再見後，我們展開了十天的自助旅行。

鬱金香、木屐鞋、向海爭地、風車以及巨大乳酪，都是以前在課本上我們對荷蘭的印象。

　　荷蘭擁有「歐洲後花園」的美譽，關於著名的鬱金香，有個美麗的傳說：有三位年輕人，同時追求一位閉月羞花的少女，這三位年輕人分別以皇冠、寶劍和黃金作為獻禮，希望贏得少女的芳心，但是善良的少女不願任何一位年輕人受到傷害，所以遲遲沒有決定，最後，少女祈求天神將她變成一朵花，以求解脫，於是一朵有著如皇冠的花瓣、寶劍的葉片和黃金般根莖的花朵就這樣誕生了！

　　我們被香氣撲鼻的鮮花所吸引，原來這個有四百多年歷史，長達一公里的鮮花市場，是由二十多艘漂浮在河上的船屋連結而成，奇特的景觀在色彩爭妍的花海中，更顯璀璨。

　　經過賣紀念品的小攤，最顯眼的就是大大小小的木屐鞋。五百多年前，荷蘭人必須在溼地中討生活，所以造就了鑿木成鞋的本事。大家一定會疑惑：那麼笨重的木屐鞋穿起來怎麼會舒適呢？但其實木屐鞋最大的功效是防潮保暖，尤其物美價廉，所以木屐鞋也得意揚揚了幾個世紀。

　　在歐洲流傳著這樣一句話：「上帝創造了人，荷蘭風車創造了陸地。」過去的荷蘭由於地勢低窪，有二分之一的領土都低於海平面以下，時常面對海潮的侵蝕，然而，每個生命都會替自己找出路，荷蘭人也是，從十五世紀開始，為了爭取更大的生存空間，他們不斷在海面上填海造陸，築壩圍堤。1229年，荷蘭人發明了世界上第一座為人類提供動力的風車。因為荷蘭地形平坦，

多風，這種借風力運轉的風車，普遍受到歡迎。之後，小小的風車不再僅僅只是擔負榨油、磨粉的雜活，進入十五世紀後，孔武有力的風車便肩負起抽水的重責大任。如果沒有這些高聳的抽水風車，荷蘭是絕對無法一吋吋在大海中取得將近國土三分之一的土地，所以當你站在荷蘭的國土上，想像一下，有可能你腳下的那一塊曾經是海洋呢？

雖然風車現在的主要使命是提供觀光效益，但是荷蘭人為了感恩這些功臣身退的風車，於是將每年五月的第二個星期六定為「風車日」，這一天全國的風車會一起轉動，然而因為留在原地堅守崗位的風車已經不多，有的裝修成了屋宅，有的改建成了博物館，因此我們要到風車村保護區或博物館去參觀才能見到舉國歡騰的風車盛況。

為了要預約後天往比利時的火車票，我們往中央車站的方向走，途中經過一個小小的拱門，就是有名的「性博物館」。買票入內參觀，博物館一共有三層樓，裡面展示了來自世界各地的春宮圖、真人表演的黑白照片、自古至今的性器圖片、各種世界紀錄的圖片、性愛典籍、貞操帶等，全部赤裸而真實地展現在眼前，簡直令人臉紅心跳。

散步到了中央車站，我們找到旅客服務中心查詢火車時間。歐洲是非常方便自助旅行的，你可以事先規劃幾天的幾國的旅行，預定最合宜的套票，而且每個國家的車站都有旅客服務中心，可以提供最專業的服務。我們因為想要玩得很隨興，所以並沒有在國內事先買好火車票，但到了旅客服務中心，我們把預定

的行程告訴服務人員，她馬上幫我們安排前往比利時和盧森堡最便宜的兩個月內有效套票，並送上一份免費的火車時刻表。

在購票時我們特別注意到了，如果你有腳踏車要隨行運輸的話，就要額外替你的腳踏車買一張票哦。

荷蘭的腳踏車專用道有一萬公里，全境三百多個車站也提供腳踏車隨行運輸的服務。就阿姆斯特丹來說，他們還有腳踏車專用的紅綠燈，規劃得相當貼心，但我們沒有選擇租腳踏車遊阿姆斯特丹，因為騎腳踏車的人太多了，每到一個觀光點要鎖車，也要擔心腳踏車被偷。

荷蘭還有一個重要的交通工具是水上巴士。荷蘭人是很實際的，單單從他們把市中心的不少古堡或有歷史價值的建築物，改建成餐廳就可得知。所以，雖然阿姆斯特丹同樣和威尼斯一樣水道縱橫，但卻沒有威尼斯的慵懶情調。荷蘭人開鑿運河，是基於排水闢地的現實考量的，儘管如此，利用將近夜晚時分搭上夜船，看著街燈慢慢亮起來，將阿姆斯特丹這個不夜城，點綴得更迷離、更縱情。

下船後，我們在環河南區找了一間音樂餐廳用晚餐，他們的肋排烤得很道地，價位約13到16歐元，和臺灣比起來還算便宜，配著他們當地的Heineken啤酒，感覺很幸福。

帶著微醺，離開餐廳，穿梭小巷，見到一家家沿街林立的情趣商店，店裡的商品，只要你想像得到的都有，性愛玩具有各種尺寸、顏色、材質；包括男用的、女用的、同性戀或異性戀的展品都有，簡直令人大開眼界。有幾間比較大型的店，還提供個人

包廂，是要收費的，包廂雖小，但五臟俱全——有一張舒適的沙發椅，椅子前面有視聽設備，可以按鈕選擇近百部色情片，座位旁有一大捲筒的衛生紙。你應該想到包廂的作用了吧？

我們循著地圖到了城中最古老的地區——紅燈區——從水壩街到中央廣場，再到新市場的三角地帶。早在十三世紀，紅燈區就隨著港口的發展而興起；這裡原本是阿姆斯特丹最古老的碼頭，又被戲稱為「水手公寓」。離家已久的水手上了岸，第一件事就是找酒喝，並直奔溫柔鄉在女人身上尋求慰藉。於是，碼頭上「酒吧」和「紅燈戶」的生意就應運而生。後來演變成 Heineken 行銷世界，而「紅燈區」的女郎也成為觀光的重點。

每當夜幕低垂，每個櫥窗上紅燈亮起，在那一排排的小巷中，穿著性感火辣的女郎們，黑、白、黃各色人種都有，燕環肥瘦就像展示商品般，在櫥窗中以性感的薄紗或內在美，對著路人舞動身軀、擠眉弄眼，展示自己的身體，如果客人有興趣，就停下腳步，女郎們會把握機會，用眼神或動作鼓勵客人上前詢價，當客人敲門問價錢，只要價錢合意，客人馬上入門，女郎就拉上窗簾，在櫥窗裡的小房間，滿足客人的需求。每一個窗簾裡都讓人有無限的遐想。

我們帶著冒險的精神，探索到了紅燈區的心臟地帶——特隆比特蘭巷，據說身材最曼妙的櫥窗女郎都集中在這裡，也正因為這裡的女郎是紅燈區最漂亮的，所以，多數櫥窗內的窗簾是拉上的。

從性博物館、情趣用品店到紅燈區，與其說荷蘭人性開放，不如說他們正視性的問題。經過幾世紀的娼妓列管行動，他們知

道要杜絕色情是不可能，既然圍堵不了，不如開放列管，政府還可以合法抽稅，所以他們很早就讓性交易合法化。提供性服務的女郎們，都必須要有工作證；價錢也有公定價，客人不需討價還價。也正因為這樣的合法，所以你走在紅燈區絕對不會出現像珠海蓮花路上有阻街女郎搭訕或三七仔拉客的情景。荷蘭人對性抱持著人性化態度，所以也相當重視學校裡的性教育，荷蘭兒童從進小學就開始接受性教育，小孩子不僅從學校學習性知識，還會回家和家長討論性的話題。他們認為，正確的性知識才可以讓青少年懂得保護自己。這也造就了荷蘭成為西方少年性犯罪率最低的國家。

你一定想像不到荷蘭著名的舊教堂就在紅燈區內，還有當地居民的生活區也混在其中，他們和這一區的「火熱的鄰居」和平共處的氣氛讓遊客感覺滑稽卻又真實。

我們走到有些累了，卻被一陣甜甜的氣味給吸引，走過窗上貼有大麻葉、門牌上掛著 "Coffee Shop" 的店家，味道就更濃烈。原來這種濃濃的甜味，就是大麻味。荷蘭的 "Coffee Shop" 賣的可是大麻，而不是咖啡喔！在這裡點大麻和點飲料一樣，真是有趣。我們上到二樓，見到ㄇ字型的長沙發，沙發上有很多懶骨頭抱枕，中間還有幾張小桌子，有經驗的人直接買煙草，自己捲煙，比較便宜。隨著慵懶的沙發音樂，裊裊香煙，不知道是不是心理作用，那種味道聞了就讓人迷醉。

對軟性毒品的生存空間的寬容，也可以見到荷蘭人對人性的尊重與坦承──從六十年代開始，大麻就在這裡取得合法性，它

有自己的專賣店，但僅限於大麻咖啡館，離開咖啡館就不在合法的範圍了。而就在法律有效率地規範與保護下，這又造就了荷蘭成為毒品犯罪最低的國家。

走出大麻咖啡館，見到有一間酒吧，格外熱鬧，裡外聚集了好多人，尤以男性居多，仔細一瞧，原來是一間同性戀酒吧，他們擁抱、親吻、暢懷大笑，一切是那樣的自然。聽說在我們抵達的前一天，正好是他們的同性戀日，所以接連著幾天還有一連串的慶祝活動。荷蘭在2000年率先由國會投票通過，同性戀者擁有結婚及認養子女、離婚等權利，但只限於荷蘭公民或居留者，她是第一個承認同性戀婚姻的國家。我想，荷蘭人其實談不上喜歡或不喜歡同性戀，也許是從大海身上學到的寬容，他們可以容忍並尊重，只要在不傷害別人的狀況下，每個人都有權利選擇自己要過的生活，就像是紅燈戶的妓女也是一樣的。

這天是我們在荷蘭的第一個晚上，可是已經幾乎可以感受到她的多采多姿，從憨厚的木鞋、具經濟效益的風車、運河，到禁忌的性與大麻，她展現的是她全面的自信與涵養，好像放眼世上任何一個國家，無可比擬。

荷蘭能讓遊客享受的奢侈，絕對遠遠超乎我們的想像。隔天，我們展開了博物館之旅，見識到荷蘭獨有的文化藝術氣息——「梵谷博物館」是絕不容錯過的。

我們起了個大早，早餐後散步往梵谷博物館去，沿路風景宜人，鐘聲、鳥叫、清風，博物館區截然不同於我們昨天走過的環河南區和舊城區，此時的阿姆斯特丹感覺從昨晚華豔的女人變

成了清純的少女。穿越一大片有著綠地的公園，便到了梵谷博物館，在他的外圍有一片往下看的大牆，牆上用各國的語言寫著"Go to the museum as often as you can." 在第三行最後有：「你應該常常到博物館去」在國外見到中文感覺很興奮。來到門口，已經有一大群人在排隊，有觀光客、有學校的校外教學的學生，我們特別租了AUDIO TOUR輔助導覽，在每一區梵谷的畫作中，你只要看到畫作旁有個耳機的符號，按其指示輸入號碼，就可以從耳機裡聽到中文講解。

梵谷傳奇的一生，本來就很吸引我，現在有機會親眼目睹他的真跡，感受更是強烈。

文生・梵谷（1853～1890）被認為是荷蘭最偉大的畫家。印象派的畢沙蕾曾說：「這人將來一是瘋了，一就是成為我們當中最出色的。」

梵谷的父親是牧師，又有兩個經營跨國畫廊生意的叔伯，這提供了梵谷從小對宗教和藝術的特殊興趣。自小倔強的梵谷在當地小學適應不良，於是被送到寄宿學校讀書，十一歲就離家，其實內心是非常不安的，他想念和弟弟西奧玩樂的快樂日子，也渴望父母的關愛。兩年後，梵谷又被送往更遠的寄宿學校接受中學教育，到了第二年梵谷突然休學回家，原因為何，至今仍不可考。

梵谷離開學校後，進入藝品交易公司，有了接觸傑出畫作的機會。1873年，梵谷在倫敦的畫廊工作，並熱烈追求房東的女兒，但卻遭到拒絕，嘗盡愛情苦楚的梵谷，沮喪萬分地辭去畫廊的工作。

1876年，梵谷在一所小學教書，義務幫助低下層的小孩，於此同時，也對宗教展開狂熱的興趣。1878年，梵谷到比利時Borinage礦區和Wasmes小鎮擔任福音傳播者。礦區的人平均壽命不過四十歲，小孩八歲就要到礦洞幫忙，十三歲就要挖掘煤礦，三十歲左右就會患上肺病。但是這樣的辛勞，卻也無法換取溫飽。悲憫的梵谷著實為他們抱不平，為了和礦民打成一片，他用煤炭塗黑自己的臉頰，也去撿拾煤屑，然後送給可憐的老弱；又拿出自己的錢財、衣物分給需要的人；還為了改善礦區人民的生活，親自到煤礦公司，為工人爭取合理的工資，及安全的工作環境，結果竟然引起教會不滿。那年冬天，礦洞坍塌，傷亡慘重，梵谷對宗教更感失望。後來，被教會撤職的梵谷仍然留在礦區，開始在繪畫上找到慰藉，而西奧經濟與精神上的支持，讓他重拾對繪畫的信心。

　　1881年，梵谷回到父母居住的Ettn，以農民和當地的風景為主題，勤奮作畫；也在這一年的夏天，他愛上了他的表姐，但這段感情也以悲劇告終，梵谷在歲末的「編織的老婦」的畫作中，以黃昏為背景，可以看出他遭到表姐拒絕後的沮喪與低落。而因為這件事和父親決裂的梵谷便離開家鄉前往海牙。到海牙後，梵谷開始接觸油畫，不久和妓女Sien同居，有不少畫作就是以Sien和她的新生兒作為模特兒的。1883年底，梵谷離開了Sien，回家和父母同住，隔年再度和鄰居Margot Begemann發生悲劇戀情，造成鎮民對梵谷的反感，而梵谷的父親也在1885年過世。梵谷的「房屋背後」從房屋的背後去著墨，從畫作中我

們可以看出梵谷的內心為著和Margot Begemann的婚事不成以及父親病故的雙重打擊，所潛伏的失落與絕望。後來，西奧告訴梵谷印象派畫家在巴黎的動態，梵谷便決定前往他認為可以讓他產生新構想的比利時的安特惠普，這一走他就沒有再回到荷蘭了。

1886年，梵谷跟隨西奧到了藝術之都巴黎，認識了高更、塞尚，並深受印象派及日本版畫的影響；1888年，受塞尚的影響，到法國南部的普羅旺斯，尋找創作的靈感。他在定居的阿爾繪畫了二百多幅油畫，這些風景畫和人像，色彩生動明亮、充滿情感及對光的表現，但卻只賣出一幅「紅葡萄園」。為了加強梵谷的信念，在西奧的安排下，梵谷邀請高更到阿爾與他一起居住，並且大肆粉飾他的黃屋來歡迎高更。

我行我素的高更，是反叛自負、狂妄自大的，他為了藝術，放棄家產，不僅妻離子散，失去朋友，也因此落魄潦倒，他堅持走屬於自己的路；而梵谷悲天憫人、憂鬱敏感，面對所愛的人與事又很執拗不屈，這樣的兩個人放在一起相處，其實是很大的磨難與對決。所以他倆爭吵不斷，相處不到三個月，高更就受不了想離開了，於是演出了藝術史上很有名的「梵谷割耳」事件。但是因為事件的發生只有這兩位當事人在場，所以梵谷割下左耳成了一個謎──1888年12月23日，有人說在一場劇烈爭執後，高更大怒而去，梵谷阻止不了，也無法抑制自己的激動，竟割下自己的左耳；有人說是梵谷和高更大吵後，憤恨不滿的他拿著剃刀，神經質的追蹤著高更，高更發覺後，就慌惶離開，當晚深感懊悔

的梵谷割下左耳，以示羞愧；還有第三個說法是梵谷遭到他所喜歡的妓女拒絕，就把自己的左耳割下來送給她，再有一個說法是：梵谷和高更發生嚴重口角後，高更奪門而出，情緒失控的梵谷割下左耳，然後送給一名妓女；但是最近居然出現了最新的說法：梵谷和高更大吵後，酒醉的高更竟割下梵谷的左耳，事後反而還誣稱梵谷自殘。

不管真相如何，梵谷在1889年住進了聖雷米精神療養院，不斷遭受間歇性精神病的折磨，但卻也仍在發作的間隙繼續作畫。這段時期的繪畫，梵谷也常表達出入精神病院的苦悶。嘉賽醫生是免費幫梵谷義診的好人，有一段時間，梵谷將自己的憂鬱的瘋狂，投射到嘉賽醫生身上，認為是嘉賽醫生瘋了，因此在「嘉賽醫生──受苦的基督」這幅畫中，嘉賽醫生的受苦表情被刻畫的非常鮮明。其實那正是他內心的反射。

1890年5月，梵谷搬到巴黎北郊的奧維，比較靠近西奧的住所，並在短短兩個月內，繪畫了七、八十幅作品。七月初梵谷造訪西奧，得知西奧正面臨小孩重病與經濟困難的雙重壓力，他的精神狀況又瀕臨崩潰。梵谷的死前之作──Wheatfield with Crows，用他生命中不可或缺的黃色，讓麥田在不安的天空下，表達他對鄉村生活的熱愛；畫作中有三條路，向前延伸，但不知通往何處，這又呈現了梵谷的迷惘。7月27日，梵谷前往經常成為他筆下風景的麥田，在麥田中吞槍自殺，但沒有立即死亡，隔天西奧趕來探視，又過了一天，梵谷在西奧的懷中死去，死時，嘉賽醫生也在旁邊。享年三十七歲。

梵谷二十七歲才開始繪畫，短短十年間，畫了八百多幅油畫與素描，卻幾乎很少能找到買家，只能長期依賴西奧的幫忙。當我想到他買了一個上好的鏡子，以自畫的方式，琢磨技巧，希望能夠以畫人像賺取更多的錢，以解決他的經濟壓力，我就為他感到悲涼。

　　梵谷冗長的信大多數是寫給西奧對他傾訴心事的。西奧一直資助梵谷，堅持他是天才。甚至之後西奧結婚，妻子完全不贊成在家裡出現窘境，他還資助梵谷時，他仍堅信：「人們應該知道他是一個偉大的畫家。」梵谷死後一年，西奧也病故了，兩兄弟的墓葬在一起。

　　梵谷在二十世紀舉世知名，當梵谷的「向日葵」系列叫成天價；當梵谷的畫展排成長龍；當梵谷曾經取景之處、居留之所成為觀光景點的同時，我不由得要為這位早逝的畫家發出一聲嘆息。

　　走出展覽廳，我們見到梵谷博物館的用心，你可以對著機器留下一段VIDEO MAIL，然後以e-mail的方式寄給你的親朋好友；而館方也因此得到你的e-mail address，往後你會定期收到他們的活動資訊。

　　在荷蘭旅行只要你能善用他們的交通工具，其實可以省下不少的交通費。我們從從阿姆斯特丹的中央車站搭上巴士先去拜訪乳酪小鎮——艾登（Edam）。這裡離市區大約五十分鐘的車程，參觀有名的「過磅房」，懷想以前艾登人在運輸乳酪時，以小船和馬車接駁，為的是展現老牌乳酪原鄉的風範，感覺起來就很有懷舊的古意。色彩多樣的乳酪，可也是得來不易喔。

我們等到往佛倫登（Volendam）的巴士，上車後司機看看我們手上的票，說是不用再買票了，原來他們的設計很人性化，根據路程遠近分段，一段票，你只要在一個小時內再上車就不用買票，以此類推三或四段票就是三或四個小時內有效，不用再花錢購票。

　　離開阿姆斯特丹聲色犬馬的一面或藝術文化的一面，我們在佛倫登體味到荷蘭不同的性格，小鎮上的餐廳聚集了享受海鮮美食、喝啤酒或下午茶曬太陽的遊客，面對著遼闊的海景，不時聽見海鷗的叫聲，寫意悠閒的漁村風情，盡收眼底。還有人閒逛商店街，購買各式地道的紀念品店，除了荷蘭馳名的小食鯡魚可以生食嘗嘗，還可以換上他們的傳統漁村服裝拍照留念。

　　看見碼頭上有開往馬肯（Marken）的船，我們臨時決定往更北邊去，乘上船，微風拂面，一輪夕陽，伴著波光粼粼的海水，美景正是好，真是鷗鳥忘機。馬肯這個小漁村，不同於佛倫登的熱鬧，像是與世隔絕般，為什麼它又被稱為綠村呢？除了因為每戶人家一大片的綠色房舍外，還有深綠色門牆與棕紅色屋頂，一間又一間很有默契地形成了像是卡通裡才有的造型小聚落。見到這裡的女孩，真像是從維梅爾畫中走出來的，看看地圖這裡離北海很近了，想起小時候看的卡通「北海小英雄」好像還可以感受到小威在大海上的淘氣。

抵達荷蘭的摩登城市——鹿特丹，隨著旅遊書的導覽到市內最高的Euromast Tower的旋轉餐廳用餐，女伺者在為我們點完餐後，百忙之餘還特地過來說：「我看見你們有帶相機，要不要幫你們合照？」我拿出旅遊書，指出書上對他們餐廳的介紹，還有我們正好就坐在書上所拍攝的圖片的座位，她也興奮異常，和我合照了照片。

在阿姆斯特丹的最後一個晚上，正好遇上他們的周末假期，我們又再度見識到阿姆斯特丹的夜生活，街上有街頭表演，還有促銷啤酒的演唱會，賣酒的Bar也是人聲鼎沸。經過中國城，見到一家家的餐廳老闆把烹調好的食物，擺攤在餐廳門口，就像國內的自助餐，一個餐盒裝滿菜，五塊錢歐元，愛吃中國菜的老外，人手一盒就邊走邊吃起來。更晚的時候，還遇上義大利的聲樂家站在運河旁的石柱上高歌，在狂歡不絕的掌聲中，一首接著一首，簡直就是一場歡天喜地的露天音樂會。

在歐洲的城市中，除了威尼斯，我最愛阿姆斯特丹的氣氛，因為她的兼容並蓄，她的獨特的城市風景，她可以典雅，可以放肆。在回程的飛機上我和另一半說：「將來萬一我得了絕症，如果可以的話，就送我到荷蘭『安樂』地過去吧！我將了無遺憾。」

原載於《今日生活》，2007年12月，第386期。

第四節　犀利美景——北越下龍灣

我對參觀世界遺產有一種蒐集式的迷戀，因為從中所得的無限觸發與感受不同的文化洗禮，總讓我獲益良多。計畫旅行前，見到下龍灣（Ha Long Bay）的圖片，我就開始期待了。1994年，聯合國教科文組織將越南的下龍灣列為世界八大自然奇觀之一，列入《世界遺產名錄》，是世界四十九大自然遺產之一，因此，他是拜訪越南最受歡迎的必遊景點。

凡是美麗的地方，幾乎都少不了豐功偉業的傳說故事，下龍灣也不例外。傳說很久以前，當地百姓飽受外敵侵略之苦，上帝派群龍下凡幫助越南民眾抵抗侵略者，當大海中的敵船向岸上猛烈攻擊時，群龍立即噴出無數的珍珠，龍珠落入海中，化成千萬座挺拔堅硬的岩石，而留下石灰岩構成的大小島嶼，形成自然防衛的堅固城牆。此時，有的敵船撞到石島，有的互相碰撞得粉碎，終於解除危機。至於下龍灣為何有「海上桂林」之稱呢？因為這裡形式各異的小島，搭襯著優美的景色，與廣西的桂林山水有著異曲同工之妙，因而得名。

一大早的班機，兩個多小時後，抵達北越河內。接機的導遊叫阿江，是個廣東華僑。在車上跟阿江換錢後，我們大家都成了有錢人，隨便手上就是好幾十萬，原來10000越南盾相當於台幣14塊多，床頭小費和行李小費都只要給10000越南盾就可以。所以，

在越南錢很好花。車子開往下龍灣途中，見到當地的房子都蓋得瘦瘦高高的，外觀很多彩，相當特別又可愛。

享有「千年文物之地」美稱的河內，是一座擁有一千多年歷史的古城，古代是中國的故地。早在西元前111年漢武帝設交趾郡，河內就在其中。1407到1427年間，越南被中國明朝佔領，現在的河內就是交趾省省會的府城。由此可見越南長期受到中國文化的影響，就像越南也有十二生肖的說法，但是越南的生肖中沒有「兔」，取代「兔」的是「貓」。

中午，我們在KHAI'S BROTHER 庭園餐廳享用道地的越南菜，這是我們事先安排一定要到訪的餐廳。我們很幸運此時太陽正好躲了起來，坐在庭園裡，電風扇加上自然風就讓用餐氛圍很舒服。餐廳的裝潢和傢俱有著濃濃的中國風，不過，幾個當場幫我們烹調河粉的越南服務員，又把我拉回現實。我熱愛越南食物，酸酸辣辣的，夏天享用更是開胃，尤其是我的最愛——越南河粉，咬勁剛好，也相當滑嫩。河粉所以好吃，應該決定在湯頭，裡面還放了青蔥、洋蔥和肉片，可以選擇牛肉、豬肉或雞肉，有的店家煮的河粉已經有酸有辣，但每個人還可以針對你的口味去加料。我都是要加辣椒和多半顆檸檬才過癮的。其他如海鮮、春捲和甜點，都讓我大快朵頤。

在往下龍灣途中，阿江請司機在一個水果攤前停車，讓我們買水果，喝椰子汁。我見到一個瘦小的越南女人，絲毫不費力氣而準確地「砍」下一顆顆的椰子，而旁邊的男人則負責插上吸管，再將椰子交給客人。我跟阿江說：晚上的越式按摩我要找女

師傅，越南男人是不是手無縛雞之力？怎麼把粗活留給女人做？

　　大家都說越南是母系社會，因為很多人見聞越南女子除了扛起家計，還得照顧小孩和家務，就誤以為越南是母系社會，而且越南也是和傳統中國一樣「重男輕女」，若說是母系社會，實在令人質疑。所謂母系社會要有三個要件：男方必須入贅女方的家庭、子女從母姓、女人擁有財產權，所以，越南社會並不符合這三項，不算是母系社會。阿江說，越南男人即使失業在家，也不會幫忙家務。的確，我觀察到在路邊擺攤做小買賣或賣河粉的，都是女人，這就讓人家誤以為越南是母系社會。傳統的越南社會，其實還是男主外，女主內的，只是在越戰期間，男人當兵去，女人必須支撐起家中的經濟；戰爭結束後，男人返家，或者因為經濟不景氣找不到工作，或者因為受傷無法工作，因此，男人在家悠閒過日子，女人依舊要照顧家務、孩子，還要外出工作賺錢。

　　越南女人的確不容易，難怪很多台灣男人娶外籍新娘，首選都是越南女人。

　　晚上入住2008年10月開幕的諾富特酒店（NOVOTEL），是下龍灣最好的五星級酒店，地理位置絕佳，除了房間外的露台可以遠眺下龍灣的迷人美景外，戶外的遊泳池一面可以見到海灣的沙灘景色，另一面則是田園的景致。

在NOVOTEL睡到自然醒來，打開落地窗，有種不妙的感覺，天氣陰陰的，我們往海邊散步走去，一下子，天開始下起小雨，我們坐在窗邊吃早餐，原本在游泳池裡游泳的人，因為雨勢越來越大，都陸續離開了。11:45分集合時間還沒到，我已經聽到另外一團的台灣領隊，跟他的團員宣布：「要等到下午兩點才能確定船能不能開，因為有颱風！」

天啊！怎麼會這樣！我可是為了搭移動的VILLA船，為求近距離接近下龍灣而來的，我不知已經幻想過幾次躺在最上層的甲板躺椅上看星星，清晨看日出的，然後，在船上過一晚後，要到河內的洲際酒店，充分享受渡假的悠閒的。如今，就因為天公不作美，所有的計畫可能全部打亂。

阿江一直在電話聯繫中，天候的因素誰也料不準，我們打開電腦開始Goole越南的一週天氣，但是，阿江說越南的氣象報告都不可信。最後關頭，我們必須做出決定，因為如果等到兩點船家通知不能上船，我們可能就有住不到五星級酒店的風險，因為下龍灣最好的飯店就是NOVOTEL，阿江建議賭賭看明天船就可以走，他可以把船改到明天，不過原本預計回河內要住兩晚的同樣是五星的洲際酒店就得只變成一晚移到同等級的NOVOTEL再住一晚。我們在十字路上難以抉擇，最後，同意阿江的建議先將NOVOTEL趕快預定下來。

阿江說他會安排好下午的行程，把原本要在河內看的水上木偶秀改到下午。

就因為老天不給面子，原本的行程有了變化，用午餐時，有

點意興闌珊，不過，卻又相互提醒要用「吸引力法則」讓天氣變好，而且要相信「怎麼樣都是好的」。用餐時，窗外的太陽突然出現了，才在興奮的當頭，不一會兒又出現了一大片烏雲，真是怪天氣！午餐後，阿江讓我們到傳統市場去繞一下，才剛走了一條街，突然阿江在後面載欣載奔追喊著我們快上車，船家通知可以上船了！果然人生無可計畫，旅遊也是，因為計畫趕不上變化。

我們喜出望外，上車時，得知阿江順利把NOVOTEL的房間退掉了，阿江在電話中還在跟船家爭取我們沒有用到的船上法式自助午餐是否可以改到明天用完午餐再下船。我們屏息期待著，阿江掛斷電話後跟我們抱歉，船家他們要按照預定的行程明天十一點鐘送走我們，馬上就得接下一團上船吃午餐。雖然我們的心情像是洗了三溫暖，不過沒關係，失而復得，只會讓大家更珍惜得以上船的機會！

Paradise Cruises——天堂號，是我們要待上兩天一夜的遊船。這艘遊船雖是木造的仿古船，但其實是不利用風力，完全靠動力引擎前進的，船行進時都不會揚帆，只有在下錨定點時，才會揚起黃色大帆。

上船後，總算是吃了一顆定心丸。天堂號在2008年11月正式啟用，阿江說天堂號算是目前下龍灣遊船中最新的VIP臥鋪遊船，船家老闆擁有自己的碼頭。天堂號船身長41.5公尺，寬9公尺，高11.5公尺，共四層樓，總房間數17間。

雖然出發前已經從網路上見到船上的設施，但置身其中，還是感覺興奮不已。一上船先到三樓的餐廳與酒吧區，一邊喝著迎

賓雞尾酒，一邊聆聽船經理為我們介紹船上的設施、安全指示、安排的活動時間以及船上的服務人員。船經理也解釋說因為時間的關係，原本安排要前往的海上小漁村，必須取消了，因為如果我們要划獨木舟更靠近小島，基於安全考量必須在天黑前完成。這實在是有點可惜，因為海上小漁村在下龍灣有「海上博物館」之稱，是當地政府為了保存下龍灣獨特的漁村生活而建立的，在那邊可以領略漁鄉的風土人情，也可以現點海鮮，現煮嚐鮮，體驗短暫的漁民生活。為了補償我們沒能在船上享用午餐，船經理特別招待一人一杯飲料，我點了當地的啤酒，一飲而盡，清涼暢快，就像我們此時的心情一樣。

　　拿到鑰匙，打開房門，雖然房間實際看起來沒有網路上的圖片大，但是，每間客房小巧玲瓏，五臟俱全，我最喜歡的就是房間外的小陽台，陽台上有兩張椅子一個茶几，我們拿出昨天在水果攤買的鳳梨和荔枝，迎著清風，展開這場沉浸在文化遺產與自然風光的美好旅程。

　　陽台隔著一個大的落地窗就是我們的大床，躺在床上就可以見到藍天、島嶼與其他的船隻，景色隨著船的移動，一直變化著，有一種遺世獨立的感覺，船隻在島與島之間穿梭，其宏偉壯麗，讓人瞠目結舌。彷彿此刻的生命就只剩下「緩慢」與「悠閒」。我曾在2000年搭乘長江三峽頂級的大郵輪，但其感覺與此刻迥然不同。人到中年的「淡定」，是多麼美好的感覺啊！

　　下龍灣的重要性，從越南盾上的下龍灣圖案便可得知。007電影──《明日帝國》以及法國片《印度支那》都曾在這裡拍攝。

我們的天堂號沿途通過龍島、猴島、龜島、蟾島、鬥雞島、象島……等。超過兩億年歷史的世上所罕見的「喀斯特海岸地形景觀」，是下龍灣的最大特色，據統計下龍灣共1,969座石灰岩的大小島嶼，密集而錯落有致地分佈在1553平方公里的海灣內，每座島嶼都覆蓋著濃密的叢林，有些島嶼還擁有巨大的洞穴，能夠有機會這樣近距離地親近矗立在海中的那些蔚為壯觀的島嶼，真是難以忘懷卻也難以言喻的經驗啊！

這些奇岩怪石深入海底，有的孤傲獨聳，有的峰巒重疊，有的親密綿延，像是崢嶸著強山頭，又似謙虛低調的藏拙，也許因為地勢的陡峭，多數島嶼杳無人煙，才得以讓我們見識到這裡秀麗的自然風光與難得的生態景觀。

阿江透過廣播要我們到三樓餐廳，因為船上安排廚師要教我們料理越南春捲。越南的春捲皮和我們不一樣，是用糯米做成，通透潔白薄如蟬翼，包春捲的方式也和我們有異。裡面的餡料有豆芽、粉絲、魷魚絲，蝦仁、肉末等，將之包裹好後，放入油鍋中炸至酥黃。吃的時候，可以蘸魚露、酸醋或辣椒，相當爽口酥脆，而不嫌膩。

接著的活動就是重頭戲了，船在如同內陸湖泊的海上停駐，有人下去游泳，有人穿上救生衣準備划兩人一艘的獨木舟。海面上看起來像是平靜無波，其實海流很大，就算你體力再好，也有

可能被漂走，是得格外小心的。划獨木舟時，隨波蕩漾在祖母綠的海灣中，就像置身在山水畫裡，親吻著碧水山影，將所有美景盡收眼底。

🕊 　🕊 　🕊

晚餐是船上的法式料理，氣氛絕佳，菜色精緻！從法國麵包到最後的一道甜點，每一道都是色香味俱全。

在擁有現代設施的古船上過夜，是一種特別的渡假體驗，在豐盛的晚餐後，可以選擇在船家的安排下，夜釣小管；也可以利用飲料「買一送一」的優惠時間，點一杯雞尾酒，在沒有光害的滿天星斗陪伴下，躺在露天甲板的躺椅上等待流星劃過天際，順便做做月光浴，十足的愜意。令我感到最特別的是，晚上所有的船隻都集中在同一個區域休息，船錨在一個定點，所以整艘船就會在定點隨風旋轉，因此，可以見到360度不同的夜色。

🕊 　🕊 　🕊

隔天一早，六點半，船家安排太極教學，這也是不可錯過的活動，也許人生就只有這麼一次機會，可以在古船上，在世界遺產的圍繞下打太極。教授太極的老師，身著一身白衣長褲準時出現，定睛一看，這不就是昨天晚餐的女服務生。船上人力精簡，每個人都必須要有多項專長，這是無庸置疑的。我曾在馬爾地夫

夜釣石斑魚時，發現船夫就是飯店餐廳的廚師，後來發現他還負責接送客人。但可別以為這樣他們就不是專業人士，女老師的太極打得可真是好到無話可說喔！

就在我們還分不清轉左轉右時，天空突然跳出了一道彩虹，而且是全虹，她帶著一股靈動的誘惑魔力，有如童話故事的夢幻般出現，出現的竟不只一道，還有一道稱為「霓」的「副虹」，就在「主虹」旁邊追隨著，雙重彩虹現象出現在我們在下龍灣打太極的清晨。彩虹最常在下午，雨後剛轉晴時出現，況且雖然副虹一定跟隨主虹存在，但總是因為她的光線強度較低，有時不被肉眼察覺，我從沒在大清早和彩虹約過會，而且是雙全虹。這樣的機率有多高，我們何其幸運啊！

享用完美味的船上自助早餐後，我們要下船去參觀下龍灣最宏偉的鍾乳石代表洞──驚訝洞（Sung Sot），據說是法國人所取的。想必顧名思義會讓人驚訝連連吧！從下船處，登上50級階梯，進入第一層，就見到洞頂上自然形成的無數小圓穴，這些小窩很像是現代歌劇院裡的天花板，而洞內各式各樣充滿想像的鍾乳石、石筍和石柱，數量不勝枚舉，也目不暇接，足見大自然的力量。而最讓我感到「驚訝」的是，在最後一層的後室，有一根巨大的鍾乳石柱，石柱上有個突出的石筍，十足像極了男性的「陽具」，我想，會不會米開朗基羅有機會見到，也得嘖嘖稱

奇，甘拜下風呢！

最後，再飽覽海天一色的寬闊美景，我們即將告別這個靜謐的世界，而將流進心底的「清明」，細細收藏，當回到現實的喧囂紛爭時，拿出來回味咀嚼。

十一點，下了船後，與我們擦身而過的是一群準備上船作後續清潔的服務員，看著她們每個都戴著大斗笠，突然察覺到酷熱。大家不約而同地表示：還好昨天搭上了船，雖然沒能吃到船上的午餐，但卻見到了雙虹，若是在這樣炎熱的今天上船，恐怕很多活動進行起來都很不舒服。果然這又呼應了我常說的：「怎麼樣都是好的。」——這源自於一個有意義的故事。

從前有個臣子帶國王去打獵，結果國王被老虎咬傷了大拇指，疼痛不已的國王回宮後遷怒臣子，臣子的口頭禪是：「怎麼樣都是好的。」於是，他隨口就對抱怨連連的國王說了這句話。國王更是生氣，便問臣子：「是不是我把你關進大牢，你還是覺得『怎麼樣都是好的。』」臣子居然還是堅持著：「怎麼樣都是好的。」一直到被拖進大牢，口中還是唸著：「怎麼樣都是好的。」之後，國王手傷幾乎痊癒，自行前往打獵，卻遇上食人族。就在被綑綁祭祀，即將被食用時，酋長發現國王手指的傷痕。因為吃到有傷口的祭品，會給整族帶來不幸，於是國王就被放走了。回宮的國王，死裡逃生想起臣子，便放了他，並肯定臣子所說的：「怎麼樣都是好的。」臣子聽過國王的經歷更是意味深長地說：「果然，怎麼樣都是好的。」因為如果不是他的這句口頭禪，他也不會被打入大牢，如果不被打入大牢，這次他必定

與國王同行，那麼他是肯定會被吃掉的。

　　　　　　🐦　　　🐦　　　🐦

　　越南曾經受過法國統治，所以除了小自在平民生活中可見法式風情——街頭的小攤都在賣法國麵包，法國麵包成了越南人餐桌上的主食；大到河內的東邊被稱為法國區，因為在此區內，有著最具代表性的法國殖民建築。

　　為了感受法式風情，我們的行程中安排得很「法國」。到Paris Deli法式咖啡廳享用浪漫的下午茶，三面牆上巨大的塞納河左岸咖啡、凱旋門和巴黎鐵塔的圖片，一樓有好幾桌用法文交談的歐洲客人，讓我真以為也和巴黎「悠閒」的對話。

　　在咖啡廳的左側可以見到一座典型的哥德式建築，建於西元1886年的聖若瑟教堂（St.Joseph Cathedral），是河內最古老的教堂，當年法國人在殖民越南時期，留下的重要建築物之一。教堂的建築外觀乍看之下和巴黎聖母院有幾分神似。我們在廣場正好遇到教堂裡在進行彌撒，跟著人群往教堂走。我參觀過世界三大教堂，可是每一次進到教堂裡都還是有說不出的對宗教力量的感動。雖然教堂內擠滿了天主信徒，椅子已經快擺到了門口，我在門口墊著腳尖往內看，見到正面華麗的彩繪玻璃，還有天主教故事的畫作，其莊嚴肅穆不在話下。

　　Sofitel Metropole Hotel，是河內最具代表性的地標酒店，有百年以上的歷史。我們特別到酒店餐廳用自助越式午餐，用餐後

還可以參觀整個酒店。車子要轉進酒店時，就見到富麗堂皇的河內歌劇院，這座巴洛克風格建築的歌劇院是法國殖民時期所建造的，鵝黃色的外觀，在藍天白雲的襯托下特別耀眼，據說其建築的材料、磚板和圓柱等，都是遠從法國運來。

車子右轉就見到Sofitel Metropole Hotel這間「百年酒店」。我們到酒店時，見到酒店外部正在整修，阿江說：「酒店會定期整修，而且整修的錢都是法國出錢的。法國人把越南看成是他們的一個重要的兄弟。」雖然酒店部分外牆在整修，但還是可以看出簡潔的巴洛克元素，單純的白牆上搭配著一扇扇墨綠的百葉窗，法式的絕代風華直是尊貴。

酒店位於河內市的心臟地帶，在1901年開始營業，住房率很高， 多是歐洲客人，房間都是要很早才預定得到的。我們在酒店用完豐盛的自助餐後，就開始展開尋寶之旅，酒店有分新區和舊區，真是每個角落都是寶——古董電話、桌椅、傢俱、花器，在在展現了濃厚的法國風情，讓人不停地按下快門，每個角落都無法放過。我還見到有人坐在古董椅上讓擦鞋童擦鞋，那只有在電影中見到的畫面；再加上服務生用著法語 "Bonjour" 問安，霎那間你還真會以為穿越時空到了十九世紀初的法國。

這間酒店還有個特別的，就是會針對情侶安排 "Air of Romance"，房間內會有巧克力和香檳，用心為旅行中的情人營造浪漫。

除了河內歌劇院和Metropole百年酒店，擁有著濃厚的法式氣息外。法國區還有許多法國殖民時期留下來的房子，這些具

有特色的房子，後來改建成了知名的特色餐廳。Green Tangerine Restaurant，就是河內最著名的法國餐廳之一，我們走進千年的古城裡，繞進熱鬧的古街，來到這一棟建於1928年的小別墅，走進餐廳的中庭，正好見到一對頭髮銀白的老夫妻點完餐後，要求服務員幫他們合影留念，我揣想著在他們身上連接上越南，一定至少有一則動人的故事。這一幕讓餐廳的浪漫更為加值。

　　這一餐法國餐很經典，從每一道送上來的餐點可以見到廚師的創意與食材的用心運用，旅行中的美味關係，透過這棟建築物讓我更加難忘。

　　除了法國風情外，河內最能讓人體會到其歷史與中國文化不可抹滅的就屬「文廟」了，這座寺廟據說是越南11世紀保存最好的傳統建築瑰寶。文廟是祭祀孔子的，內設國子監，越南很多文人才俊都曾於此受教，是越南最早的大學。

　　文廟共有五個大門和五個大場院。在第三個大院裡，供奉有孔子及其七十二弟子的雕像，過去封建時期的每年春秋，百官都要來此朝拜兩次。我覺得最特別的是第四進院落供奉著孔子的牌位，堂正中央高懸著「萬世師表」四個大字的漢字匾額。很多當地考生就像我們到廟裡拜文昌帝君一樣，燒紙錢、祈求考運順利。廟外賣紀念品處還有很多求好考運的寫著「成達」、「登科」和「才智」的漢字幸運小物，其中有一個我不懂的「杜」

字？我問阿江，阿江說應該是中文的「杜」音，相當於越南話的「金榜題名」的意思。

　　河內以「還劍湖」為中心，是河內第一風景區，附近的「鎮國寺」是越南最古老的寺廟；北面是舊城區，湖邊有一群人力車和電瓶車在排隊，因為這裡有著具有600年歷史的「三十六街區」可以搭乘越式三輪人力車進到街道中繞行，穿梭在這36條街道上，這裡的每一條都各自販賣一項專屬的工藝或貿易商品，像是有五金、碗盤、衣服和飾品等等。

　　在11世紀的李王朝時代，這裡因為是皇帝的城邑得以繁榮發展，當時的師傅依照職業別而居，由於有36個，因此取名為36街。經過時代的演變，這個地區現有76條街，但街名仍被保留。我們在遊街時，我的思緒也隨著街道的歷史悠遊著。

　　越南的國父是胡志明。在越南，我們每天都會見到他，因為越南盾上就印有蓄著鬍鬚、面龐瘦削的胡志明肖像。而我是在寬闊的「巴亭廣場」，見到在炎炎烈日下戶外大排長龍的人群，得知他們都是為了進到「胡志明陵墓」瞻仰胡志明遺容，才更為肯定胡志明在越南無可比擬的重要地位。這座陵墓於1976年，在蘇

聯的幫助下建成，蘇聯專家負責以防腐技術處理胡志明的遺體。

巴亭廣場是胡志明宣讀《獨立宣言》，宣佈越南民主共和國成立的地方。所以，胡志明的陵墓建於此，也是意義非凡。

胡志明是平民出身，曾擔任船上的廚師，遊歷歐洲各國時，民族意識受到啟發，回到越南後，決心要趕走當時殖民他們的法國。胡志明於西元1954年趕走了法國人，後於1975年將南北越統一。胡志明終身未婚，為越南貢獻一生。胡志明在越南人心中的地位與影響力，還可從他們的八成商家都在顯眼處掛著胡志明像，得到印證。

在胡志明陵墓旁有一座高聳的蘇聯式建築就是「胡志明博物館」，這是一座很有印象主義的博物館，館內的展覽分為「過去」與「未來」，完全聚焦在胡志明一生對越南的貢獻與主張，很多擺設都有特殊的意涵，比如館內有一張上面放有水果的桌子，卻四隻桌腳不一，傾斜於一邊。阿江解說著，胡志明是相當有遠見的，他在世時就已經可以預知到人類如果不珍惜資源以及對於地球生態的破壞，就會造成生態不均、貧富懸殊、爭奪資源的自食惡果的亂象。

20世紀以來，「水上木偶戲」被越南政府，視為重要的越南文化遺產，因為長期的戰爭與被殖民，越南受外來的文化影響太深，唯一只有「水上木偶戲」是獨具越南特色的，相傳此木偶戲

已有超過千年的歷史。

　　在越南李朝時期，水上木偶戲是一種宮廷戲，大多為慶祝皇帝壽辰而表演，底層百姓很少有機會見識。後來，隨著歷史的流轉，在農閒或紅河氾濫期間，農民會在水塘中築起戲台舞弄木偶以為娛樂，演變至今，則成為享譽國際的越南技藝。此戲的舞臺搭建必須至少在一公尺深的水池上，表演者站在水中操縱，利用長竹竿或繩子控制木偶，相當不容易。每個木偶的表情栩栩如生，可以想見其用心的雕琢，其製作的材料是產自東南亞的波羅蜜木，還要在表面塗上一層防水材料。劇中的內容多是講述越南的歷史傳說故事與農村生活，表演時間只有一小時，還算緊湊有趣。

　　我們在河內所入住的是全球擁有六十家酒店的「洲際酒店集團」（InterContinental Hotels & Resorts），令我相當期待的，我們還特地排了半天的自由活動，可以充分享受酒店的設施。酒店濱「水」而建，這個「水」就是距離市中心僅十分鐘路程的「西湖」（West Lake）。

　　西湖面積500多公頃，是河內最大的湖泊，四周有不少觀光景點與現代大型酒店，是觀光客避暑與賞景的絕佳選擇。關於西湖也有個美麗的傳說：古時，有兩個仙女未得允許私自下凡，又因擔心觸犯天規，不敢久留人間，在返回天庭時，兩人各自從雲端拋下了梳妝鏡作為到人間一遊的留念，而這兩面梳妝鏡則分別落

在中國的杭州與越南的河內，而成了兩座風景宜人，適合四季遊賞的「西湖」。

　　洲際酒店有340間客房和19間套房，設計新穎，奢華又不失高貴，最美的就是每間客房都有向外延伸的陽台，很像是水上屋。在酒店裡可以瀏覽西湖的湖景風光，有著義大利威尼斯的水都浪漫風情，也似陶淵明筆下遠離塵囂的美麗桃花源。

　　人生吃、喝、玩、樂，如果少了美食，會減少多少樂趣啊！酒店裡的用餐環境，一定是有特別考量的，面對西湖美景，滿足了各種感覺，為食物增加了附加價值。阿江在遊下龍灣時，告訴我們，他曾帶旺旺集團的董事長到下龍灣參觀海上小漁村，當時蔡董事長見到臉上滿是知足的漁民，感慨地說：他們什麼都有，就是沒有錢；而我只有錢，其他什麼都沒有。這話真有哲理，也很值得深思。我在洲際飯店用早餐，見到窗外有兩個當地人，和我們一起共享西湖的美景，一個在游泳、另一個在垂釣，這讓42歲的我，有了更深切而透明的人生體悟。我要把每一天都當成最後一天，認真活在當下，更加盡情享受人生。

　　下龍灣瑰麗的景色與渾然天成的奇石美景；乘著海上VILLA躺臥在世界自然遺產之中，奢侈地在碧波山影間、在雲端霧氣裡悠遊，這些美好都在我的旅行記憶中，添上了永生難忘的一筆。

第五節　福建永定土樓不思議

　　福建有名的世界遺產——土樓，歷史悠久。據說所以被發現，最大的功臣是美國人。當時美國的衛星拍到了中國的土樓，以為土樓是中國研發核彈的基地，而且據情報員觀察，這裡每天三次定時都會冒煙，但卻不見有任何發射的動作，於是美國派了情報員來到福建，至此才發現極具民族文化特色的土樓，回去公布後，全球為土樓的壯觀大為驚嘆。

　　福建土樓群分布在南靖、華安和永定。旅遊書上最推薦的是所謂的「四菜一湯」，就是田螺坑土樓群有一座方樓在最中間，三座圓樓和一座橢圓形樓環繞周圍，從高處往下看就像是餐桌上的「四個菜一個湯」。

　　一個曾去到訪的好友告訴我，同樣和「四菜一湯」一樣位於南靖縣的「東倒西歪」裕昌樓比較特別，為何叫「東倒西歪」呢？傳說造樓時工匠算錯尺寸，導致樓層歪扭，主人並未發現，工匠也沒重新施做。但是，工匠們卻在蓋第四層時，開始往回補。所以，現在可以看到第三層和四層回廊木柱是逐漸向兩個不同方向傾斜，但數百年不倒，令人嘖嘖稱奇。

　　我們原本要去拜訪南靖的土樓，在電話中和在廈門工作的朋友討論交通方式時，他說他問了，雇一輛計程車要700塊人民幣。飛機上，一位台商建議我們，只要到酒店問就可以找到團，一人

大約一百多塊人民幣。果然酒店給了我們一張價目表，到南靖土樓要218塊、華安和永定都是188塊，一早七點半遊覽車會來酒店接，包午餐、門票。後來，朋友在電話中說他的下屬在電話中正好聽到我們在討論要去土樓，便上「淘寶網」找，網上有賣旅遊券，一人只要85塊。朋友問我們的意見，我天生愛冒險，最後決定去「淘寶」，看看價差這麼大，到底能搞出什麼鬼！可重點是朋友刷卡前，並沒有先問要去哪一個土樓。無所謂，就看命運安排，看我們跟哪個土樓比較有緣囉！

晚上，我們從鼓浪嶼搭船回來，和朋友約了要去找一家BAR喝酒，搭上計程車，便問師傅哪個土樓較有名？師傅馬上說：「當然是永定土樓，那是正宗的客家土樓，旅行團都推南靖，那是炒出來的，可能應該是南靖離廈門近。要看世界遺產就要到永定。」然後師傅正經八百地詳細介紹了永定土樓。我心中的疑惑是南靖距廈門較近，怎麼反而價位比較高？莫非真是炒出來的。

買了旅遊券的朋友說他跟游覽公司約了七點先到定點接他，他說接到後會跟我們連絡，若沒連絡就叫我們繼續睡，應該就是被騙了。

隔天一早，沒想到一切順利，七點二十分，我們搭上了遊覽車，展開冒險之旅，看看生命要把我們帶到哪一個土樓去。上車後，車上已經有兩個女生，一問之下她們也是在「淘寶網」買到旅遊券的，問她們這車是要到哪一個土樓？她們回答說：「永定。」天啊！那我們還真是賺到了，還好昨天沒在酒店付218塊往南靖。我們拿出相機，拍了一張合照，玩笑說萬一發生什麼事，

還有個線索可循。接著的一個小時，遊覽車到各個酒店接人，車上已經將近客滿，這下我們總算安心了。之後，和其他遊客一比較，每一組人付的價錢都不一樣，有一團人從湖南來，付了185塊，還有一對香港來的夫妻付了190塊。真是太幸運了！貪小便宜的人性讓我們肯定玩得比所有人還要high。

兩個小時後，遊覽車在一個休息區停車，讓大家上洗手間，休息20分鐘。這個休息區其實就是一個土產店，很多人也是大包小包上車。又一個半小時後，終於到了永定土樓，先吃午餐，是還算不錯的客家合菜，我們吃得有滋有味！

從唐末黃巢之亂、南宋政權南移與明末清初，客家族群由中原向南方遷移，為了抵禦山林野獸和強盜掠奪，又為了保有儒家傳統大家族群居的理想，於是利用不加工的生土，建造厚土牆，又為了節省耕地，便向高層發展，逐漸成為具有防禦功能的大型樓房。土樓，可算是世界上相當獨特的大型民居形式。

福建土樓包括閩南土樓和一部分客家土樓，總共大約有3000多座。2008年7月，福建土樓46處，被正式列入世界文化遺產名錄，最著名的土樓，如振成樓、承啟樓和田螺坑土樓群。有的長得很像飛碟，還有方的與圓的，比鄰而蓋，方圓一線天。

通常圓樓土樓的第一層是廚房和餐廳，第二層是倉庫，三層樓以上才是住家臥房。每一個小家庭或個人的房間都是獨立的，房外的一圈公用走廊是可以通到各個房間和住家的。

僑福樓，建於1962年，屬圓形土樓，坐北朝南，因為出了10個博士而聞名於世，又被稱為博士土樓；而承啟樓則號稱是土樓

之王，1981年被收入中國名勝辭典。據說從明崇禎年間破土，至清康熙年間竣工，歷經半個世紀，規模宏偉，古色古香的奇特造型，呼應了所謂的：「高四層，樓四圈，上上下下四百間；圓中圓，圈套圈，歷經滄桑三百年。」

跟著曾經來訪的各國名人的腳步排隊上樓參觀是一定要的啦！有個公安在樓梯口維持秩序，我實在很擔心這個樓梯總有一天會塌下來。居住於住的老百姓憑著老祖宗留下的這份珍貴的世界文化遺產小賺觀光財，有的當起地陪，有的開起小店鋪賣伴手禮，知足而常樂地傳承著祖先的印記，努力活出其堅韌。

興奮地順著小山坡往上爬，因為從山上俯視，更能看出土樓建築圖樣的特別。登高遠眺土樓的奇特神韻，覺著我的生命之河也流淌得更寬闊了。

Q 如果要介紹一樣代表臺灣的美食與一間具有特色的餐廳，你的推薦是什麼？

Q 你同不同意不管是閱讀旅遊文學或者實際旅行，都可以帶動心靈成長？請加以說明。

Q 如果要說城市有「顏色」的話，你認為阿姆斯特丹有哪些顏色？又你心目中最有「顏色」的是哪一個國家的城市？

Q 你認為「下龍灣」與「土樓」具備世界文化遺產的特點何在？

歐陽修〈醉翁亭記〉

環滁皆山也。其西南諸峰，林壑尤美。望之蔚然而深秀者，琅琊也。山行六七里，漸聞水聲潺潺，而瀉出於兩峰之間者，釀泉也。峰迴路轉，有亭翼然臨於泉上者，醉翁亭也。作亭者誰？山之僧智仙也。名之者誰？太守自謂也。太守與客來飲於此，飲少輒醉，而年又最高，故自號曰「醉翁」也。醉翁之意不在酒，在乎山水之間也。山水之樂，得之心而寓之酒也。若夫日出而林霏開，雲歸而巖穴暝，晦明變化者，山間之朝暮也。野芳發而幽香，佳木秀而繁陰，風霜高潔，水落而石出者，山間之四時也。朝而往，暮而歸，四時之景不同，而樂亦無窮也。

第四章

海角天涯
——閱讀旅行的城市形象

第一節　以婆娑之姿和「臺北」的生命飛舞

　　知名的美國作家海倫凱勒說：「生活中若缺少冒險，那就不算是生活了！」在臺北，我們可以真正的生活，因為每天都有推陳出新的冒險，於是，希望便可以像深廣的海洋般，涵容一切。

　　臺北城有著描不完的滄桑和希望，訴不盡的光輝和榮耀。明代文人楊慎的詞作〈臨江仙〉寫著：「滾滾長江東逝水，浪花淘盡英雄。是非成敗轉頭空。青山依舊在，幾度夕陽紅。白髮漁樵江渚上，慣看秋月春風。一壺濁酒喜相逢。古今多少事，都付笑談中。」詞中的那種寧靜以致遠的社會氛圍與人際互動，十分切合臺北的孤傲、豪放又含蓄的一面。

　　模糊又陌生的臺北的背後，有著厚實又熟悉的溫暖，她是多

樣貌的——她是有計劃達成目標的魔羯座，有果斷力和自尊心的獅子座，也是活潑善變的雙子座，富知性理性的水瓶座，又像是心情如月亮、情感纖細的巨蟹座。

臺北，這條甬道，有名留青史的大人物踱步，也有沒沒無聞的小角色走過，臺北歷史的長卷，盛裝了思想，滿溢著希望，她的海洋風暴和浪潮培養了我們的文化視角、性靈質素與無比的創造力。她所累積的巨大能量，帶著我們憑著冒險犯難的精神，以極簡主義之美，鬆動僵化的習慣與刻板印象，努力往學習海洋的威嚴、嫻靜與壯闊的胸襟的路上去走。

網路上流傳一篇文章說：皇帝想要把京城裡的寺廟整修得美麗又莊嚴，於是派人去找技藝高超的設計師，結果來了兩組人，一組是京城裡很有名的工匠和畫師，另一組是幾個和尚。皇帝為了要讓兩邊分出高下於是要求他們，各自去整修一個小寺廟。工匠這一組向皇帝要了許多工具，還有一百多種顏色的顏料；而和尚這一組居然只要了抹布和水桶等簡單的清潔工具。三天之後，皇帝來驗收成果，他首先見到工匠和畫師這一組以非常精巧的手藝把寺廟裝飾得五顏六色。皇帝很滿意地點點頭；接著當他看到和尚們所負責整修的寺廟時他當下就愣住了，眼前的寺廟沒有塗上任何的顏料，他們所做的只是把所有的牆壁、桌椅和窗戶擦拭得一塵不染，所以讓寺廟中所有的物品都顯出了它們的原始顏色，像鏡子般光澤，而其所反射出的戶外的色彩也搖曳生姿起來，構成寺廟的美麗色彩。而這座寧靜地接受一切的寺廟，當然得到最後的勝利。

臺北的心就像是這座勝出的寺廟，我們不太需要矯情地用各種裝飾去美化外在，我們所需要的只是無瑕而自然地把內化的美呈顯出來。

　　我思故我在。

　　曾幾何時，汲汲營營的臺北人與蠅頭小利、敝帚自珍劃上等號，然而，臺北，這個不折不扣的海洋城市，卻以海洋的緘默不語，暗自承載臺北釋出的波濤洶湧和氣象萬千，好的壞的，對的錯的，最後選擇卸下心中的成見，以賞心悅目的眼界，發自內心的虔誠，去瞭解、去親近、去擁抱，耐心地等待著一代代有抱負的青年才俊，任魚躍、憑鳥飛，以爆發蘊藏無限的生命力。

　　臺灣是個海島，四面環海，有著冒險開拓的海洋性格，臺北是臺灣的靈魂，靈魂深處湧動著的不甘寂寞、不耐平庸和永遠的探索。

　　我們在臺北撒下種子——思想的種子、文字的種子、行為的種子、人格的種子，於是，我們時時等待豐收，收穫精采璀璨的臺北。於是，因為有典藏頂級中華瑰寶的「故宮」；傲視群雄的「101大樓」；氣勢雄偉的「中正紀念堂」；因為「美麗華」的摩天輪，因為夜未眠的「敦南誠品書店」，因為多功能的「小巨蛋」，因為「鼎泰豐」的美食，在在都嘉許了臺北的生命力量的本質。

　　居住在臺北的人不曾停止思維，因為城市中所充滿的奔馳與流動，我們同時活在過去、現在和未來的時空交錯中，我們手握臺北所售出的幸福的籌碼，裡面有著臺北人的光榮與夢想，還有困頓和憂傷。

亞歷山大帝在遠征波斯出發前，把所有的財產分配給他的臣下，他說他只帶著一種財富——「希望」啟程，最後他果真帶回他所要征服的全部；然而，當我們帶著希望前往目標的旅途中邁進時，絕對不要忘記在面臨挫折打擊時，要時時修正自己。曾經聽說愛因斯坦進入普林斯頓研究所的辦公室時，只跟管理人員要了桌、椅、紙張和鋼筆，另外還強調要一個「大」的廢紙簍；管理人員問愛因斯坦為什麼要「大」的廢紙簍，他說：「這樣我才可以把所有的錯誤都丟進去啊！」

臺北，沒有妄自菲薄的資格或權利，她是求助者的心靈捕手，行囊裡帶著希望，又寬容深邃地諒解錯誤，敢於在付出的過程，懂得跟自己和解，享受生命的歷程，提供積極的生活態度，給生活增添勇敢的元素，把如塵封的明鏡的心靈，擦拭彤雲密布的萬分沉重後，再度呈現映照人生美好的力量。

花月為媒，在清風明月，充滿無盡情調的夜晚時分，我們搭上和臺北微妙交情的夜快車，在夜車上淺酌美酒，找到和臺北的美麗靈魂的真誠對話。

原載於《明道文藝》2007年3月號，第372期。

第二節　夢幻迷離的上海城

在衛慧的《上海寶貝》和顧豔的《夜上海》這兩部長篇的書寫中，作家從不同的角度極度張揚著上海的繁華傲氣。衛慧在小說中說：「上海這座城市的迅速脫胎換骨。她生長的慾望就像章魚的腳一樣，張牙舞爪地伸出來，強而有力並且充滿著能量。」而在顧豔眼中的上海是活力、瘋狂和中國對世界挑戰的象徵。她一直想寫一部上海的書——「既是時尚的、又是精神的；既是物質的、又是靈魂的；既是平凡的、又是高貴的。」

不確定是不是從張愛玲開始因為閱讀了太多的「上海」，所以，對於拜訪「上海」，我有著說不出的期待。

飛機抵達上海的虹橋機場，我才把行李拉進入境大廳，迎面來了一位笑容可掬，頭戴帽子、身著制服的年輕人。他主動親切地詢問我是否要叫車。我對這個國際城市留下了第一個好印象。

當我告知年輕人，我要前往「和平飯店」後，他親切地解釋著說：「現在『打個的』可能要等一會兒。起價要一百多塊，有的也不是挺安全。」他看看錶，接著說：「而且這個時間會塞車，過路又要收費。這樣吧！我幫妳叫輛車，和我們飯店有合作

的，車子有空調，挺安全的。收妳兩百塊就好了。」他很快幫我找來了一輛車。車子過了一個關卡，師傅和公安打了個招呼，還特別向我解釋，不是隨便的車輛可以進入機場的。車子又繞過了一條街，師傅接到手機，說是要把車又開回機場。我有點不安，不知究竟發生了什麼事。下車後，先前那位彬彬有禮的年輕人，幫我把行李從後車廂拿出來，說是這輛車沒有開立收據，他要對我負責，所以再幫我換一輛車。

「其實，我不需要收據的。」我說。

「不，這是安全考量。我幫妳換一輛Audi的車，坐起來比較舒服，不過要加30塊。」

我跟他說：「我就一個人，並不需要多麼豪華的車子。」

可他百般困難，說他現在只叫得到這輛車。最後，在人家的地盤上，我只好屈服搭上了那輛Audi的車。

師傅在「一路暢通」的高架橋上，為我介紹著浦西的高樓；同時還從我們阿扁總統的「一邊一國論」，對我「統戰」著臺灣回歸祖國的思想。

晚上，我打電話給在上海的朋友，馬上被取笑說：「妳才一下飛機，就被騙了，其實搭計程車我看差不多只要五十塊。而且計程車才是最安全的。」

隔天，我搭計程車到浦東，見到師傅的座位用一個透明的護欄圍起來。

我想起一個朋友曾對我說起他的經驗——

有一天晚上，他和一個臺商朋友搭計程車要往蘇州路上去，臺商朋友坐在前座，他坐在後座。車子要開動前，後座的車門打開了，突然上來了一個人，坐在他的旁邊。他見臺商朋友和師傅都沒有什麼反應，也就沒有多問。下車後，他終於忍不住地問臺商朋友。臺商朋友說：「上來的那個人是師傅的朋友，因為是遠程，我們有兩個人，他怕我們搶他，所以約定俗成上來一個他的人作伴。二比二比較安全。」

我和師傅聊了起來。我說在臺灣是乘客怕司機，他相當訝異。

師傅說，從外地到上海謀生的人很多，七、八年前曾發生過外地人到上海謀生不成，肚子餓到只好搶師傅，搶匪從後座拿一根繩子勒住師傅的脖子，要師傅把錢交出來。此後，為了安全起見，他們的座位便有了「防護罩」。

師傅進一步說，白色、黃色、和他們藍色的車，代表不同的車行，管理得比較好，如果乘客對於師傅有繞路或其他違法事件可依收據檢舉告發；至於，紅色的計程車不是大的車行管理，車子比較差，師傅的文化水平也不好。

我終於恍然，為什麼我只要一站在馬路上見到來來往往的車輛就覺得頭痛，原來單單他們的計程車就有四種顏色。

師傅相當意外，他認為，以我的年紀應該是住Holiday Inn或「香格里拉」酒店，而不是「和平飯店」。他說「和平飯店」是

老飯店了，比較老舊，價錢也不便宜。我想，是懷舊吧！我對上海其實有些期待，有些迷惑，也許因為張愛玲，也許因為王安憶。

❧　　❧　　❧

　　建成於1929年的和平飯店座落於上海市中心——南京東路外灘，隔江相望浦東陸家嘴和東方明珠。我還在計程車上，師傅就遠遠為我介紹南樓和北樓了。1956年，南樓匯中飯店和北樓華懋飯店均改為「和平飯店」，共有四百二十間全新裝修過的客房，特別是中國、英國、美國、日本、法國、義大利、德國、印度和西班牙等九國海景的特色套房，讓許多國際遊客慕名而來。

　　下了車，飯店服務生提走我的行李，當我還在為這上個世紀初的典型的哥德式建築感到驚豔時，我已不自覺地走到飯店內了，飯店內部給我的第一印象是可以輕易地感受到飯店有意要保留情感、保留歷史的用意，從格局、花崗岩的建材、老式吊燈、銅欄杆、古廊柱，到彩花，在在訴說著歷史的風情，保存著時代的特色，果不辜負曾有「遠東第一樓」的美譽。

　　進入富麗堂皇的房間，對於裝潢的考究，我在心中讚嘆連連，忍不住要發信宣告諸親友，下定決心奢侈一個晚上還真值得。我在房間打電話詢問櫃臺上網的問題，結果前後來了三位服務生，最後用一條網路線幫我搞定了，服務品質值得讚揚，服務生接過小費時還有點不好意思，因為他們覺得花了太多時間了，

直是道謝。

　　我上到屋頂花園，飽覽夜上海的璀璨，看蜿蜒的黃浦江，看浦西外灘風格各異的建築群在霓虹燈的閃爍中交相輝映，目不暇給，豐姿更是綽約。除了迷人的景色外，顧豔也在《夜上海》展現了這個機會之都充滿了生氣的群像──

> 上海提供了一個各方面都能施展才華的舞臺，一些中國歷史上的重要人物，都不約而同地選中了上海。外國人也不例外，……營構著自己的生活與夢想。……上海灘是一個溫柔鄉、富貴場，也是一個大熔爐，能夠真正令人銷魂和提供源源不斷靈感的地方，他對此充滿信心。

　　凌晨一點，我還處於亢奮狀態，遲遲無法去睡，我到充滿異國情調的英國鄉村格調的爵士酒吧小酌，三、四十年代的爵士名曲在耳中跳舞，這一支老年爵士樂隊成立於1980年，全隊由六名平均年齡超過七十歲老樂手組成，是上海最負盛名的爵士樂隊之一。我的腦中有一個畫面停格，彷彿置身舊上海的十里洋場。

　　上海，表面看似在風平浪靜中靜默懷舊，但骨子裡卻是暗流湧動地引起觸發。她是一個越夜越美麗的城市，讓人有想要主動迷失在那樣的流光溢彩中。南京東路外灘的高樓聳立，隔江相望東方明珠塔和金茂大廈，在來去上海之間，更能領悟到歷史的深度和廣度所帶給都市流動的影響。

　　住了一個晚上的「和平飯店」後，朋友介紹了一家近市中心

的商務酒店，因為是新的酒店，師傅不太熟悉那裡的路，一路上邊看著地圖邊找路，還停下車，跑了一段路跟公安問清楚方向。付車資時，不但不收我小費，還堅持只拿整數30塊，他直說抱歉，因為繞路繞太遠了。

我對上海計程車師傅的印象真是好。

搭地鐵在陝西南路站下，轉公車要到豫園。一上車向車掌詢問票價，我的口音引起側目。很幸運地在車掌的後方有個空位，我很艱辛地跨過一個座位前有著大包小包的東西的男人，坐到裡面的座位。

過了幾站，上來了一對老夫婦，我向隔壁的男人表示我要讓座，於是我又很艱辛地跨過他的東西，向老先生示意要讓座給他，老先生連聲謝，大聲地招呼老婆婆說：「快過來，有個台灣姑娘要讓座。」我這個很平常的舉措，卻在車上引起騷動，成了注視的焦點；不過，不久便有一個中年人也讓座給那位老先生。擠過人群下車時，老先生又大聲地向我道謝，我感到突然有一種前所未有的驕傲。

居住在上海的多數人，實在辜負了外灘的美景。套一句他們的話說「精神文明」還要多加強。

我在麥當勞上洗手間，一進洗手間，就見到一個婦人正脫著褲子，蹲了下去。我嚇了一跳，直覺往外走。難道麥當勞的洗手間沒有門？我又往回走，發現其實是有門，只是她不關門。

我在第二間門外排隊，旁邊站了一個婦人，就在我低頭從提包裡拿面紙時，她已經站到我前面了。當婦人還在東張西望猶豫著要不要插隊到另一間時，洗手間的門打開了，一個年輕的女學生動作迅速地先她進了我正在排隊的這一間洗手間。

我不得其解的是，怎麼會連年輕學生都這樣不守秩序。

搭地鐵時，更是離譜，地鐵站上明白又清楚地標示「先下後上」，但大家還是爭先恐後，這種景象在「人民廣場站」尤其壯觀。

我要找一間書城，向人詢問方向，對方簡潔而冷淡地回答：「不知道。」腳步未曾稍作停留。我突然想起出國前，在臺中街頭，等紅燈時，我搖下車窗向一旁的摩托車司機問路，她很不好意思地表示不知道，然後立刻轉頭向她後面的摩托車騎士詢問，騎士把車騎到我的車門邊，詳細地指引我方向。

突然，心中油然升起一股對臺灣的抱歉，在這塊土地上，我們有時抱怨東、責怪西，從不曾認真去思考她的美好。

從杭州搭大型巴士回上海，我坐在司機斜後方的座位，原本預定兩個小時的車程可以小睡一會兒，沒想到竟被沿路的喇叭聲吵得不得安寧。

我想，司機是習慣性的按喇叭——塞車，車子動彈不得，他按喇叭；前有貨車，他覺得人家擋了他的路，他也按喇叭；下高架橋後，車子更是大排長龍，後來，發現原來是在修路，車上的男乘客隨著司機抱怨的三字經，也跟著此起彼落。

　　司機人也不是不好，我說我要到浦東大道，他清楚而熱心地在終點站指示我要怎麼換車。所以，我想亂按喇叭、口出穢言，在那裡已經是一種「文化」，而不是性格問題。

　　若是上海人聽到我這樣介紹他們，鐵定是要反駁：這些都不是道地的上海人！優越的上海人對外地人普遍有一種蔑視，他們精明能幹，謹言慎行；損人利己的事絕對不會做，但卻奉行著「防人之心不可無」的信條，也因此造就他們給人冷漠的印象；可其實一旦你和他們交了心，他們是可以為你兩肋插刀的。

　　現代生活對於這個充斥著無限商機的土地上的上海人，是什麼樣貌呢？在《夜上海》裡說——

　　　　這群花樣年華的人，在上海沒有上一輩人生活的重負和歷史陰影。但他們對生活卻有著驚人的直覺，對自己也有著強烈的自戀。……他們在夜晚的街上閃閃亮，那些酒吧、茶吧、書吧、女人吧就是他們的最佳去處。他們對快樂毫不遲疑地接受，對新鮮事物容易好奇又很快厭倦。他們大多都是單身貴族，無論對別人還是對自己都不願負太大責任。傷心或狂喜、暴富或潦倒，他們在某種遊戲的核心進入怪異生活，從而找到存在的理由和活下去的決心。

作者相當寫實地把上海灘光華四射的、扶搖直上的、國際化的面貌真實呈現——積極的、消極的、摩登的、市儈的、墮落的、有格調的——在這樣的一個城市光廊中，無所遁形的是人們存在的真實樣貌。

在上海購物，不但享受不到殺價的樂趣，還要小心殺錯價而被辱罵。

有個朋友告訴我，她曾在外灘的一個小攤子上見到一種往地上彈會發光的小球。老闆開價8塊錢；她對老闆說，算5塊錢吧！老闆十分生氣，二話不說先是把球從她手上兇狠地搶回去，然後邊打包攤子離開，邊破口大罵她不識貨；她一臉錯愕，面對著人來人往，恨不得找個地洞鑽進去。朋友被那老闆一嚇，簡直喪失了殺價的能力。

後來，朋友在另一地下道又見到同樣的球，繼續殺價，老闆的態度亦是不甚熱情，就在她付給老闆8塊錢時，一位同團的男子，也蠢蠢欲動，伺機待發。

上車後，大夥開始比價。

男子得意洋洋地上了車，拿著手裡的球說：「5塊錢。」

「什麼？5塊錢？」所有買了球的人發出不可思議的聲音。

男子提高了聲調：「是啊！老闆說8塊；我說5塊，她就說

『賣給你了』！」

「你買幾個？」有人追問著。他回答：「一個啊！」

得了便宜的人，揚揚得意地說：「什麼！我是買兩個7塊。」接著又指向鄰座的朋友說：「她是買兩個8塊。」

原來，他只聽見人家殺的「價錢」，卻不知前提的「數量」。

還有，聽到最誇張的是：一個小水晶開價100塊，結果最後卻以5塊錢成交。

整團的人，每每上車，比較自己的戰利品，總希望自己買到的是最物超所值的。但因被外物所役，所以總有人傷心，總有人雀躍。

殺價有一種「征服」的樂趣，但卻耗時又傷神。臺灣的殺價，有一種賓主盡歡的互動藝術；然而，歐美國家不時興殺價，所以買賣雙方都受到起碼的尊重。

❧   ❧   ❧

我不是個名牌愛用者，所以，對於所謂的冒牌A貨也沒什麼興趣，不過倒是想去襄陽市場看看那裡的「盛況」。

一走進市場，除了兩邊的店家招攬著生意外，沿路還有人手裡拿著皮包照片的紙卡或是一大本的資料檔案，迎上前來：「小姐，要看看包包嗎？LV、GUCCI、CHANEL什麼牌子都有，還有手錶——雷達、勞力士、歐米茄，應有盡有。」大嬸翻動著手上的資料，我隨便看了一眼，繼續往前走；她鍥而不捨繼續介紹

說：「我們還有新貨，要不要看看，就在前面，我帶妳去看看，不喜歡也沒關係，不一定要買的！」大嬸說得很誠懇，我的冒險精靈又跑出來了，再次跟她確定只是去看看喔！

大嬸領著我繞啊繞，準備走進一條弄堂裡，我有些遲疑，停下了腳步，大嬸提高了嗓門說：「別怕！就在這裡了，裡面還有很多臺灣人呢！」她推開了一扇鐵門，帶著我，穿過一個小長廊，經過簡陋的廚房和凌亂的臥室，然後，比劃著一個木製樓梯上的閣樓，並且招呼著樓上的人：「有客人來了！」

我才上階梯，就聽到熟悉的臺灣話，幾個女人正在挑貨，她們用臺語商量著結帳時準備要砍殺的價錢。我環顧四周，這個大概十坪大的小閣樓，四面都是架子，架子上整齊擺滿了各式各樣的皮包。招呼我的先生說：「小姐，妳慢慢看，我們的款式是最新的，跟正品店裡的都一樣，我們雖然是假冒，卻是上等貨喔！」他隨便拿了一個架上的皮包，給我翻看裡面的做工。我在裡面待不到兩分鐘，道謝離開時，剛剛那位大嬸又領了人回來看貨了！看來是回頭客，只是客人認得大嬸，直跟大嬸說剛剛走錯巷子了。

這些隱蔽商店也跟那些商品一樣以假亂真，假得很是用心啊！

上海，不同於北京，她從來就擁有最自由的發展空間，她有她狂傲、飛揚與跋扈的一面，眼花撩亂的街市、洶湧澎湃的物慾之流，巨變的上海，延續著中西相互交合衍變的文化，隨意就能

撿拾上海的獨特，體驗上海的美感。

　　登上既有民族風格，又有現代氣派的「金茂大廈」八十八層觀光廳，感受上海現代化的脈動；欣賞「東方明珠塔」的建築設計之美，看十一個高低錯落的大大小小的球體從天而落，光彩奪目，渾然天成；在新老店鋪交錯林立的「南京路徒步區」散步，感受摩肩擦踵的熱鬧氣氛；《夜上海》裡說：「酒吧在上海已成了一種文化的象徵。一種西化生活的象徵，一種看上去隨意實乃精心雕琢的別樣的生活。這種別樣的生活正是那些敏感、精緻、充滿幻想的年輕人尋夢的所在和展現自我魅力的舞臺。」那麼就前往「酒吧一條街」去淺酌一杯，讓現場音樂震撼一下吧！

　　到「老城隍廟」品嘗地方小吃，令人食指大動的除了松雲樓的八寶飯、松月樓的素菜包，還有綠波廊的點心，桂花廳的鴿蛋圓子，都讓人唇齒留香；「豫園」的現代化商城，外形卻是仿明清的江南古建築，飛簷翹角、雕樑畫棟，內洋外古的風格，卻有一種包容的和諧。

　　講到「內洋外古」，得特別介紹的是上海的新地標——「新天地」，是個具有上海歷史文化風貌的旅遊景點。未經開發前，這裡只是擁有近一個世紀歷史標誌的「石庫門」的里弄建築，經過改造後的老房子，外表保留了當年「石庫門」的屋瓦磚牆，而建築內部，則為現代二十一世紀都市人的需求所打造，成為具國

際水準的主題餐廳、咖啡酒吧、精品時裝、國際畫廊等多功能時尚、休閒與文化娛樂中心。

拜訪「新天地」，最好白天和晚上都要來一趟。因為一樣是風情萬種，卻風味截然不同，我特別喜歡白天「石庫門」弄堂，這讓我想起王安憶《長恨歌》裡的王琦瑤，她從四十年代末到八十年代中期，伴隨著上海半個世紀以來的風雨滄桑，她參加選美，代表弄堂裡的小人物希望能夠出頭的夢想，但又在自己無力掌握時代的轉變中隨波逐流，樂觀務實，世故堅韌，總是想辦法要把日子在有限的能力中，過得有滋有味，因此，我們可以從小說文本，見到作者賦予人物優雅的生活情趣描寫，當然，也見到作者有意把她堅韌頑強的性格，利用其生命張力去表現，當作上海精神的代表，並藉著她延續上海獨特的城市傳統。

在《長恨歌》開頭，作者是這樣描述上海的：「站在一個至高點看上海，弄堂是壯觀的景象。它是這城市背景一樣的東西，街道和樓房凸現在它之上，是一些點和線。而這是中國畫中被稱為皴法的那類筆觸，是將空白填滿的。當天黑下來，燈亮起來的時分，在那光後面，大片大片的暗，便是上海的弄堂了……上海幾點幾線的光，全是叫那暗托住的，一拖便是幾十年。這東方巴黎的璀璨，是以那暗作底鋪陳開，一鋪便是幾十年。」在深遠幽暗的弄堂裡藏匿著時間大浪的潮起潮落的痕跡，生活在弄堂裡的人，也在隨波逐流中找尋靈魂安置之所。

「弄堂」與上海深層群體的象徵蘊涵著人們尋常生活的印象，是兼具感性與理性的，是整個上海最真實和開放的空間，人

們在這裡可感可知、實實在在地活著。

王安憶曾在〈文革軼事〉裡，這樣描述上海的尋常生活：「這裡的每一件事情都是那樣富於情調，富於人生的涵義：一盤切成細絲的蘿蔔絲，再放上一撮蔥的細末，澆上一勺熱油，便有輕而熱烈的聲響啦啦啦地升起。即便是一塊最粗俗的紅腐乳，都要撒上白糖，滴上麻油。油條是剪碎在細瓷碗裡，有調稀的花生醬作佐料。它把人生的日常需求雕琢到精緻的極處，使它變成一個藝術。……上海的生活就是這樣將人生、藝術、修養全都日常化，具體化，它籠罩了你，使你走不出去。」

上海啊！妳真是值得了啊！妳值得細摹雕繪，不論是得意與失意的妳；男女曖昧、欲道還休、獨有風華的妳；淮海路的典雅、法國梧桐高聳的妳；浮光掠影、品味交織建構的妳，都恆久訴說著妳在大時代底下的層層推移的風華與轉變。

王安憶在「尋找上海」，我也在她筆下找尋張愛玲的上海。

我在2002年8月，在上海這個大都市的迷人之夜，賞著皎潔的月亮，期待在這個屬於中國人的世紀，一切只會越來越往雙贏的路上走。

第三節　　"FIVE" NIGHTS IN BEIJING

遊過北京，再聽陳昇的 "ONE NIGHT IN BEIJING" 心中百感交集，五味雜陳。

　　2006年4月，趕在北京奧運前出發到北京，想看看處於傳統與現代的翹翹板的北京城。

　　從機場前往北京市區，通過充滿中國牌樓古色古香的收費站後，進入市區，一路見到到處都是建築工地，巨型的挖土機、起重機像是沸沸揚揚地要把古都北京帶往現代化，她的新舊交雜的城市矛盾，也藉由四通八達的交通網絡展現了出來。

　　走在北京街頭「文明衛生街」、「文明樣板路」、「文明商號」，連公車也掛上「文明」兩個字，刻意要提醒著「文明」，可是有些人對於交通號誌的視而不見，卻突顯了不文明，很佩服北京人有他們自己心中的紅綠燈。站在十字路口，我們好似也像北京在舊文化與新社會間掙扎。入境隨俗吧！跟著他們以其「文明」方式一起過馬路，不然只能躊躇無法向前。

　　拜訪北京這樣一個歷史文化底蘊的城市，面對每個名勝古蹟都懷著虔誠的敬意。

　　「故宮」，也就是「紫禁城」，是世界上規模最大的宮殿建築。竣工至今已有五百七十年的歷史，是明、清兩代二十四個皇帝的皇宮，代表的是我國古代建築、文化和藝術的精華——黃琉

璃瓦頂、青白石底座、金碧輝煌的彩畫。

我們從正門──「午門」進入,這是明皇帝用「廷杖」處罰大臣的所在。民間傳說或電視劇演的所謂的「推出午門斬首」,並不是這個午門,指的是城西的菜市口。古代的菜市口就像現在的菜市場,犯人在群眾聚集的熱鬧之處接受處斬,對百姓具有實際的懲戒作用。

過去總在古裝宮廷戲中見到的雄偉場景,如今親見這個古代皇帝君臨天下之處,更教人有著對歷史的動容。宮裡的外朝和內廷的建築皆為左右對稱,井然有序。在故宮九千九百九十九間的房屋中,都是木造建築,為防萬一發生火災,這些易燃結構一發不可收拾,所以,單單宮中大大小小用以儲水的銅鐵缸就有三百零八個。

經過「乾清門」,我特別數了大門上的銅門釘,果然不管橫的、豎的都是九顆,九取其「久」的諧音,象徵著國運昌隆長久,這跟大臣每天早朝對皇帝祝賀「萬歲、萬萬歲」互為呼應。走到「養心殿」想像慈禧曾在此垂簾聽政,而如今歷史對這位太后老佛爺的是非議論,不知是不是她所能承受之重!

走到天安門城樓,正中央巨幅的毛澤東像,把大陸同胞口中的毛主席神化到極致。過了長安街,站在位於北京市正中心的天安門廣場,這個號稱全世界最大的城中廣場,南北長八百八十米、東西寬五百米,總面積四十四萬平方米,可以同時容納一百萬人集會,歷史上有名的1928年的「五四運動」和1989年的「天安門運動」就是在這個舞台上演,站在廣場中央環顧四周,「人

民英雄紀念碑」、「中國博物館」和「人民大會堂」氣勢恢弘，只是這天的天氣灰濛濛的，和方才紫禁城繽紛多彩的顏色相較，感覺有一點哀悽，我想，所以讓我感到憂傷的應該是曾在這個廣場為爭取自由，而犧牲的革命者吧！

🕊　　🕊　　🕊

　　遊北京要有足夠的腳力，不過慰勞自己的，「全聚德」的烤鴨是最能滿足五臟廟的。有人說：「到北京，兩件事，遊長城，吃烤鴨。」而吃烤鴨若不去全聚德，實在對不起自己！

　　身著白色廚師制服、戴著口罩的師父推出推車上有棗紅色剛烤好的鴨子，我們的烤鴨在千呼萬喚始出來，剛烤出的鴨子皮質酥脆，油光潤澤，真的！我第一次體會所謂的「垂涎三尺」。師父現場為顧客一片片切下鴨肉，刀工專業，每一片鴨肉有肥有瘦。懷著誠敬的心，拿起荷葉餅，放入蔥絲，沾上甜麵醬，滿足地咀嚼著每一口的好滋味，這才叫回味不盡的「慢食」滋味。我對旁邊兩位吃素的團友姐妹說：「謝謝妳們吃素，讓我們可以多吃一點。」她們說：「正好有緣同桌嘛！」我玩笑說：「其實是昨天在東來順吃涮羊肉時，知道妳們吃素，所以，今天很熱絡地趕快把妳們拉到我們這一桌！」全桌的人都笑得開懷。

🕊　　🕊　　🕊

2007年7月，中國的「萬里長城」又被票選為「新世界七大人工奇景」之一，身為中國人實在感到驕傲。還沒踏上長城，我已經興奮不已了。八達嶺長城是北京長城的最高點，是北京修復得最好、開放最早的長城。他的雄偉在我們搭乘纜車到達第四個烽火臺下車時便得以見識，長城蜿蜒起伏，隨著山巒重疊，如神龍盤踞，形勢險要，可以想見其為歷來兵家必爭之地，

　　高大堅固的主要城牆沿線都有烽火臺，每五里到十里就有一臺，一旦發現敵軍動靜，白天就可點燃狼煙，晚上則可以點火，求的是能夠迅速將敵情上報。

　　歷代修築長城的人力來源有三：軍隊的徵召、被迫從事勞役的民伕，還有罪犯。為了能趕上施工進度，監工者時常對徵夫動粗，據說打出來的效果是：三千人能在六百天完成三公里長的城牆。然而這樣一座歷史豐碑的工程何其艱鉅，死傷人數更是難以計數，有一種可怕的說法說：「修萬里城，築萬里人。」因為曾有人在殘破城牆內見到露出的骸骨，那是死掉的征夫，就被直接砌入牆內的鐵證。且不管這樣的傳聞是真是假，可以肯定的是，長城在歷史留下了不可磨滅的印記。

　　體力不好的人，攀爬這一段長城，可能會十分吃力，因為有的石階高達四十公分，而且必須連續爬上一百多階，到最後幾乎是要手腳並用才上得去的，那是一個相當難得的攀爬經驗，而且爬上去後，親眼見到這條巨龍，真只有「感動」兩個字可以形容。毛澤東在長征時說：「不到長城非好漢。」這句名言立在長城的石碑上。對了！別擔心找不到那石碑，因為總有一堆人在成

為好漢後，排隊等著和它合照。

北京的近郊除了「長城」外，「十三陵」也是必遊之處，它是世界上埋葬最多黃帝的墓葬群，陵墓依山面水而建，是看過風水的。計有明代皇帝十三位、二十三位皇后、嬪妃、太子和陪葬宮女。深宮閨怨多少愁，多少英雄最終只廢丘啊！

晚飯後，為了慰勞我們雙腳的辛勞，我們「打的」去找按摩院。在車上我們和師傅閒聊，我說：「北京這幾年這麼發展，您生意應該不錯吧！」師傅抱怨進步是進步，但是底層人民的生活還是艱苦，他嘆了一口氣說：「我就像老舍小說裡的祥子，不過他拉的是人力車，我開的上，都是老闆的，替人家打工。幾年前，我也是從內地到北京賺錢吃飯的青年人，努力工作，不過就想和祥子一樣有一輛自己的車，可是天不從人願……」他老兄話匣子一開，開始講述他和《駱駝祥子》裡的祥子「三起三落」的慘痛遭遇。天啊！這師傅也太有學問了吧！我心想，師傅有那麼深的感觸，會不會家中也有一位像《駱駝祥子》裡的瞧不起他的「虎妞」老婆？不過，師傅的一番話真是說出了城市勞動階層不堪的悲劇境況。下車時，我讓他留下了零錢，並祝福他早日擁有自己的車，他說，他很幸運遇上的臺灣客人都很不錯：「給小費很大方唄！」

北京所有的景點都只能以「大」字形容。「故宮」已經夠大了，「天壇」又有「故宮」的兩倍大。北京城在城南、城北、城東和城西，有分別祭祀天、地、日、月的四個壇，「天壇」是四個壇之首。「天壇」的「回音壁」讓我印象深刻，具有神奇的迴音效果，因為圍牆牆體堅硬光滑，有助於聲波的連續反射。我們一個站東，一個站西，對著牆說話，把耳朵貼近牆，問答的聲音都能清晰傳播，相當有意思。

　　而在「頤和園」中令我印象最深刻的是「仁壽殿」殿前有一對青銅鑄造的龍鳳，自古以來「龍」代表黃帝，「鳳」代表皇后，「龍」居中，「鳳」靠邊，可是慈禧顛覆傳統，她要凌駕於帝王之上，所以見到她把「鳳」擺在上，「龍」則在下。

　　這座清代的皇家花園和行宮其古典園林規模宏偉，難以用筆墨形容，單是全長七百二十八公尺的長廊每根木枋上所繪製的蘇州彩畫，共計一萬四千多幅，有人物、花鳥、山水、歷史故事……每一個落筆都是藝術啊！雖然我們走在人山人海的擁擠長廊中，但清風徐來，所有的感覺都打開了！真不愧這條長廊曾於1990年被金氏世界紀錄評為全球畫廊之冠。

　　關於「大」的，還有「恭王府」，「恭王府」不僅「大」還展現其主人的窮奢極欲。它曾是清朝鼎鼎有名的貪官和珅的宅邸。總面積為一百多畝，相當於中山公園，1996年10月起開放的僅是佔地九畝的後花園，然其規模已經令人嘆為觀止。

　　所謂「和珅跌倒，嘉慶吃飽」這話真在參觀了「恭王府」的後花園後得到應證。嘉慶在乾隆歸天的隔日褫奪了和珅的職務，

並抄了家，估算其財產約值白銀八億二千萬兩，相當於國庫十幾年的總收入，有人算過應該可以超越香港首富李嘉誠。

從「恭王府」的這座豪宅，可以想見和珅當年的春風得意，驕橫無比。園中的結構造景表現出有恃無恐的傲氣。

和珅的「藏寶閣」是約五十米長的樓房，有一排每一扇窗戶的造型都不一樣，那是和珅為了方便分類他貪污或營私來的金銀珠寶。

和珅常常廣邀官員、好友到府中飲酒作樂，便學古人「流觴」，在地上小水溝中放上酒杯順著水流，酒杯停在哪個人面前，那個人就要吟詩作對，若作不了詩，就要罰三杯酒。這個亭子叫「水壽亭」，因為這條小水溝橫著看像「水」字，直的看像「壽」字。

對一個富豪來說，高檔的音響器材不過是基本款！和珅最愛在「戲樓」看戲，據說當年在建造這座戲樓時，在地底下埋了八口裝滿水的水缸，為的是利用其反射與折射的原理，獲得最好的擴音效果，這座戲樓算是中國歷代以來唯一不用擴音設備的室內戲樓。

在花園中還有一枚奇石——正面看來像鯉魚，象徵富貴有餘；反面看像觀音抱子，有求子之意。據說原本膝下無子的和珅在重金購獲此石後，正室即為他產下一子，這個兒子後來娶了乾隆最疼愛的小女兒。因此，可以想見地位扶搖直上的和珅的猖狂。

花園中竹形的屋簷及桅柱表示官運「節節高升」；我們走上「步步高升坡」，只有最前面有兩個階梯，表示和珅在二十歲之

前家境清貧窮苦；而後的長廊再沒有階梯，一路平坦，表示從此
「平步青雲」、「步步高升」。

關於和珅之所以可以在短短幾年中得到乾隆皇的寵愛步步高
升，我曾讀過一段野史的記載，說是兩人有前世因緣：乾隆皇還
是太子時，有一次進宮，見到父王雍正的妃子正對著鏡子梳頭，
乾隆想和她開玩笑，便從後面用雙手搗住了妃子的眼睛，妃子不
知是誰竟敢如此無禮，拿起梳子往後打了一下，乾隆的額頭受了
傷。乾隆的母后小題大作，說是妃子調戲太子，將她賜帛自盡。
愧疚的乾隆趕去要搶救妃子時，已經來不及了，於是就用硃砂在
妃子的頸上點了一下，並對她說：「都是我害了妳，如果妳地下
有知，二十年後，再來找我相聚。」

乾隆登基後，有一天要出巡，倉促間找不到出行要用的黃羅
傘，被問罪的正是和珅，乾隆見他儀度俊雅，相當眼熟，便留他
入宮侍駕，後來，乾隆越覺得他像極了當年冤死的妃子，又他的
頸子上正好有一個紅色胎記；再問他的年齡，巧的是與那個妃子
死去的時間相合，都是二十五。乾隆一心認定和珅就是那冤死的
妃子化身，於是對和珅關愛、袒護有加。

除了上述的傳聞外，和珅懂得迎合奉承、善於揣摩人心，還
有他的聰明機智也是過人的，難怪乾隆皇對他寵幸萬分。

嘉慶登基後判處和珅十個死罪，其中最大的死罪是他把康熙
皇帝當年為了替生病的孝莊老太后祈福，在天壇所寫下的「福」
字拓在石碑上，且用盡心機地留在恭王府的假山下，連後來周恩
來去視察這個福字碑，想要把這國寶級的古蹟交由國家文化局保

護，都沒有辦法取走。

「恭王府」裡的假山，是由一種天然珍貴的石頭堆砌成的，這種石頭遇水容易長青苔，和珅在假山上放了兩口缸，缸底有管子通到假山上，他常要下人經由缸中灌水，後來假山上長滿了青苔，遮蓋了「福字碑」。嘉慶帝找遍整座花園也找不到。其實就算嘉慶帝找到了也取不走，因為福字碑被兩隻天然的龍形石頭（說是「雙龍搶珠」）鎮在石頭假山之下，「龍」象徵著天子，嘉慶帝總不會為了要拿回先帝的墨寶，而去拆了雙龍。

和珅的聰明絕頂還不止於此。

當周恩來召集學者專家想方設法要在不拆掉雙龍的情況下取出福字碑，後來終於想出可以直接從下方往上挖石取出。但後來學者們竟發現，整座石頭假山其實是「壽」字的造型，而福字碑正是『壽』字筆劃中的最後那一點──「、」，想當然，任誰也不敢率性地把代表國運昌隆的「壽」字給拆解。

於是，到目前為止這個「福字碑」還繼續留在假山底下。

康熙皇帝酷愛書法，但經考證發現流傳下來的墨寶僅有兩幅，不過才三個字，一是故宮「交泰殿」的「無為」二字，二是在恭王府中的「福」字。這次北京遊，正好見到康熙皇帝的「三」字千金。

上海有「弄堂」，北京有「胡同」，都是特有的古老的城市小巷。比較完整的胡同群在後海附近，載客的三輪車就像臺灣的排班計程車相當有秩序。我們很幸運遇上很會解說當地景點歷史的車夫，他說起胡同的命名也是有其學問的，有以市場命名，如珠寶胡同；有以人名命名，如文天祥丞相胡同；還有「教子」胡同，我想這個胡同的女主人應該是像孟母型的嚴格母親吧！搭三輪車遊胡同的好處是，可以在很短的時間見到該區胡同的歷史痕跡，也不用擔心會在迷宮的胡同中迷路，因為有的大胡同中，又套著小胡同。我們的車夫真厲害，在胡同裡左拐右拐穿梭其間，最後居然又從原來出發處不遠的地方轉了出來。對於服務不錯的車夫，別忘了多給一點小費喔！車夫用力揮著他粗壯的手臂說：「這裏的胡同是受到保護的，政府承諾決不會拆。因為如果拆了，北京就不是北京了。有機會還要到北京來喔！」

　　　　❯　　　❯　　　❯

　　我喜歡有歷史文化的地方，這也是我喜歡北京的原因，俯拾皆是說不完的故事，像是走入時光隧道，在老舍茶館、魯迅故居或者是孔乙己酒樓，和我精神交流過的作家，我讀過的小說人物都穿越時空和我相遇。

　　這趟旅行除了滿滿的回憶，帶回家的還有增加的體重，因為這裏的美食實在令人難以抗拒，不管是北海仿膳「滿漢全席」的宮廷菜餚、王府井的北京小吃、晚上到燈紅酒綠的三里屯酒吧街

喝個小酒，還是路旁人行道上霓虹燈閃著「串」字，就可以吃到新疆回民的美味羊肉烤串，再配上當地的燕京啤酒，都是大快朵頤啊！

原載於《今日生活》，2008年12月，第390期。

第四節　石垣、那霸優質限定

麗星郵輪「大枰星號」在清晨的藍天碧海中抵達日本的石垣島。日本人拼觀光的用心從八個海關人員帶著筆記型電腦、相機、指紋辨識器直接上船服務，方便旅客快速通關可以見得。這樣的貼心，給人留下了美好的第一印象。

石垣島是全日本最南端的城市，是個相當有意思的小島，你可以選擇到海岸線——米原海濱和川平灣，從事水上活動，在海邊感受南國情調；或者展開懷舊步道，讓時光往回走的流轉，找尋歷史的追憶——石垣地標「730交差點」、「八重山博物館」、「公設市場」乾淨到你會懷疑地拿起地圖確定沒有走錯地方、莊嚴的「宮良殿內」、「桃林寺」裡有和人一樣高的人王像、「權現堂」是琉球王朝時王府的所在地，也是國家保護的古蹟，還有「石垣氏庭園」以及「世界平和鐘」公園；你也可以純粹大啖美食，享受口腹之慾，先到「公設市場」買一盒1000元日幣的生魚片當場大快朵頤，或者找一家石垣牛專賣店，悠閒地享受平價又

正統的牛排，當然「泡盛」酒是不可或缺的主角，以泰國純米為原料，再使用傳統獨特的製法釀造，酒精濃度10％～45％都有，是值得嘗試的好酒。

美崎町是石垣市最繁榮熱鬧之處，我們信步至此，看看時間才十點鐘，這時才慢慢有店家準備開門做生意，此刻的美崎町像是尚未甦醒的清純少女。可惜下午遊輪就要出航，必須趕回船上，否則若有機會留下來，我可以想像晚上的美崎町一定換裝成豔麗的卡門，舞動挑逗著每顆蠢蠢欲動，渴望解放的心。

這裡路上可見的四輪房車都是迷你型的，可愛極了，一方面配合石垣「小」而美的特色，另一方面也做到節能減碳。特別值得一提的是，途經店家門口見到擺著一袋袋用「透明」塑膠袋裝著的垃圾，這些垃圾都資源回收分類好了，而且是潔淨到讓你定睛質疑？若不是垃圾車的清潔人員沿路下車把它們收走，你可能無法肯定，那就是垃圾。

隔天，郵輪停靠在那霸，我們循著地圖，健走往心臟中心「國際通」方向去，這個被稱為「奇蹟的一英哩」的那霸，果然名不虛傳，你很難想像在這條集合娛樂、百貨、餐廳、商店的五光十射的大街，是在第二次大戰後一片廢墟中重建起來的。

走在街上，到處可見和石垣街頭一樣的各種造型的八重獅子，他的趨吉除魔的作用就像是金門的風獅爺與澎湖的石敢當一樣。獅子通常是成雙成對的，在T字路口的石敢當除了提醒車輛行人前方禁止通行，還有把妖魔鬼怪阻擋在外的作用；而在家門口居右閉口的母獅負責守財和捍衛家園，而居左開口的公獅則擔任

迎福和驅邪的要務。

　　八重獅子被製作成各種商品販賣，面具、吊飾、抱枕、杯子、擺飾、圖畫等，有表情嚴肅的，有可愛搞笑的，五顏六色，喜氣繽紛，見到他們好像就已招來好運。

　　如果有人問我對石垣和那霸最深刻的印象？我想，我的答案是：和善純樸、笑容滿面的當地人。我到過東京、大阪和北海道，不過我發現石垣和那霸的當地人真是太具親和力了，和本島的日本人有所差異。

　　在那霸經過一家機車行，有兩輛重型機車展示在門口，因為這裡的重機有兩個前輪，十分特別，所以，我站在重機前面準備和它合照，突然，有個中年男子推門走出來，我們以為他是來制止我們拍照，沒想到他笑盈盈地表示我們可以坐上重機拍照！

　　逛進那霸的超級市場想買飲料，結果在食物區看中了炸得晶亮的豬排和可樂餅，後來，在飲料區見到超小瓶的養樂多有促銷活動，原來你只要拿起旁邊的透明塑膠袋，看你有辦法裝幾瓶，你就可以帶走幾瓶，價錢是278日幣。我們努力地把養樂多一瓶瓶往裡塞，還一邊討論著是不是應該要留住塑膠袋的開口？這時，一旁的工作人員，主動過來幫我們重新塞，又塞進了更多瓶，而且連開口都沒留，後來算一算共有二十八瓶！

　　我們逛進「市場中央通」，當我的另一半正在幫我拍照留念時，市場裡正好走過來一個還圍著白色大圍裙的高大「屠夫」，主動說要幫我們合照，還建議要把「那霸市第一牧志公設市場」

的招牌拍進去。

　　如果你要感受不同的日本，石垣和那霸絕對是你的優質限定。

　　　　　本文獲2008年「就是愛岔路」徵文比賽「佳作」。

第五節　伊斯坦堡的城市魅力

　　1990年，我21歲，從第一次出國到歐洲自助旅行起就對歐洲上了癮，2012年寒假要前往匈牙利集結我的歐洲拼圖。

　　2000年夏天，到土耳其旅遊時，是個還沒有數位相機的時代，跟著團探索土耳其幾個世界遺產，可惜的是沒有時間細心咀嚼伊斯坦堡。這次搭乘土耳其航空飛往歐洲，飛機在伊斯坦堡轉機，便決定在伊斯坦堡待四天，專心拜訪當年沒有去過的歐洲區，認真彩繪這個地處中東、橫跨歐亞的古老城市的冬天。

　　我的姐妹淘Ping，是個擁有導遊證的英文老師，她透過Airbnb訂到了適合背包客的旅店，這是一個提供世界各地的人將其閒置的公寓房間、船屋甚至是特色樹屋短期出租的網站。Ping找到了一家在市中心的公寓房間，交通相當便利。還沒出發前就在網站上看到我們即將入住的房間，令我萬分期待。

　　在長途的航行中，很難想像可以藉由色香味俱全的餐點紓解疲勞、消磨時間，從沙拉輕食、主餐到甜點，每一口都能讓人感受到廚師的誠意，讓我從食物的感動中，更加肯定土耳其食物所

以能夠被譽為世界三大美食。據說土耳其航空為了確保乘客享用最美味的食物，他們的空中廚房可是全年24小時都在運作的。飛機降落後，站在機艙門口送別旅客的，除了空姐外，最吸睛的就是戴著高帽、身著廚師服的「空中廚師」了，他們是特別上機服務商務、頭等艙的客人的。

抵達土耳其Ataturk國際機場約早上七點，搭巴士到市區只要45分鐘。下了車後，我們循著地圖找路，當我們站在十字路口猶豫方向時，好心的掃街夫主動過來關心，此時又來了一位西裝筆挺的上班族也來詢問我們地址，接著西裝筆挺男指向右邊，並告訴掃街夫說他跟我們指引方向就好，示意他去完成他的工作，可是掃街夫還是比手畫腳指出他認為是往左邊方向，這兩人說著我們聽不懂的話，但我們卻知道他們是意見不同起了爭執。我和Ping說：可不要又打起來了。13年前我們幾個姊妹淘跟團玩時，就是為了買蘋果茶，兩邊商家為了搶客人大吵，場面有點火爆。後來，有點惱怒的西裝筆挺男可能趕著上班，就叫我們聽掃街夫的就好，便悻悻然地離去了。其實我想他倆指的方向應該都沒錯，只是伊斯坦堡整個城沒有平地都是丘陵高低起伏，要指引一個小巷的地址，實在不容易，只能說兩人各有各的「出發」點。

順利找到地址後，因為跟民宿主人約好九點拿鑰匙。於是，決定先跟著當地人進到最多人光顧的餐廳，開始我們在伊斯坦堡的第一餐土耳其傳統早餐。其實他們的傳統早餐就像我們的烙餅，有甜有鹹。甜的就是在表面灑上厚厚的糖粉；鹹的就是可以加肉末或起司。飲料則是蘋果茶和土耳其咖啡。

到伊斯坦堡觀光的人越來越多，所以 Airbnb也愈來愈盛行，但是這種民宿麻煩的就是多數是舊公寓整修，所以，大多是沒有電梯的，我們兩個女子必須自己抬行李，至此就發現家裡男人的好處了。

特色地標：加拉達橋與加拉達塔

自助行最大的好處就是隨興，我們悠閒地往橫跨在金角灣河口的「加拉達橋」走去，這座橋最有名的就是可以見到在橋上拿著魚竿悠閒著在釣魚的男人，可用盛況空前形容，特殊的景觀已經成為觀光客拍照的重點。居然還有個腰際上還掛著手銬的警察正在甩釣竿，想必是下班了還來不及回家換下制服就來參與盛會了。

過橋後還會見到三艘停在碼頭邊相當有造型的「餐廳船」，船上的服務生會把客人點好的魚堡或海鮮三明治之類的一個個遞給岸上的服務生，然後再送到客人手上。這時用餐已不僅僅是食物，還包括了創意的有趣噱頭了。

位於伊斯坦堡加拉達區的「加拉達塔」，是一座中世紀的石塔，每一塊堆疊成塔的石頭可都是歷史悠久的。塔高9層的「加拉達塔」是伊斯坦堡最引人注目的標誌性建築之一。

搭電梯上到塔頂的景觀台，沿著圓塔外圍的欄杆走一圈，正好可以360度細細品味伊斯坦堡這座城，還有連接著歐亞的博斯普魯斯海峽的壯觀。當然，如果你被風吹到受不了了，可以進到景觀餐廳找一個靠窗的位置坐下來點一壺熱茶或咖啡暖暖身子。我

預約幸福——乘著文學去旅行

們點了最便宜的茶，價錢平易近人只要6里拉，不到100台幣，物超所值。餐廳每一扇窗戶看出去的景色都不同，每個窗口都像一幅畫喔！相信如果有機會再這裡用晚餐、看傳統的土耳其舞蹈、欣賞夜景一定也是特別的體驗。

曾經風華絕代的托卡比皇宮

托卡比皇宮，從1465年至1853年，是奧圖曼帝國蘇丹在城內的官邸與住所。1853年，當時的蘇丹把皇宮遷到博斯普魯斯海峽附近的新落成的宮廷——朵瑪巴切皇宮。

十七世紀托卡比皇宮的地位下降，目前皇宮博物館由文化旅遊部管理，所以觀光客可以在部分開放參觀處遊覽，充分欣賞這座奧斯曼建築的代表作——瓷器、官服、武器、盾牌、盔甲、壁畫、珠寶。在所有的展物中，最有名的珠寶就是三顆寶石的匕首，這個匕首原本是蘇丹派外交使節要送給伊朗的國王，後來伊朗國王不幸被刺死，寶物才得以留存。

而宮廷御膳房有一部分興建於十五世紀，是托卡比皇宮的一個重要特色。在蘇里曼時代得到擴建，但於1574年被焚毀。後來，宮廷建築師錫南將之重建，重新構劃其設計，加建了兩排二十座的煙囪。現在的宮廷御膳房除了展示廚具外，還展示一些貢品、廚具收藏品，特別的有中國的藍白、青色瓷器。

皇宮入口被稱為閱兵院的「第一庭院」，是當時賓客須要前往崇敬門及第二庭院的路，所有的禁衛軍會盛裝列隊在路旁等候

賓客，而賓客必須在進入「第二庭院」中間門的入口——「崇敬門」之前就必須下馬，因為這個門只有蘇丹可以騎馬通過。「第二庭院」，是蘇丹進行審判、會見賓客的所在。

當時的建築除了其型態與建材特色外，還有其功能。就像蘇里曼一世在一棟建築靠近門口處加建了一個小水泉，其作用有二：一是用於清洗；二是，其流水聲能阻礙蘇丹與他人的秘密談話被竊聽；而在皇宮內可以見到很多格子的窗戶，其用意在於確保蘇丹及其家人在皇宮內享有其私穩與自由，據說皇宮內還有不少秘密通道也是為了達到此目的的。

要參觀後宮是要額外付費的。我覺得最有意思的是他們的後宮也有爭奪，但蘇丹並不先立皇后，而是看那個妃子先產下兒子，她就能成為皇后。當然，為免後宮淫亂，當時服侍妃子的都是埃及來的努比亞黑人，萬一妃子產下黑皮膚的小孩，就可知其不貞。

佩拉宮酒店（Pera Palas Hotel）：《東方快車謀殺案》

1876年，Georges Nagelmackers為了效法George Mortimer Pullman在美國創立的豪華臥鋪列車而創立公司，準備實現從巴黎貫通到伊斯坦堡的豪華列車服務的夢想。1883年10月4日，第一列「東方快車」從巴黎開出，然需舟車勞頓經過幾個國家，最後轉船才能到達伊斯坦堡。終於在1889年6月，直通伊斯坦堡的鐵路完工了。

佩拉宮酒店（Pera Palas Hotel），是土耳其的第一個豪華酒店，這間酒店的開幕主要就是為了迎接搭乘巴黎到伊斯坦堡的「東方快車」上的富豪貴賓。

歷史悠久的佩拉宮酒店，所以名聞遐邇是因為曾有很多名人入住，像是土耳其的國父凱末爾、奧匈帝皇國王Franz Joseph、英王愛德華八世、海明威，還有《東方快車謀殺案》的作者阿嘉莎‧克莉絲蒂。

有過一段婚姻的阿嘉莎‧克莉絲蒂，在第一次世界大戰期間，前後在醫院和藥房工作，這段經歷寫進了她的日後創作——受害人多是被毒藥毒殺的謀殺案中。

1930年，克莉絲蒂嫁給了信奉天主教，比她年輕14年的考古學家——馬洛溫爵士（Sir Max Mallowan），之後，隨夫遠遊，在旅行中獲得了不少靈感。她在伊斯坦堡時就是下榻佩拉宮酒店，在酒店的房間裡完成1934年出版的《東方快車謀殺案》。現在，酒店還特別把當年克莉絲蒂入住過的房間，改成她專屬的紀念館。

2010年9月1日，佩拉宮酒店經過整修後，重新開幕，兩年的整修工程還原了115間客房，其中包括曾經光臨的最為傑出的16位名人命名的16套客房。

我們循著地圖找到了佩拉宮酒店，便被她新古典主義和東方建築風格的外觀所吸引。我跟Ping說，進去參觀吧！Ping懷疑可以嗎？我說怎麼不行？Ping說：「妳比較厚臉皮，妳去試。」我真的是比較厚臉皮，人生很多機會都是爭取來的，碰壁被拒絕就回頭，不試怎知道有沒有意外的機會和收穫。

我輕推開門問服務生可否參觀？男伺者立刻打開門迎接說
"Of Couse."

經過大門口的金屬探測器檢查包包後，我們就順利進去了。
沒想到所有服務人員笑容可掬地迎接導覽我們參觀的方向，還跟
我們詳細介紹酒店的鎮店之寶——古董電梯——說是全土耳其第
一座電梯，全歐僅次於艾菲爾鐵塔的第二座電梯。

已經過了下午茶接近晚餐的時間，否則若能在這裡的Kubbeli
餐廳享用融合了法國、義大利和土耳其美食的甜點，聽著現場鋼
琴彈奏，同時穿越時空想像阿嘉莎・克莉絲蒂也曾在這裡喝著咖
啡構思靈感……。

到清真寺找尋寧靜

到伊斯坦堡一定要去清真寺走走，可以預留充分的時間入境
隨俗脫下鞋子、包起頭巾進到寺裡，學當地人在寺裡坐下，找尋
片刻的內心的純淨。

高大雄偉的圓頂，是呼應「聖索菲亞大教堂」有一千五百年
悠久歷史的重要標誌。大教堂原是以一個叫「索菲亞」的聖人命
名，因此就命名為「聖索菲亞」，這個詞在希臘語的意思指的是
「上帝智慧」。奧圖曼土耳其人在1453年征服君士坦丁堡，蘇丹
穆罕默德二世下令將大教堂轉變為「清真寺」。

與「聖索菲亞大教堂」相互媲美的是「蘇丹艾哈邁德清真
寺」，是土耳其的國家清真寺，因為室內磚塊所用的顏色是藍

色，所以又被稱為「藍色清真寺」。

　　藍色清真寺的設計是參照了鄰居聖索菲亞大教堂的拜占庭特色，還加入傳統的伊斯蘭建築，所以等於是結合了奧圖曼建築和拜占庭教堂兩個世紀以來的精粹，被視為奧圖曼建築古典時期最後一個大型的清真寺建築。

　　清真寺的庭院，只有蘇丹才可以騎著馬進入，庭院的出入口上方繫有一條鐵鏈，蘇丹必須低頭才能進入庭院，這個象徵性的動作是要讓統治者在神聖的清真寺面前也必須表現出謙卑。

　　旅遊書上還介紹了　個小巧玲瓏的「魯斯坦帕夏清真寺」，這座清真寺很不容易找，因為位於艾米諾努區的草墊織工市場（Hasırcılar Çarşısı）內，我們還是問了幾個攤商才找到這座小型的奧圖曼清真寺。

　　這座清真寺是蘇里曼大帝送給他的女婿的，建造工程始於1561年，兩年後完工。這座清真寺有別於其他的清真寺是因為寺內有大量繪有美麗的花卉和幾何圖案的精美瓷磚，此乃值得參觀的最大原因。但別以為這座活潑的清真寺就少了莊嚴肅穆之氣，她在平易近人之外，還是會讓人不自覺在進入寺內馬上沉澱心靈的。

　　還有「蘇里曼清真寺」（Süleymaniye Camii），是蘇里曼一世下令在1550年至1557年極短的七年時間內建造完工的。這座清真寺在山丘上，不論是遠觀或是親近他的整個建築群，都可以感受到不同的生命溫度，而且當時設計時還用了特別的建築方案，把「肅穆」的山丘和普羅大眾生活的街巷結合在一起。

當時強盛的蘇里曼一世為了展現他的國力，在東南歐、麥加、大馬士革、耶路撒冷、巴格達等地建造了許多座大型公共建築，但蘇里曼清真寺是所有建築工程中最龐大的。她的主拱頂的繪畫是19世紀畫的，屬於奧圖曼巴洛克風格，最特別的是，清真寺裡的窗戶使用130種不同顏色的玻璃，拼成絕妙的書法。

那時蘇里曼每星期都現身到這座帝國清真寺來做禮拜，一方面宣示威力，一方面也通過施捨建立蘇丹與人民之間的關係。

體驗體耳其浴

有千年歷史的土耳其浴起源於古羅馬時期羅馬人的洗浴習慣。當時的公共洗浴就已包括冷水、熱水以及蒸氣浴的步驟。到了土耳其人攻佔了東羅馬帝國的君士坦丁堡後，也將古羅馬人的洗浴習慣延續下來，並且逐步改良為具有特色的土耳其浴。奧圖曼帝國的蘇丹王更是熱衷於洗土耳其浴，因此善加利用土耳其境內豐富的溫泉資源，並大肆興建豪華的浴場以及龐大的公共浴場給人民使用。

在舊城蘇里曼清真寺附近的 "Cemberlitas" 是伊斯坦堡最古老的土耳其浴場，也是土耳其最偉大的建築設計師錫南的傑作之一。若喜愛成龍電影的人一定不陌生，因為這座土耳其浴場的大廳，就是成龍《特務迷城》的拍攝地。

這是我第二次洗土耳其浴，上次跟團是導遊推銷帶我們去洗，因為是男女共浴所以大家都穿著游泳衣感覺不夠道地。

這次我們想要在古蹟級的建築裡洗道地的男女分開的土耳其浴。我們進到大廳在櫃台前先選擇要的服務然後付錢，我們選擇了純洗土耳其浴不加按摩是69里拉，大約台幣一千出頭。付了錢後，店家提供一件三角褲和一條浴巾，進到浴場後就只著三角褲。一進到浴場我就被那壯觀的圓形大理石床震懾，在散發出陣陣蒸氣的大理石床上已經躺著正在被服務人員搓洗身體的歐洲客人。

　　我們先被安排躺在大理石床的邊上，讓蒸氣把毛細孔張開，放鬆休息幾分鐘後，就有服務人員來幫我們用溫水刷背搓洗身體，若你還有選擇作全身按摩、修指甲、修鬍鬚，當然步驟就會不同，時間也會拉長了。土耳其浴跟一般的蒸氣浴不一樣，它比較重視用水沖洗的過程。

　　比較特別的是他們用一種特製的紗布網袋，裡面應該有肥皂之類的東西，然後加入水，服務人員反覆來回幾下竟能神奇地產生一人堆泡沫，然後將泡泡擠在每個人身上，開始幫客人擦背洗澡去角質，這時全身上下左右被刷洗到像是掉了一層皮。之後，他們還會拿水幫你沖洗，記得閉上眼睛喔，因為最後幾乎是將水從你頭上倒下去。沖洗完後，就是你自己的時間了，你可以到每一區有蒸氣的溫室沖洗放鬆，你還可以躺在具有歷史意義的發燙大理石上，看著頭頂上透著光的圓頂，以及這裡的雕刻建築，慢慢咀嚼身體整個放空的感覺。

　　土耳其產石榴，石榴是抗氧化的好水果，台灣賣得可貴呢！這裡到處可見水果吧在賣石榴汁，一杯不到100塊台幣！逛街累了，可藉以補充體力喔！當我們出了浴場，換回衣服後，便在休

息區點了石榴汁，讓大量的維他命C滿滿挹注此刻幸福的身體。

　　據說現在土耳其人根本不洗土耳其浴了，因為現在家裡戶戶都有浴室，當然不流行到公共澡堂。現在的這些土耳其浴大多是為觀光客而生的，所以價格不斐。然而有機會去感受一下歷史痕跡的浴場，特別是在低溫的冬天晚上，也是不可錯過的體驗。

典雅的伊斯坦堡大學

　　成立於1846年的伊斯坦堡大學，有著氣勢雄偉的大門，校園是可以參觀的，只要經過檢查閘門即可。諾大的校園，草木扶疏，西裝筆挺的教授走在校園裡，每個看起來都像是哲學家。

　　在校園裡，正好可以借用免費的洗手間。在國外旅行可不像台灣隨意到加油站、速食店或咖啡廳都可以「方便」，往往是要在餐廳消費，才能上洗手間的。發票上有密碼，在洗手間門口按下密碼，才得以進入。至此更可肯定台灣的人情味。

　　在學校上完洗手間後，正好見到一群學生進入教室，我們在門口探望，見到相當氣派的講台和講桌，雖很古典，但電子設備卻也一應俱全，好是羨慕。如果能在這樣有氣質的教室裡講課，應該走路也很有風吧！

　　這是一間相當大的階梯教室，我看人約可容納150至180位學生，我們走進教室，沿著階梯往上走，趁著授課教授還沒進教室前，體會一下當學生的感覺。

　　找了個座位坐下，發現他們學生的桌子上也是密密麻麻寫了

一大堆。原來，各國學生的共通點就是都會作弊。

在大學裡見到來自各國的學生，當然他們當地的女生也相當多。從他們的最尊敬的國父——廢除一夫多妻制，提倡兩性平權，女人可以不用包頭巾，可以受教育、參政和就業，土耳其女性的地位大大提升，所以他們算是在伊斯蘭教國家中最自由開放的。

伊斯坦堡的交通工具

在伊斯坦堡旅行除了雙腿外，還可以善用他們的公車、電車和地鐵。當然古董電車是一定要搭乘的，電車穿梭在號稱伊斯坦堡香榭大道的「獨立大道」上，可以見到古今交錯，現代化的精品商店，搭上洛可可式的建築，感覺似乎穿越時空！

伊斯坦堡還有一條很特別的地下鐵，她的特別在於：一她是歐洲大陸第一條地鐵，二她是世界上最短的地鐵。她是有軌道的纜車，是靠纜索的牽引——"Tünel"，於1875年通車，年代僅次於倫敦地鐵和已經廢棄的美國紐約魯克林大西洋地鐵。從地鐵廣場（Tune l Meydani）到卡拉寇（Karakoy），只有一站。

「市集」：土耳其獨特的文化

「市集」是土耳其獨特的文化之一。「有頂大市集」 Grand Bazaar，位於加洛魯鬧區，在一座有五、六百年歷史的古建築內，是中東最大的市集，總共有二十幾個出口，市集是圓拱型的

屋頂設計，四通八達，很容易就會迷路。

據統計有頂大市集共有5000多家店面，但其實外圍的攤販越聚越多，有擴張的趨勢。其所販賣的商品琳瑯滿目，有藝品、黃金珠寶、皮件、地毯、瓷器、茶葉、燈具，你能想像的東西應有盡有。商家都很熱情，看見東方人的面孔會一連串講出日文、韓文和中文笑臉迎接。

我們在一家店買了小禮物，小殺交易成交後，老闆問我們下榻何處？

Ping和老闆聊起Airbnb，老闆突然眼睛一亮，覺得這個點子很不錯，不用特別像飯店特別設一個櫃檯和人力，應該是很可以賺錢的行業。Ping告訴他，她在台北也有一間小屋正出租給一個香港遊客度假中，老闆和他的員工於是用手機上網搜尋Ping在新北市萬里的度假小屋，因此，讓我們見到了兩個伊斯坦堡的低頭族。

伊斯坦堡的美食與美酒

土耳其美食世界聞名，號稱是三大菜系，這次自助行終於在第一餐晚餐就嚐到了真實的美味。

"FUEGO"是在網路上見到旅人推薦的，單單前菜就觸動味蕾，已唇齒留香。餐廳老闆相當親切熱絡，服務一流，為美食加分。

"GUNEY"地點絕佳，就在加拉達塔對面，我們上到三樓用餐，美景搭上色香味俱全的食物，畢生難忘。並計畫著在離開伊

斯坦堡的最後午餐，還要趕著去看加拉達塔最後一眼，並享用烤魚大餐！

我和Ping都很喜歡逛當地的超市，便善用民宿的廚房做早餐，Ping還去買了專煮土耳其咖啡的壺，早上就煮他們的咖啡喝，有時想念中餐了，也做晚餐配當地有名的酒，像茴香酒（RAKI）和好喝的啤酒（EFES）。

三面環水的伊斯坦堡的迷人風情，讓它榮登美國國家旅人雜誌選拔出的「50個此生必遊之地」之列，在這個不東不西，最「不伊斯蘭」的古城，我不僅發掘了這個城市的無窮魅力，也找到了我的生命魅力。

將刊登於《今日生活》季刊雜誌

第六節　多瑙河畔最璀璨的明珠：布達佩斯

2012年寒假，我和我最好的姊妹淘Ping，飛往東歐，要去感受匈牙利布達佩斯下雪的冬天。

匈牙利的布達佩斯，1987年被聯合國教科文組織列為珍貴的世界遺產，是全球城市景觀傑出典範之一。因為建築群以及都市文明景觀，被譽「多瑙河之后」，她是多瑙河畔一顆最璀璨的明珠。

Ping透過Airbnb在「布達」和「佩斯」各訂了房，為的是可

以充分地享受這座世界遺產。「布達」與「佩斯」隔著多瑙河相望，「布達」是老城，有皇宮和城堡等古蹟；而「佩斯」則是巴洛可和新古典建築林立的商業中心，各有特色！所以，我們不畏搬動行李的辛苦，一定兩邊都要入住，好好親近她們各自的脈動才行。

有意思的是，連我們訂的房間正是新舊皆有：「布達」擁有古典——公爵住過的百年古厝；而「佩斯」屬於現代——從房子的小陽台看出去的街景，都是現代的建築。房子裡的傢俱都是IKEA的，現代化的裝潢，尤其加上挑高的房子，看起來就很舒服。單單見到網路上房間的圖片，我的心早就遠渡重洋了。

晚上的飛機抵達布達佩斯，從機場搭計程車到「布達」，這是我們相當期待的曾是公爵住過的房子，可算是百年古蹟了。交鑰匙給我們的是已故的公爵的媳婦，人相當客氣，笑容可掬地為我們介紹房間的設備。除了整修過的浴室具現代化設備，其他所有傢俱可都是古董，特別是走路會發出聲響的木頭地板。

這間房子在多瑙河邊地點絕佳，窗外就可以見到美麗的市景，鎖鏈橋在右手邊，過鎖鏈橋就會見到華麗的四季飯店，四季飯店的遠方就是聖史蒂芬教堂，而金光閃閃的國會大廈則在左手邊，這些打了燈的建築像是一位位穿上華服準備出席宴席的貴婦啊！雖捨不得入睡，卻也期待見到明早窗外所帶來的不同驚喜。

掛在多瑙河上的珍珠項鍊──鎖鏈橋

在布達佩斯的多瑙河上有10座橋樑，伊麗莎白橋、自由橋、瑪格麗特橋……，但最美的就是這一條像垂掛在多瑙河上的珍珠項鍊──鎖鏈橋。因為這座橋長得像鎖鏈，所以大家都稱她「鎖鏈橋」。

其實，鎖鏈橋是以19世紀一位改革家伯爵Szechenyi-Lanchid命名的。這位伯爵在旅行英國時見到泰晤士河上的一座懸吊式的橋，便也想在布達佩斯興建一座橋樑，除了自己捐出一年所得，還大力奔走募款。雖然中間因為政治和革命的因素經歷很多波折，最後鎖鏈橋終於在1849年完工。

鎖鏈橋通車後最引爆話題的是，兩端橋頭的四隻石獅雕像被發現是沒有舌頭的，一時之間成為街頭巷尾的笑談。惹得創作雕塑家只好出來解釋說：「因為獅子在趴臥的自然狀態下是不會伸舌頭的，況且這些獅子並不是沒有舌頭，只是因為舌頭被含在下顎裡，大家由下往上看當然是看不見的。」

鎖鏈橋，開闊人行道，方便路人行走，顯得相當平易近人，尤其是不論在橋的兩端或中間拍照取景，隨便都能留下這座世界遺產最美的一刻。

聆聽歌劇、欣賞劇院的富麗堂皇

布達佩斯的國家歌劇院是世界三大美麗的歌劇院之一，有人說她是「安德拉希」這條路上「女王」。

劇院大門的兩側有在匈牙利出生的大作曲家李斯特和艾爾喀爾・法蘭茲的塑像，而上方則有韋瓦第、莫札特和華格納等人的塑像。

才剛進到國家歌劇院的售票處就被她極盡奢華的裝潢給吸引，雖說歌劇院可以買票在固定的時間參觀，但最好的方式還是買張票進去聽歌劇，深刻感受一下。因為最便宜的票只要500福林。

但就在我們抵達布達佩斯的隔天，進到歌劇院買票時，才發現最便宜的票早已售光。最後決定只好花上9200福林，約1300台幣，看威爾第的「吟遊詩人」（IL Trovadore）。

這是我第一次聽歌劇，初體驗的興奮難以言喻。

期待的一刻終於來了。在劇院的大廳等候入場時就看到了很多穿著貂皮衣帽的上層人士魚貫進入，在這裡可以見到布達佩斯最道地的夜生活。

進到劇院前，必須先到寄物櫃寄放厚重的衣物，接著便可進入劇院，美麗的圓頂彩繪，還有在電影中才能見到的高級「包廂」，在在令我瞠目結舌。

劇院內規定是不能拍照的，但有不少人大方地拿出相機在拍。所以輸人不輸陣，我們也盡快按下了幾張快門。

很特別的是，他們幾乎每一幕換幕時都由觀眾鼓掌請出演員，然後演員一一出場謝幕，和我們到最後終場演員才出來謝幕很不一樣；還有中場休息時間，所有人都會快速集中到餐廳買飲料，人手一杯，說天談地。喝完了一杯，正好又到進場時間。

　　因為擔心看不懂，我還事先上網認真看了故事的情節內容，但是現場吟唱義大利文，配上的是匈牙利文的字幕，整整兩個半小時，有兩次我實在差點打瞌睡，但都是被觀眾們的鼓掌聲給嚇醒了！

多瑙河畔的國會大廈以及60雙鞋子

　　國會大廈在「佩斯」，但要拍到全景得在「布達」，這是多瑙河最美麗的一道風景。這棟華麗的新哥德式建築部分靈感來自英國的國會大廈，耗時10年，在1904年落成。光是大廈裡走廊的總長度就大約有20公里，可見其壯觀吧！

　　白天的國會大廈和夜晚的國會大廈有著很大差異的景致。白天的國會大廈像是個中規中矩，做起事來一絲不苟的公務員，他正經八百，不苟言笑；夜晚的國會大廈打上了燈，直到午夜12點才熄燈，整座新哥德式的壯麗建築顯得更具美麗姿態，這時的國會大廈則像是個盛裝打扮的貴婦，拿起她的柏金包等候勞斯萊斯禮車來接她出席盛宴。然而，不管是白天或夜晚的國會大廈都把「東方巴黎之稱」的布達佩斯襯托得更為靜謐也更活潑。

　　在國會大廈附近的這段多瑙河畔可以見到有40公尺長的鐵製

的雕塑鞋子，這些鞋子各式各樣，有男鞋、女鞋、小孩鞋，有的成雙成對，有的形單影隻，共有60雙，從2005年4月16日起，就在多瑙河畔憑弔死於二次世界大戰（1944～1945）的猶太亡魂。

當時猶太人都是經濟狀況較好買得起鞋子的人，納粹在處決猶太人時，就要他們先脫下鞋子，然後再將他們推下多瑙河。因此，這些鞋子代表了相當深沉的歷史意義。創作這60雙鞋子的兩位藝術家還曾得到象徵匈牙利最高文化藝術成就的大獎。

當我們還在拍照留念時，突然來了三個嘻嘻哈哈的年輕男人，其中一個還脫下了他自己的鞋子拎在手上，然後把他的腳丫套進其中一隻鞋子裡，並擺起姿勢拍照。這位老兄也不曉得知不知道這些鞋子的象徵意義，竟一走過來就脫下鞋子搞笑拍照。

我和Ping不約而同都猜他們一定是義大利人，他還擺了 POSE 要我們也拍他，果然一問之下真是義大利人。

到聖史蒂芬大教堂祈福

聖史蒂芬大教堂是布達佩斯最高大的教堂，屬於新文藝復興式的建築。共經歷過三位設計師之手，自1851年起建造，1905年竣工。

雖然參觀教堂是免費的，但在教堂入口卻站著一位英俊挺拔的神父，笑容可掬地鼓勵你捐款，當他把捐獻箱很自然地推到你面前，你是勢必甘心掏出錢來的。

若時間夠的話，一定要花點錢登上教堂大圓頂遠眺整個布達

佩斯的城市風光。

聖史蒂芬教堂主祭壇後方的內室供奉著史蒂芬國王的右手掌木乃伊，被稱為「聖右」（Holy Right），但需要有人投幣捐獻，那個展示櫃的燈才會亮起，就可以看到手掌木乃伊。我們誤打誤撞跟著人群走進了內室，也意外在人家捐獻後，見到了這個聖物。

教堂的光線透過圓頂照射進來，好像只要你在此禱告，隨時都可以收到上天的指示似的，有著莊嚴肅穆的寧靜。

歷盡滄桑的多瑙河明珠

顛沛流離的匈牙利從13世紀以來被蒙古人侵襲、土耳其人統治，到18世紀先後委身受制於奧地利、德國和蘇俄，終於在1990年，脫離蘇聯共產黨後，成為一個民主政體的國家；又於2004年加入歐盟。擁有悲劇性近代史的布達佩斯，因為戰亂所帶來的破壞與建設，她的建築物展現了多層次的色彩，置身許多歷史遺跡，都深覺她們像是背負著沉重的歷史在呻吟著，每座雕像都有其難解的憂鬱與落寞。

我們耳熟能詳的詩句：「生命誠可貴，愛情價更高，若為自由故，兩者皆可拋。」就是匈牙利愛國詩人裴多菲（Petőfi Sándor）的作品，1849年，他在作戰時犧牲，那年才26歲。可見當時匈牙利人努力要爭取獨立自由民主的渴望與艱辛。

英雄廣場，是匈牙利在訴說著歷史故事的廣場。建於1896年，是匈牙利建國千年紀念，於1929年完工。廣場上七個騎著馬的雕像

代表七個馬札爾族的族長。廣場正中央是千禧年紀念碑柱，碑柱上有個天使雕像，據說就是向聖母瑪利亞報喜的那位天使。

很幸運的是，這天我們遇上了下雪的布達佩斯，來自愛爾蘭的老師帶著一群學生到布達佩斯和其他地方參訪，在此正好遇上下雪，每個人見到柳絮的雪花興奮不已，紛紛打起雪仗，學生群起將雪球丟向他們的老師，我們則站在老師這邊向他們反擊，這群學生的笑聲在雪地裡飛揚，真是青春無敵啊！

雕像前方有個無名英雄戰士碑，是紀念那些為民族爭取獨立自由而犧牲生命的英雄。

舉行國家重要慶典的英雄廣場，其左側是美術博物館，右側是現代美術館，都是相當壯麗的希臘式建築。美術館裡正展出賽尚的作品。

世上最美麗的書店咖啡廳

在「佩斯」的Andrássy út街上，名為"ALEXANDRA"的書店裡，有一間號稱是世界上最美麗的書店咖啡廳。

剛走進去書店覺得很普通，比起我們台北的敦南或信義誠品可差遠得了。但才上到二樓一見到眼前金碧輝煌的咖啡廳就令我瞠目結舌了。

水晶燈襯托挑高的咖啡廳顯得大器，圓頂的彩繪和雕飾，每個角度都是藝術，簡直是電影裡見到的劇院級的的裝潢，難怪座無虛席。

在這樣典雅的書店咖啡廳裡優雅地細細品味一杯咖啡、翻閱一本書，應該在當下也可以讓自己的氣質提升不少吧。

上城堡山看皇宮和地下迷宮

在「布達」要上城堡山的克拉科阿達姆廣場（Clark Ádám tér），有一個巨大的數字 "0" 形石雕。這是布達佩斯的0公里里程石，從此地可以計算到其他地方的距離。從這個廣場可以選擇要走路上山或者搭纜車（Funicular）上到城堡山。

在城堡山上，有一座像是童話故事裡的古堡，叫作漁夫堡（Fishmens Bastion），其實在中世紀時這裡是個魚市場，是許多漁夫休憩的場所，當地市民為了守護城市，將這一帶交給漁夫守護，為了紀念那群防衛布達城的勇敢漁夫，因此命名為「漁夫堡」。

漁夫堡所以成為布達佩斯著名的旅遊景點，乃因其居高臨下可以俯瞰多瑙河以及布達佩斯全城的風光。

馬提亞斯教堂，匈牙利國王就是在此處加冕的。彩色的馬賽克磁磚屋頂襯托著白色的尖塔，增添了教堂獨特的意趣。教堂內的彩繪玻璃、壁畫和玫瑰窗也是值得細細品味的。

漁夫堡上騎著馬的雕像就是匈牙利的立國君主——史蒂芬國王，一萬元的匈牙利紙幣上印的人物就是這位偉大的國王。今日匈牙利所以能成為歐盟一員，還有賴於當時史蒂芬國王的高瞻遠見，他下令以拉丁字母拼音取代原來匈牙利文的拼音字母，讓文

化和語言可以和歐洲接軌。

城堡山最大的建築是布達皇宮，雖說是皇宮卻沒有圍牆。皇宮的歷史也像是歷經滄桑的美人。1241～1242年蒙古大軍橫掃匈牙利，Bela國王經由這次教訓，便在布達的山上蓋了這座城堡作為防禦，現在的皇宮也是這樣建起來的。但在土耳其佔領布達期間長期失修；十九世紀中期得到修復及擴建，後來又在二次大戰時毀壞，戰後才又重建。

布達城堡皇宮區的噴泉雕像，共有五個人物：訴說著一個愛情故事，馬提亞斯國王在一次狩獵途中，偶遇一個美麗的女子，並譜出戀曲，但是當女子得知她的愛人的真實身分後，清楚知道這段身分懸殊的愛情不可能開花結果，最後鬱鬱寡歡傷心欲絕而亡。這個女子就在五座雕像裡的右下方，馬提亞斯國王當然就是高高上在的那座雕像，其他都是帶著獵犬和他同行狩獵的臣子。

而「由金王子」的雕像，則是為了紀念1697年打敗土耳其人的成功戰役所建。在由金王子的腳下有兩個戰敗的痛苦狼狽的土耳其人。

目前王宮中心部分為歷史博物館、國家畫廊及工人運動博物館。國家畫廊展示了著名的畫家的作品；博物館內展示有關布達佩斯和匈牙利的歷史資料。

來到這裡一定還要去看看號稱「世界地下七大奇景」的地下迷宮。這個地下迷宮在億萬年前，由布達佩斯著名的溫泉侵蝕而成。隨著人類出現、時代演進，它被利用作為監獄、刑房、藏寶室、獵場、地窖、防空洞、地下醫院。因為被充分利用，迷宮的

範圍越之擴大，竟然擴大到蓋在迷宮上面的布達城堡也沒有塌下來，令人嘖嘖稱奇。現在這座迷宮部分開放作為博物館，有一些出土的文物和壁畫可以參觀。

美食與美酒

從Vorosmarty Square 走到 Vaci Street 就可以見到地點絕佳的 "Anna Cafe"。 我們期待中的匈牙利燉牛肉湯 （Goulash）當然是必點的，紅酒燉牛肉搭配很有嚼勁的麵包，在寒冷的冬日，特別有飽足感。我們還點了勃根地醬汁鹿肉搭配馬鈴薯球，甜點是野莓可麗餅加布丁，搭配熱herbal tea，單單點餐就有著滿滿的幸福感。這是我們在匈牙利的第一餐午餐一定要難忘些。

在這邊的餐廳消費通常都要加15%的稅以及給服務生10%的小費，約1100台幣！這間店的服務生滿溢笑容，相當難得，小費給得很甘心。

不知道是不是因為民族性，還是天氣的關係，匈牙利人不太笑的，他們的嚴肅，和德國人不一樣，似乎有多了點滄桑感，和他們的歷史一樣？

雖說天冷 ，但還是有人坐戶外區，戶外有架高的暖爐，座椅上都有一件紅色毛毯，可以取暖。所以，若想在戶外用餐看街景也不怕凍著喔！

"TROFEA GRILL RESTAURANT" ，是我們在逛超市時，遇到的第一個熱情的匈牙利人建議我們可以吃到當地菜的餐廳，

他說他都帶他的朋友到這家餐廳用餐，是自助吃到飽的，飲料也是，還包括酒類飲料。後來，又正好在我的旅遊書上也見到介紹這間餐廳，而且還開了分店，於是，我們找了一天去用晚餐。

果然在這間餐廳吃到了相當道地的匈牙利菜，也喝了香檳慶祝生命中每一刻的難得。

到匈牙利一定要喝匈牙利有名的公牛血紅酒（Eger Bikaver），還有貴腐甜酒（TOKAJI），這兩款酒在台灣可都是很貴的，超市裡販賣各款價位等級不一的貴腐酒，總之是多喝多賺。

曾有一位法皇稱說這款酒是：「酒中之王、王者之酒！」自十六世紀以來TOKAJI就風靡全歐，但通常只有王室貴族才可能享用，比如俄國凱撒琳女皇、法皇路易十五，還有大文豪伏爾泰、音樂家舒伯特，甚至是滴酒不沾的希特勒在死前最後喝的酒也就是TOKAJI。

此外，下酒菜也很重要，匈牙利的鵝肝醬就是一大選擇。匈牙利是歐洲專門飼養鵝和鴨的大國，等到把鵝餵養成脂肪肝後就銷往歐盟各國，特別是送到法國米其林餐廳之後馬上就從平價的東西升格為昂貴的食材。你可以在普通超市購買，或者到有名的「中央市場」一樓購買。

說起「中央市場」，二樓還有觀光客朝聖的各種各樣的伴手禮，紀念品多買一些是可以小殺價的。整座市場整潔明亮，井然有序，和我們的傳統市場很不一樣。就算是不買東西，當作逛街都很舒服。

在宮廷花園建築的古蹟泡湯

匈牙利是歐洲溫泉資源最豐富的國家，匈牙利人的泡湯文化是被愛泡澡的羅馬人開發的，因為匈牙利被羅馬人統治過，到了中世紀又受到土耳其人統治，保存了很多外觀是伊斯蘭式的圓頂，充滿奧圖曼風情的土耳其浴場。

而布達佩斯還是全世界唯一一個利用了 80 多個溫泉和溫泉井的首都，是世界上擁有溫泉最多的城市。而且還在醫療溫泉源上，建起了醫院以及醫療旅館。

位於市民公園內的聖齊尼（Szechenyi）浴場是匈牙利人氣最旺的溫泉浴場。

聖齊尼溫泉發現於100多年前，新巴洛可的建築完成於20世紀初，是布達佩斯眾多溫泉中溫度最高的一個。鵝黃色的宮廷建築內有大大小小9個溫泉池和各種桑拿池，算是在歐洲溫泉會館裡規模最大的。

溫泉分室內與室外，室外有溫泉游泳池，還有各種溫度的大小浴池。就台灣人喜歡泡的熱池來說，只要找到左右兩邊各有一個下棋區的那個池，就是溫度較高的池。在這裡的兩個下棋區可以見到頭髮花白的老齡者下半身泡在溫泉裡，上半身則在水面上，圍著棋盤下棋，旁邊還有不少觀棋者。這裡的老人家非常幸福，在室內區還見到了專為他們所設的健身區，在教練的帶領下，見到老人家在溫泉池裡規律有序地做著健身操。

室內還有烤箱、蒸氣室和各種不同溫度的溫泉池，所以這裡也成為當地人的交誼場所。在這裡可以消磨一整天，充實而有趣。突然聽到尖叫聲，原來是有人要挑戰「冰池」，池子外圍了一群人在助陣呢！離開室內，還見到兩個英國年輕人在同伴的起鬨下，赤裸著上身、雙手交叉放在胸前，躺在雪地上，比賽誰在雪地裡撐得久！

在18世紀宮殿式巴洛可建築的宮廷花園裡放鬆身心，天空飄下白雪，身體泡在溫泉裡，不論是在下雪的戶外或者是在華麗的室內泡湯，欣賞著這些雕刻建築，實難以形容其絕妙感受，然確定的是，那會是一輩子難得且難忘的經驗。

不可思議的藝術之村Szentendre

從「布達」搭火車到 Szentendre，只要40分鐘車程，來回票只要 1320 福林 ，不到200台幣。聽說蔡依林的〈馬德里不思議〉的 MV就是在這裡拍攝的？我們原本質疑一樣在歐洲，為何不真就到馬德里去拍？後來，到了Szentendre，一見到小巧玲瓏色彩繽紛的歐式小房子，疑惑便有解了。

繽紛而優雅的Szentendre，是教堂密度最高的藝術之村，光是圍繞著廣場就有四座聳立的教堂。中世紀時，從東部遷徙到Szentendre的東正教徒，多是塞爾維亞人，是要來擔任匈牙利王國的傭兵的，這些東正教徒同時也帶來了建築高聳，色彩豔麗的教堂，因此成為Szentendre的絕美特色。正因其特色，吸引不少觀光客前來。

Blagovestenska church，擁有巴洛可和洛可可的建築立面是當地最有名的教堂。我們隨著當地人進到教堂，剛好碰到居民做彌撒，電影裡才看得到的場景，居然讓我們意外真實體驗，何其幸運！

廣場的中間有個造型特別的紀念柱（Memorial Cross），原來是為了紀念小鎮逃過了黑死病的浩劫！

漫步在鵝卵石的街道上和小巷裡，可以見到很多賣紀念品的商店，店裡賣的都是手工的紀念品——刺繡織品、藍色布產品、手工藝品、甚至各種等級的貴腐甜酒都有，而且這裡的價錢公道，多買可以小殺價，可能還會比布達佩斯的中央市場便宜喔！

在20年代，這裡開闢了藝術家區，吸引許多藝術家進駐創作，意外造就Szentendre的商店櫥窗、招牌和街景都格外有創意。

Szentendre雖是適合一日遊的美麗小鎮，但她其實擁有7座教堂和14座美術與博物館，若是對藝術有興趣的人其實也可安排過一夜，好好悠閒地參觀每個景點。特別是多瑙河在這裡轉了一個大彎，這樣的奇景，也很值得靜觀和遠眺，河邊有很多餐廳，我想像在夏天，這裡成為度假勝地，一定又是不同的光景啊！

地理學家對多瑙河的河水進行長期的科學考察，認為一年之中多瑙河會有棕色、濁黃色、濁綠色、鮮綠色、草綠色、深綠色等變色的原因，很有可能是河流本身的曲折多變造成的。雖然沒見到傳說中的藍色多瑙河，但整座稠密的布達佩斯城卻為旅人們演出了波濤洶湧大合唱，顏色是藍的，音符是靦腆，姿態是含蓄的。旅人們在聆聽的美麗時刻該是要靜默的，才能在遠逝的跫音中，迎接與風月的背面相對密談的欣喜。

我在濃重的歷史氛圍，期待美景在腦中佇足不去；我在拂落滿眼洋溢的樂音中，織就遼闊璀璨不可知的距離外的距離。和一片幽香湛然一笑，冉冉湧起，思忖著在旅行中的驚喜相窺，定不負那被譽為「多瑙河玫瑰」的美景。

將刊登於《今日生活》季刊雜誌

第七節　斯洛伐克：布拉提斯拉瓦的城市風情

旅行，所以迷人，在於她擁有一種儷人的脫軌。

我們從匈牙利的布達搭地鐵到火車站，搭乘"Eurocity"火車，前往斯洛伐克首都──布拉提斯拉瓦（Bratislava），只需2小時45分。

第一次世界大戰後，奧匈帝國崩潰，1918年，捷克與斯洛伐克共組「捷克斯洛伐克共和國」；到了1992年，捷克與斯洛伐克才正式分離。布拉提斯拉瓦，位於多瑙河畔，處中歐交通樞紐，是古代的商業重鎮，緊鄰匈牙利和奧地利兩國邊境，是世界上唯一一個與兩個國家相接的首都，是歐洲距離最近的兩個首都，搭火車從維也納過去只需要一個小時。

火車有六人座的小包廂，是個獨立的小空間，感覺很舒適，隨著窗外的景色變化，很快就抵達目的地。透過網路加入

Airbnb，這是目前很流行的短租民宿。民宿主人——"JAN"依約在火車站等我們，是個很熱情活潑的年輕人，有問必答。他家的地點很好，離車站很近，走路只要十分鐘。他陪著我們散步回他家，把鑰匙交給我們就準備離家去度假了。我們準備在這裡待一個晚上，他要我們離開時將鑰匙丟進他的信箱即可。我很喜歡這種誠信的感覺，似乎喜歡旅行的人較無機心。

我們問他有沒有推薦的餐廳可以吃到當地的特色食物，他介紹我們一家餐廳——"Slovak Pub"。告別JAN，我們信步找到餐廳後，果然見到很多當地人來用午餐，飢腸轆轆的我們，點了一個綜合的拼盤。拼盤裡有水餃，水餃包的是竟然是馬鈴薯，有點像我們的麵疙瘩的口感。除了水餃還有細小的Q麵，上面有煙燻的細肉，灑滿了濃濃的起司，我算是愛吃起司的，但真是吃了幾口就膩得難以下嚥了。我想這適合一群朋友共享。若想嘗試他們的國菜，倒是可以試試！

跟匈牙利人比起來當地人相當熱情，英文也較通。特別是物價也便宜，在餐廳用餐不收服務費，也不用給小費。不像在布達佩斯帳單上除了收15%服務費，還要額外給服務生小費。

一和這個城市交心，你會有種錯覺，好像回到中古世紀。這個精緻而可愛的小城市，沒有奧匈帝國的華麗，反是瀰漫著濃厚的藝文氣質，呈現多元文化特徵的歷史感。她最少是值得整整兩天一夜的時間逗留的。因為不管是搭上遊輪順著多瑙河漂流，欣賞沿途的綺麗；或是走在夕陽餘暉的多瑙河畔；或是欣賞晨曦寧靜的城，徐徐清風與燦爛陽光的無聲回應都有著不可思議的詩情畫意。

在街上可以見到很多很有意思的雕像，值得細細品味。有一對神情凝重的老者遠望著一個少男的背影，詢問當地人才知道原來這三個雕像是要紀念在戰亂中犧牲小我出征的年輕人，雕像一頭是擔憂兒子要出門打戰的傷心父母，另一頭則是即將告別父母為自由奮戰的士兵，原來雕像的背後有這樣感人的故事；在舊城廣場上，一個雙人長椅後面的拿破崙士兵雕像則見證了拿破崙曾攻下此城的偉大功績；除此之外，你還會在意外的轉角邂逅令人莞爾的雕像。據說有個喜歡向對街上的女人獻花的花花公子，所以街上有了Schone Nazi的雕像，他就喜孜孜地站在大街上，張開的左手上還拿著一頂帽子，像是在對每個旅人調情呢；而不遠處則有個拿著望遠鏡的狗仔正在執行任務呢；而最特別的就屬一個「下水道工人」的雕像了，這個頸部以上在地面上的工人雕像，據說在他的頭被兩個粗心的駕駛撞過之後，就在雕像旁邊出現了 "MAN AT WORK." 的警告標示了。

這裡的美景似是解事的，她低迴沉吟、不即不離，讓旅人總在睫影深處定睛，於是對她嫣然一笑，一點也不浪費她的美。

走在舊城區往聖馬丁教堂（Dom sv. Martina）的鵝卵石頭路上，見到路上接續出現鑲著皇冠的標誌，這是什麼路標呢？原來這是國王加冕之路的標誌。1536年，匈牙利的首都布達遭到鄂圖曼帝國攻陷，便將首都移至布拉提斯拉瓦，直到1830年，國王的加冕儀式都是在聖馬丁教堂舉行，歷代共有11位國王、8位皇后在此加冕。而這些路上的皇冠標誌，就是當年國王按著那些印記指引遊行之路，以向百姓宣示自己的權力地位。若你的想像力夠豐富，

也許你已經和我一樣穿越時空見到了當年匈牙利帝國的光輝吧！

　　這個城大多的歷史建築都集中在舊城，舊市政廳的鐘塔是廣場的焦點、舊城廣場周圍都是色彩鮮艷的13到15世紀的美麗建築——文藝復興、巴洛克、洛可可，被這樣的美景勾引是會讓人微醺的。「聖麥可城門」，高高聳立的哥德塔遠遠招喚著旅人，昔日舊城區有四個城門可以進城，現在僅存一個；而這個城市最古老的建築物，建於14世紀哥德式的「米樹爾城門」是混合文藝復興和巴洛克式的古城門，現為展示武器的博物館。走過城門可以看到號稱是中歐或說是歐洲最窄的房子，只有130公分寬，相當特別。

　　粉紅外牆的市政廳，則充分展現溫暖的意象。這幢建築見證了奧地利和法國簽屬的「普雷斯堡和平協定」（Peace of Pressburg），布拉提斯拉瓦的舊名就是「普雷斯堡」。

　　人生的憾事不少，為免遺憾，一定要在廣場上找一家咖啡館預留悠閒地喝一杯咖啡的時間，千萬別錯過了生命中值得停格的片段。

　　若你想要眺望整座城市和多瑙河，那就得離開舊城區，拾階上到高傲聳立在山丘上的四方形城堡。這座城堡是奧匈帝國全盛時期的表徵，具有悠久的歷史，從16世紀起一直都是匈牙利國王的皇宮，歷經多次整建，目前是議會和博物館。從「城堡」俯瞰舊城，布拉提斯拉瓦之美盡收眼底，頗有捷克世界遺產——庫倫諾夫的感覺！

　　假若你看膩了舊建築，這個首都也有年輕的一面向你炫耀。巴洛克式建築的總統府，前面有個銀色的地球噴泉，從總統府的

側面進入你還可以去參觀號稱首都裡最美麗的公家公園；建造於1886年的國家歌劇院，是文藝復興式的建築，劇院前有個廣場和噴泉，旁邊的商店街也是購物天堂，物美價廉；而掛在多瑙河上有座新建的橋，狀似飛碟的橋塔是其特色，裡面有景觀餐廳，展現了20世紀的現代感。

　　依偎在美景身旁，她沒有任何階級意識，絕不會不理睬你。我們總藉由旅行尋覓自己、發掘自己、更新自己，也點醒自己。

將刊登於《今日生活》季刊雜誌

▶ 問題討論與活動設計

Q 閱讀你的家鄉，書寫自己的成長體驗，與自己的心靈對話。

Q 如果外國朋友計劃在臺北待三天兩夜，你會如何從交通、旅遊點、用餐與住宿飯店幫他規劃行程。

Q 你認為臺灣有哪些條件可以推展旅遊觀光？

Q 請從你的出生成長地出發，介紹當地的人文特色。

Q 有人列出中國最美的十二個地方：第一名，河南焦作雲臺山；第二名，四川九寨溝；第三名，北京故宮；第四名，海南三亞亞龍灣；第五名，貴州黃果樹瀑布；第六名，雲南麗江；第七名，江蘇蘇州園林；第八名，新疆喀納斯；第九名，西藏珠峰；第十名，上海外灘；第十一名，湖北三峽；第十二名，江西廬山。你拜訪過以上哪一個地方，請說說你的旅遊心得？又或者你最想先拜訪哪個地方？為什麼？

蘇東坡〈赤壁賦〉

且夫天地之間。物各有主。苟非吾之所有。雖一毫而莫取。惟江上之清風。與山間之明月。耳得之而為聲。目遇之而成色。取之無禁。用之不竭。是造物者之無盡藏也。

第五章

遇見幸福
——旅行中的人生體悟

第一節　山水相逢自是有緣

　　我喜歡旅行，因為在旅行中所接觸到的人、事、物，只要用心體會，都會有不同的觸發。異國人情的交流，旅遊經驗的累積，像是一杯愈陳愈香的醇酒，那凝注滿杯的回憶，足以讓我們細細品嘗。

　　近年來臺灣人出國的機率與日俱增，因此，在一些著名小島的渡假村，例如「馬爾地夫」、「關島」、「綠中海」，不難聽到當地人也會說上幾句中文——用餐時，會有彈琴的歌手在你身邊唱〈月亮代表我的心〉、〈梅花〉或〈高山青〉；出海釣魚，

下船時船夫會跟你說：「小心。」當領隊召集大家集合回程時，船夫也會跟著招呼說：「走啦！走啦！」

但讓我最難忘的是，在「巴里島」的海神廟遇到一群兜售紀念品的小孩，操著流利的國語說：「阿姨，買啦！買啦！沒業績啊！」

外國人想學中文，當然我們也不例外。每到一個非英語系國家，總不免要學幾句當地的語言。

記得剛抵達「馬來西亞」的首都「吉隆坡」，上車後，當地導遊拿著麥克風幫我們惡補幾句常用的馬來語，為了方便記憶，特別把它們翻譯成臺語幫助我們開口。例如：馬來語的「謝謝」，音似臺語的「讓你罵到死」。一位同伴不甘心「讓對方罵到死」，便含糊其辭地對賣小吃的老闆說：「把你罵到死。」老闆笑著收下了錢說：「三八三八。」——以臺語發音，就是馬來語「不客氣」的意思。

又如馬來語的「上廁所」，便和臺語發音的「等到死」有些相似，這讓我們想起每次上公共廁所時，大排長龍的景象正相符合。

馬來西亞是一個很能融合外來民族的國家，印度人便是其中一個。印度女人除了濃眉大眼，令人印象深刻外，還有另一特色

是，在她們靠近兩眉中間會塗飾一個圓點，印度人稱之為「貢姆貢姆」，其額頭正中點上指面大小的圓形痣，不同顏色的圓點，代表著不同意義。點紫黑色者，表示還未婚，或者是生孩子或回娘家的婦女；點紅色者，是已婚的婦女；通常只有寡婦或年幼的少女才不點痣。

到「蘭卡威」旅遊，通常會安排乘船出遊，而「孕婦島」則是必遊的行程之一。

坐在快艇上一直思索不出「孕婦島」是出自何典故。快艇突然減速，在海中央停了下來，駕駛先生回頭面向我們，指著眼前不遠處的山林，緊接著比畫著他的頭說 "head"，然後指著那片山林頭部以下突起的地方，舉起兩隻手指著他的胸部說「ㄋㄟㄋㄟ」，接著又在他的肚子畫了一個大半圓，又指向山林的第三部分。我終於明白：呈現在我們眼前的那一大片山林，竟像極了一位平躺著的孕婦的側面。跟臺灣北部的觀音山，有異曲同工之妙，自有一份親切感。

在國外旅遊總會有一些經驗是值得我們去思考的。帛琉有著最著名的無毒的水母湖，遊客可以穿上救生衣在水母湖裡游泳，

感受和水母共舞。領隊再三交代千萬不要傷害到這些水母，他說，當地人雖然樂於見到臺灣人到此消費，因為，臺灣人小費給得很大方，但其實他們骨子裡，很看不起臺灣人的。他說，有一次，有幾個臺灣男人到湖裡後，捉起一隻隻像果凍一樣的透明水母，用力甩動著拍照、錄影，被制止了還假裝聽不懂，害臺灣人被貼上了標籤。

香港地狹人稠，造就了他們獨特的性格，我好幾次見到香港人吵架的功力，但他們就是不會動手。還有一件事也是令我佩服的。香港的PIZZA HUT不同於我們的沙拉吧是無限量供應的，他們僅限取一次，而且盤子相當小。當我見識到每個香港人的「功力」後，簡直佩服他們到五體投地。有個人先是在小盤子底層用長條形的紅蘿蔔，以太陽放射狀將盤子的面積變大，然後，開始放上各式的蔬菜，此時，為了防止生菜滑落，再加上一層花生粉，然後又淋上大量沙拉醬，當然，上面又可堆上更多的生菜了。如此，便極致地發揮了「小」盤子的最「大」功能了。

每個國家都有它的特色。到澳洲旅遊時，導遊先介紹澳洲有三多：羊多、蒼蠅多、胖女人多。羊多，是眾所皆知的，尤其親

訪農莊，見識到剪羊毛及牧羊犬趕羊的情景，更加令人難忘。蒼蠅多，是因為牛群、羊隻的排泄物所產生的；他們的蒼蠅多到居然有商家在販賣一種像傳統市場豬肉攤上趕蒼蠅的兩條繩子轉啊轉的帽子。當地人說他們的蒼蠅並不會傳染病菌，不過當你正在為美景拍照留念時，一堆蒼蠅在你臉上飛來飛去，實在煞風景。拍照的人要特別注意，別讓鏡頭裡的人臉上出奇不意地多了一個大黑痣。

澳洲人講話的英國腔特別重，再加上他們不太「張口」說話，所以當你和他們溝通時，可能要 "Pardon" 好幾遍。為什麼他們講話不太張口，且都講在嘴巴裡呢？據說，是因為怕蒼蠅飛進嘴巴裡。

至於為什麼「胖女人」多，那當然是因為和他們豐富的乳製品有關囉！

不過也有人說澳洲有「四多」，除了前面所介紹的「三多」外，還有另外「一多」，就是「1塊錢多」——因為胖女人都不願意彎腰去撿掉在地上的一塊錢。

澳洲治安良好，尤其人民頗具親和力又樂於助人。你只要手裡拿著地圖，走在澳洲街頭東張西望，就會有人主動過來，為你指引正確的方向。同伴和我有幾張合照的相片，那都是「被強迫的」，因為澳洲人只要一看見觀光客在拍照，就會主動走過來詢問：「需不需要幫你們拍合照？」

亞里斯多德說：「勞動的目的是要獲得閒適。」的確，唯有真正懂得生活哲學的人，他的靈魂才會在平凡中顯得非凡。我很

慶幸自己從事教職工作，因為可以利用寒、暑假出遊，充實自己的靈魂。

原載於《聯合報》，1997年6月2日，第40版。

第二節　我和他們的經歷相遇

透過旅行中的見聞，我們可以找到啟動生命更強勁的因子，人、事、物的觸發，讓心靈加以洗滌。

到東澳旅遊，遇上一位相當幽默而且專業的導遊。他聊起剛到雪梨留學時的艱辛和趣事。

班上家裡有錢的同學很多，開凱迪拉克上學的不稀奇，有個女同學每天搭直昇機到學校，他想追這個女同學，妄想將來可以減少奮鬥二十年，雖然她的體重大概有90公斤，但為了前途，他可以勉強接受。

一天，女同學邀請大家到她家吃午餐，她說用餐的時間是十二點，但是請大家十點就要在她家門口集合，因為他們家是一座大農莊，從大門口到她家要兩個小時的車程。天啊！這更堅定了他要追求她的念頭。

用完從前菜到甜點共有八套餐具的豐盛午餐後，女同學提議要騎馬，她大方地請管家為會騎馬的同學準備馬匹；同時，她還驕傲地展示她最心愛的白鬃馬。馬兒開始奔馳了，他不會騎馬，

但卻想像將來在這裡騎馬的英姿。就在他還在做著白日夢的同時，發生了一件事，這讓他完全打消了這個念頭——他眼睜睜看著那匹壯碩的白馬，被那個女同學騎到幾乎口吐白沫。

到神木島旅遊，遇上一個好賭的領隊，無論搭車、搭船只要抓住時間，便會找團友玩撲克牌。她自稱她是沒得救了。有一次，她帶一個團，團友在第一天晚上就把五天的小費全部主動收齊交給她，於是她有資本跟他們玩了，在小島上晚上沒事，打發時間，結果一打發，她不僅把小費全輸光，連她身上的錢也所剩無幾。

神木島的房間以35坪的兩人房的小木屋聞名。但因為房間太大了，難免有一些穿鑿附會的事發生。有人向領隊問及關於神木島的鬼魂傳說，她說那只是傳言。

她分享一個經歷：記得有一次過年，島上的房間大爆滿，所有的領隊都沒有房間睡，只能睡在大廳。有幾個男領隊，晚上在咖啡座和女團友聊天，說起鬼故事。後來八個同行的女生嚇得去找領隊，說她們要一起擠一間房；於是領隊的奸計得逞，他們拿到了三間房間的鑰匙。

新加坡朋友對我說起他們國家的小朋友如果過度肥胖是要被處罰跑操場的。這次走在新加坡的街上，我特別注意當地人，果然見不到胖子。其實這是一個很好的政策，「過度肥胖」從大層面來看，是會造成很多社會資源的浪費，如果我們從小就能對飲食有所節制，加強運動的重要概念，相信對提升國家整體的形象和競爭力是相當有助益的。

　　走在大馬路上，見到川流不息的車輛，卻很少聽見喇叭聲，尤其在那邊停留了四天我沒有見到任何一位警察，但你可別心存僥倖要違法犯規，因為馬路上一根又一根高聳直立的攝影機和照相機，不但會讓你口袋縮水，還會讓你拿起掃把勞動服務的。

　　我想，新加坡是一個把「道德」發揮得最極致的國家，當你身為一個外國人置身其中，你一定也絕不會忘記上完廁所要沖水；你一定不敢在公車上大聲喧譁；你也絕對不會深夜在人行道上等綠燈時，見到眼前沒有車輛來往而穿越馬路。

　　有人說，新加坡是民主中的共產國家，因為他們的嚴刑峻法是舉世聞名的，有句話最為切中，"Singapore is a fine city." 這個既有「很好」又有「罰款」之意的 "fine"，一字雙關地呈現出該國的特色。

　　到回教國家旅行，在飯店的房間裡，你會發現天花板上都有一個箭頭指標，那是為了讓回教徒朝聖時，方便辨識方向的，箭

頭所指就是「麥加」。有一個人到馬來西亞旅行，晚上，飯店突然發生火災，一時心慌，看見天花板有一個箭頭，指示方向，他以為是疏散的出口指標，結果果然往「西方」極樂世界去報到了。

不同的國度，有不同的文化風俗，盡責而專業的導遊，應該要詳加介紹。

曾有一個帶歐洲團的領隊說起，他們的司機分辨不清東方人來自哪個國家？但他們大抵從客人在車上的表現可以看得出來。當導遊在前面滔滔不絕地介紹著景點時：如果是日本人，導遊說往左看，臺下就很有規矩地往左看；如果導遊在前面講說，而客人也在下面比大聲，那就是香港人；至於臺灣人呢？導遊在前面講，他們則在呼呼大睡。

親愛的臺灣同胞，你的看法呢？

第三節　銀髮族開洋葷

如果跟團旅遊，碰到會帶團的當地導遊，將帶給團員特殊的旅遊經驗。我在澳洲遇到一位導遊，說話幽默風趣，著實教全團的人嘖嘖稱奇。他還和我們分享他的帶團經驗。

他說，他曾經帶過一團阿公阿媽團，印象非常深刻。

原本拿到那一個團體的名單非常高興，因為最高齡九十三歲，最年輕六十五歲，應該是那種上車睡覺、下車尿尿，不會問問題，也不會找麻煩的好帶團。孰料，結果完全出乎他的意料之外。

　　第一天，帶他們去參觀野生動物園，他們不是去看動物，而是去研究那種動物誰吃過，味道如何？他們把動物的「簡介」，當「菜單」看。居然還有人問說：「無尾熊是用烤的，還是用煮的比較好吃？」

　　帶他們到海洋世界玩，其中那位九十歲最高齡的阿媽，吵著要坐360度旋轉的雲霄飛車。導遊說他和她七十五歲的兒子差點沒有跪下來求她不要上去。但阿媽一臉委屈且相當堅持地說：「我從小就很羨慕別人可以到樂園玩，一心嚮往坐雲霄飛車已經很久了，如果今天不讓我坐，我死目也不願意闔上。」

　　晚上，結束龍蝦大餐後，帶他們到菲利普島看企鵝歸巢，一位阿公興奮地說：「這些企鵝好可愛，好想烤一隻來吃喔！」

　　一天折騰下來，導遊已經筋疲力竭，累得不可開交。發房間鑰匙前，和團員約好隔天早上七點半集合，不要遲到。

　　誰知他們馬上異口同聲地反對說：「七點半太晚了。」

　　「那幾點好呢？」導遊稍作讓步，還在猶豫舉棋不定時，一位德高望重的阿公開口了：「不行，我們在臺灣四點半就起床了。」其他人也跟著附議。在寡難敵眾的情況下，導遊只好妥協：七點集合到餐廳用早餐。

　　當導遊一間一間巡完房後，回到房間準備就寢時已將近凌晨。這時他突然接到一通電話，一位阿媽說她要起來上廁所，可

是找不到眼鏡，要他來幫她找。

導遊揉著惺忪的睡眼敲門，當阿媽摸黑打開房門時，他發現，眼鏡就在她的頭上！

早上六點多，導遊被電話吵醒，他痛苦地起床，趕往樓下大廳，電梯門才一打開，飯店一位服務生迎向他，往大門的方向指，問他，"Excuse me, sir. Is that your group?"

導遊一看，他的團員整整齊齊在飯店大門口排成一排正在做外丹功。外國人只看過殭屍片，沒見過外丹功。

最後一天，在送他們往機場的途中，那位九十二歲的阿媽接過導遊的麥克風，說：「這趟旅程玩得很高興，所以能平安地結束，都要感謝——」

導遊說他才準備要起身接受大家的鼓掌感謝時，阿媽卻說：「都要感謝我們的菩薩——」接著，阿媽要大家「合十」，有的人在此時拿起了佛珠，有的開始合唱「大悲咒」。

一直到送他們進關後，導遊才知道，原來這些阿公阿媽來自竹山，每天早上五點就得起床，去賣竹筍了。

原載於〈阿公阿媽開洋葷〉，《聯合報》，1997年12月5日，第40版。

第四節　潛入水底的愛情

　　美娜多（Manado）是印尼蘇拉維西省北部的首府，其市中心的觀光還不算開發完善，唯五星級的麗池酒店附近有一些不錯的餐廳，物美價廉。

　　值得一提的是Gangga這個距離市區一小時車程再加半小時船程的小島，其海域的生態物種豐富而獨特，是潛水者的天堂。Gangga Island Resort是島上唯一的飯店，飯店內共有三十間木屋，他們的房間沒有神木島三十幾坪那樣大，但是設備也應有盡有，貼心的服務，除了每間房一把大雨傘外，木屋的門口有一個用各式貝殼堆砌而成的水龍頭，你在享受完水上活動後，可以在門口清洗一番，絕不會把細白的沙帶進房間。

　　這裡的海底世界可以和馬爾地夫並駕齊驅，可是卻沒有馬爾地夫昂貴的團費，重要的是，在這裡小巧玲瓏的浴室裡，有一大桶礦泉水供你免費享用，而不像在馬爾地夫購買飲用水是非常昂貴的；這裡不似普吉島有著炫麗的色彩，但其原始之美，不足為外人道也；這裡也沒有巴里島的喧囂，如果你願意沉潛你的心靈，這裡多的是沒有光害的夜晚，你可以躺在沙灘上數星星，或是躺在房間的大床上伴著海浪聲入眠。

　　我在Gangga Island體驗潛水。

　　海底世界很神祕，我看見各式各樣，色彩繽紛的珊瑚，最特

別的是藍色的海星，一直以為海星是軟的，教練輕輕拿了一個海星給我摸，才發現海星是硬的。

在海裡，我緊緊抓住教練的手，像是生命繫在他身上的感覺。教練牽著我往珊瑚和魚群而去，後來放開我的手，對我比著OK的手勢，我也回應他沒問題，他指著前方特殊的扁平細長的一群透明的小魚，接著我又去拉他的手，覺得牽著他才感到安全。我們經過一段長長的斷崖，他試著放開我的手，想要我有自己獨自游一段的感覺，我照做，之後，還是又去拉他的手。

我想，戀愛也是，如果對方緊抓住你，完全依賴你，剛開始甜蜜時，可能因為男性的騎士精神或母性的光輝想要照顧對方，並享受那種被需要的感覺，但是，時間久了，你會感覺像是背負著一個沉重的負擔而想擺脫。一個人，不分男女，如果你不能是一個獨立的個體，擁有自我的想法和特質，那麼你將很難得到尊重。我潛在海裡的時間不過三十分鐘，教練為了賺我的錢，只能暫時配合忍受我的「黏」，可若是在現實生活中你可能是要和某個人過日子的啊！

我想起福樓貝《波法利夫人》裡的艾瑪，少女時期被送到修道院陶冶，自此開始夢想貴族般海闊天空的愛情生活。成年以後，她嫁給一位平庸的醫生，成為波法利夫人。平淡的生活很快破滅了她的浪漫幻想，波法利為了解除她的煩悶，於是遷居到雍維勒鎮。在這裡，情場老手何多夫乘虛而入，艾瑪錯把他當成夢寐以求的情人，從半推半就，到難捨難分，卻在要求與他私奔時遭到拋棄，艾瑪在精神上受到很大的打擊。後來她在盧昂遇到舊

識——雷翁，兩人舊情復萌，過了將近兩年偷情的生活，最後也遭到遺棄，並使她債臺高築。最後在高利貸商人的逼迫之下，她求告無門，服毒自盡。

艾瑪的悲劇就在於把生命交託在別人身上。我想，我可以把這樣的經驗告訴我的學生。

部分原載〈潛入水中的愛情〉，《聯合報》，2003年3月25日，繽紛版；〈馬那多——潛水玩家天堂〉，《中國時報》，2003年4月4日，旅遊版。

第五節　特愛拍照的土耳其人

旅遊了將近60個國家，與各個不同文化民族的人有或深或淺的交流，但從沒見識過像回教國家土耳其人這麼熱情，這麼愛拍照的民族。他們應該算是回教國家裡最奔放最可愛的一個民族了。

12年前，在還沒有數位相機的時代，我已經拜訪過土耳其，參觀了幾個重要的世界遺產。2013年寒假，專業導遊姊妹淘Ping和我計畫前往匈牙利和斯洛伐克，因為在伊斯坦堡轉機，便想利用自助遊好好再深入了解伊斯坦堡。

重訪伊斯坦堡，就覺得伊斯坦堡變了，變得難以想像的活力四射，整個城市是快速流動的，男人好像也變得不那麼「花癡」了。因為12年前走在街上，男人們總盯著妳瞧，非常不自在，也感到不安全，晚上都不敢在街上溜搭。如今想想也許不是他們變

得不那麼「花癡」了，而是我們老了，不再被盯著看了；也有可能是觀光客變多了，他們已經司空見慣見到女遊客了。但是，唯一不變的是他們特愛拍照的本性

回國整理照片時，才發現我的每一張被「強迫」的合照都有些「驚嚇」或「無奈」。他們除了愛和觀光客合照，也會主動表示要幫你們合照，不管是在買水果的小攤，結完帳後老闆要求合照；在餐廳裡和送上的食物合照時，服務生也會突然止住本要離開的腳步在妳後頭來一張不請而來的合照，而且笑得比妳還開心；又或者是在商店裡，當妳還在為商品跟老闆討價還價時，老闆說：「好吧！來張合照吧！就算妳便宜了，誰叫我們成為好朋友了。」

在香草市集看到一家賣乾果的商店，攤子擺得很有氣質，Ping不禁按下快門的同時，有個店員正好幫客人結帳的同時，還同時擺了POSE大聲對我們說：「拍我，拍我。」Ping只能聽從他的命令幫她拍了一張笑開懷的照片。然後，他熟練地拿了一個超大的無花果折了兩半，然後沾上核桃說要請我們吃。

我們立刻婉拒。因為擔心吃人嘴軟，接下來會不會纏著我們要買。就在此時，他說：「我只是請妳們吃，妳們若不吃，會讓我心碎的。」天啊！這個小鬼的話和土耳其的甜點一樣甜滋滋的。搞得妳不拿都不好意思了。

最奇特的是，我們在往聖索菲亞大教堂的路上遇到包著頭巾的女孩，已經跟我們擦身而過了，卻往回追著我們、攔下我們，說要跟我們合照。之後，還秀照片給她的朋友看，一副得來不易的樣子。

小孩也是天真無邪的，在朵瑪巴切皇宮外遇到一群參加校外教學的孩子，他們看見我們是外國人，就在等候老師買票時，一直在我們身邊跑來跑去，對我們的相機感到好奇。後來，我主動招手表示要拍照，他們毫不考慮地就跑過來，毫無心機的純真對比我們在旅途中對他們的防備，反而顯得我們小器。

　　有幾次我們循著地圖在找路時，都有路人主動過來關切，我們甚至因為他們的過度熱絡而拒絕，擔心對方不懷好意，不知是不是我們拒絕得太明顯，甚至有個男人說：「我不是壞人，只是想要幫助妳們。」

　　這個融合了多元文化的城市真是太有意思了，而其意思就在於生活在這裡的人。

　　　　原載於《聯合新聞網》首頁新聞頭條區網評，2013年3月24日。

第六節　和旅行豔遇

　　渴望飛出心靈的桎梏，無遠弗屆，超脫世俗的藩籬，尋風、探花、訪雪、賞月，出走生命的蓬亂，洗滌凡俗的庸碌，剪裁空靈的心境國度——剔透晶瑩。

　　想帶著愛的行囊，和可以心靈對話的伴侶，到加拿大住魁北克的冰酒店，相互取暖；到日本北海道的札幌沐浴溫泉，奔赴洞爺湖的煙花，在花火大會中一起讚嘆；到德國穿越黑森林，找一

間靜謐的湖邊餐廳，品嚐有著白蘭地香味的黑森林蛋糕；到科隆挑戰體力，爬五百零九級的階梯登上大教堂的鐘塔，看全世界最大的教堂吊鐘；到希臘的聖托里尼去看號稱世界之最的伊亞落日。

還要去看一眼世界的盡頭──到挪威的北角看二十四小時掛在天空的太陽，讓炎熱的陽光，充分擁抱愛情；到南美洲智利的合恩角，去感受世界最底端的自然景觀的壯麗，讓冰川、奇峰與我們共舞；前進南非的好望角，往盡頭的「角點」（cape point）逼近，在步道的盡頭，執手體會處於大陸末端的孤絕與誠敬；到歐陸極西葡萄牙的羅卡角，申請「到此一遊」的證書，去領受親眼見到鋼印蓋在融化紅蠟上的古典風情的悸動。

到南非等待二百七十度色彩繽紛的大落日，在夕陽墜入地平面前，互許諾言；到美加間的尼加拉瓜大瀑布，站在它面前，緊握雙掌，讓它磅礴的氣勢，奪走我們的呼吸，讓它揭開心中的帷幕，聽從彼此內心的呼喚。

到芬蘭的聖誕老人村，在郵局事先寫好給對方的聖誕卡，指定寄信的時間，然後在聖誕夜，一起收到對方的祝福；還要和你一起上黃山，共同鎖上「連心鎖」，並把鑰匙丟下山崖，讓山神見證我們「此情綿綿無絕期」。和旅行進行一場豔遇後，以平穩的飛行速度，讓愛在永恆中滑行、靜止，平安降落。

第三段〈看世界的盡頭〉刊於《中國時報》旅遊周報；
餘原載於《聯合新聞網》，2002年8月20日。

Q 計劃一趟小小出走，利用一輛單車或一雙腳，帶著一張地圖和一本筆記書，記錄行走的見聞。

Q 你贊不贊同旅遊是可以放掉憂愁煩惱以及讓人成長、轉變？為什麼？請舉實例說明。

Q 你認不認為閱讀旅遊文學可以擴充對世界的想像？請加以說明。

Q 介紹你曾見過最浪漫美景，在哪個地方？是日出、彩霞、明月、繁星，還是碼頭、沙灘？以及你所體驗的浪漫感受。

Q 請從〈和旅行豔遇〉一文的最後一段，設想「永保安康」的車票為當地帶來的相關商機。如果你要以此創意概念推動台灣觀光風潮，你會設計什麼樣的鐵道行銷之旅？

范仲淹〈岳陽樓記〉

　　予觀夫巴陵勝狀，在洞庭一湖。銜遠山，吞長江，浩浩湯湯，橫無際涯；朝暉夕陰，氣象萬千；此則岳陽樓之大觀也，前人之述備矣。然則北通巫峽，南極瀟湘，遷客騷人，多會於此，覽物之情，得無異乎？

　　若夫霪雨霏霏，連月不開；陰風怒號，濁浪排空；日星隱耀，山嶽潛形；商旅不行，檣傾楫摧；薄暮冥冥，虎嘯猿啼；登斯樓也，則有去國懷鄉，憂讒畏譏，滿目蕭然，感極而悲者矣！

　　至若春和景明，波瀾不驚，上下天光，一碧萬頃；沙鷗翔集，錦鱗游泳，岸芷汀蘭，鬱鬱青青。而或長煙一空，皓月千里，浮光耀金，靜影沉璧；漁歌互答，此樂何極。登斯樓也，則有心曠神怡，寵辱皆忘，把酒臨風，其喜洋洋者矣。

第六章

心靈凝視
——寄明信片給自己

第一節　義大利：下一個轉彎還有驚喜

　　奧黛莉赫本因《羅馬假期》榮獲1953年奧斯卡最佳女主角。片中她飾演到各國進行親善訪問的安妮公主。一心渴望擺脫繁文縟節的皇宮生活的公主，在訪問羅馬時，偷溜出走，在羅馬逛起大街。公主意外邂逅了一名美國新聞記者，原本不知道公主真實身分的記者，在發現事實後，為了私下搶獨家新聞，記者騎著偉士牌機車載著公主到羅馬各個著名的旅遊點展開觀光，也展開兩人短暫的愛戀。最後，公主回到自己的軌道，記者為保全公主的名聲，也保留和公主所有的記憶。

　　已經記不得小時候第一次看《羅馬假期》這部黑白片是什麼時候了，但是，卻記得每一次百看不厭的對羅馬的期待。

　　1990年，在一臺幣還可以換55里拉時，我們自助旅行從法

國一路開車來到義大利，我滿心期待見到《羅馬假期》裡的美麗場景。

羅馬真不愧被稱為全球最大的露天博物館──羅馬競技場、君士坦丁拱門、農神廟、西班牙廣場、無處不在的噴泉有三千多座……，古羅馬帝國兩千五百年的強盛歷史，全在這個聞名遐邇的古都展現其全盛的霸氣。

在《羅馬假期》裡最讓人印象深刻的就是真理之口（Bocca della Verati），位於韋恩河畔科斯梅丁的聖母院入口處的左側。記者對公主說，所謂「真理之口」，據說要是撒謊的人把手伸進模仿河神的臉的大巨石，手就會被咬掉，那是專門懲罰說謊的人的。慕名而來的大排長龍的遊客，等著把手伸進去試試看呢！

經過西班牙階梯廣場（Piazza di Spagna），那是電影中公主雀躍跳躍上上下下之處，但實際是，接近中午時廣場上已經人山人海，有街頭藝人正在表演，有人搭乘傳統馬車在巡禮；階梯上滿坑滿谷的遊客，有的坐著休息，有的站著照相，根本想像不出階梯的全貌。可以想像的還是電影中剪去一頭長髮的公主坐在階梯上吃大口吃著霜淇淋，然後問記者：「你真的願意來陪我做這些新鮮的事情嗎？」

的確，這裡滿是新鮮啊！臺階上的畫像、賣花的小攤、相擁的情侶……，下一個轉彎總還有驚喜啊！

總是因為美麗的傳說，帶給人們永恆的美好願望。「幸福噴泉」（Fontana di Trevi）就有一個美麗的傳說，傳說許願時必須背對著噴泉，右手持著錢幣，往左肩方向，將硬幣投入噴泉的池子

內，每丟一個錢幣許一個願，但是第一個願望必須是重回羅馬，那麼第二枚硬幣所許下的願望才會靈驗，所以，「幸福噴泉」又被稱為「許願池」。「許願池」裡積存著一層又一層的硬幣，代表著人們無止盡的厚重希望。

因為「幸福噴泉」是《羅馬假期》的場景之一，所以「愛情池」成了幸福噴泉的另一個別稱，我在池邊見到雙雙對對的情侶一起虔誠的許著願望，然後背對著噴泉，從左肩以上拋出硬幣到水池裏，希望美夢成真。

泉水叮咚，聽覺是享受，視覺也是藝術，幸福噴泉的雕刻相當細膩，池中有一個巨大的海神，駕馭著馬車，四周環繞著西方神話中的諸神，每一尊雕像神態都不同，都是一個完美的藝術品，在「幸福噴泉」後面的「波里侯爵宮殿」，正好襯托出噴泉的氣勢。

其實，要想見羅馬帝國的強盛，從「羅馬競技場」所展現宏偉的建築智慧，便能輕易獲知。

「羅馬競技場」的建築形態起源於古希臘時期的劇場，那時的劇場都是呈半圓形依山而築的，觀眾的座席就隨著山坡層層而上；到了古羅馬時期，有所謂的圓形劇場，不再倚山而建，建築師將兩個半圓形的劇場對接起來，並利用拱券結構把觀眾席架起來，看臺一層層往後退，形成階梯式的坡度。而「羅馬競技場」就是氣勢最為恢宏的一個橢圓形角鬥場。

「羅馬競技場」是由被奴役的八萬名猶太俘虜，歷時八年修建完成，看臺四層，整座圓形劇場共有八十個呈拱型的入口，可

以容納五萬人以上。然而，因為入場設計周到，可以在十分鐘內進入劇場內坐定，可見目前大型體育場的入場設計是從過去沿用下來的。

競技場的看臺約有六十排，分為五個區，最下面前排是貴賓區，供元老、長官、祭司使用；第二區到第四區分別是供貴族、富人和普通百姓使用，最後一區則全部是站席，提供給底層婦女使用。觀眾席上還有用來遮陽的吊掛的天篷。

競技場最熱門的節目是「鬥獸」，堅持信仰的基督徒，受到古羅馬帝國殘酷的迫害——基督徒和獅子、老虎相鬥，一直到猛獸將基督徒撕裂而死，可以想見其殘忍血惺。相當諷刺的是，這個充斥著冤魂的殺戮場，今日卻成為遊羅馬必訪的觀光勝地。

《羅馬假期》電影最後，記者問安妮公主：「妳走了這麼多地方，哪個城市讓妳印象最為深刻？」公主說：「羅馬，無疑是羅馬，這裡的一切記憶我都會珍惜，直到永遠！」離開羅馬展開下一站行程時，我也是以明快悠閒的心情去珍惜羅馬的所有點滴！

走進「梵蒂岡」這個迷你小國，還讓人相當懷疑，因為「聖彼得廣場」的正門與羅馬的大街只用一個欄杆隔開，僅一牆之隔，算是市中之國。

「聖彼得大教堂」（Piazza San Pietro）真不愧為世界天主教會的中心。她迎接遊客的正面就像是一個展開雙手擁抱孩子的母

親，讓人感覺溫暖；我們三姐妹算一算離家已經十二天，突然有點想家了，既然我們的衣著不夠整齊，進不了教堂，索性就買張明信片在廣場上坐下來，一邊寫信回家報平安，一邊欣賞米開朗基羅所設計的教堂的圓形穹頂，圓頂廊簷上有耶穌基督的雕像位於中間，廊簷兩側各有一座鐘，右邊的是格林威治時間，左邊的是羅馬時間。我極喜歡這座教堂給人的清新立體感，有別於其他大教堂的肅靜沉悶。

我環顧整座大教堂，並在心中祈禱父母平安健康，我們為了第一次出國門的這趟自助旅行，籌劃一年間打工募款賺旅費，找想雙親是擔心的，一下子三個女兒一起離家，可是雙親把憂心放在心底，送我們出國門，讓我們展開雙翅飛翔。

寫好明信片，我們走到教堂左側，見到身穿制服的衛兵隊正成為模特兒和遊客合影留念，我們也過去排隊，留下紀念。在教堂正門向右的轉角處，見到米開朗基羅不到二十五歲的雕塑名作——《母愛》，悲痛逾恆的聖母瑪麗亞右手緊摟受難後遍體鱗傷的耶穌，左手微開，垂首凝目表達了對上帝意旨的順從。

車行至拿坡里（Napolie），即那不勒斯，我們先找到中央車站旅客服務中心，櫃臺裡的中年男子親切地為我們介紹值得觀光的市區點，並打開地圖，圈出青年旅館和便宜的餐廳介紹給我

們，南歐人的親切，像燦爛的陽光般給人絕對的熱情。

　　我們停好車，從「梅爾吉林納」車站沿著海邊走到「散塔露西亞」港，不約而同哼起小時候唱過的義大利民謠「散塔露西亞」。這裡的街道嘈雜，交通紊亂，好像回到臺灣，很有親切感。我們在書上讀到道地的義大利美食多源於此地，於是在拜訪完「蛋形城堡」後，找了家戶外餐廳，點了披薩當主食，甜點是霜淇淋。義大利人的民族性和臺灣人一樣好客，在餐廳用餐時，老闆特別過來詢問味道如何？我們豎起大拇指大讚好吃，老闆還送了一大盤沙拉招待，並不厭其煩地告訴我們他的特製醬汁的作法。

　　我們一邊用餐，一邊欣賞日落，整個感覺相當「地中海」。難怪義大利人說：「朝至拿坡里，夕死可矣。」

　　在拿坡里近郊因維蘇威火山爆發，而湮沒的古城龐貝（Pompeii），在西元79年，稱得上是古羅馬帝國最繁榮的城市。

　　十八世紀初，義大利農民在火山西南八公里處修築水渠時，從地下挖出經過雕琢的大理石碎塊，還有古羅馬的錢幣。1748年，又有人在附近挖出一塊上面刻有「龐貝」字樣的石塊。終於揭開龐貝古城的面紗！

　　從挖掘出來的龐貝城可以見到神殿、廣場、劇場、音樂廳等建築，還有鱗次櫛比的店鋪，而長方形廣場的四周，是政治、經濟和宗教的中心。還可以見到貧富差距的住屋水平，有錢的商

人和貴族的房子有寬闊的中庭，牆上有壁畫，後花園有花臺、藤架、水池和迴廊，門口地板上還有犬隻的馬賽克鑲嵌畫，表示「內有惡犬」。

在考古出土的一只銀製杯上刻著：「盡情享受生活吧！明天是捉摸不定的。」的確，從現今遺址可以想見當時龐貝市民極其奢華淫亂的富裕生活。

設計細緻的公共浴場，設備齊全，更衣室、按摩室和美容室，浸浴的浴池也分為冷水、暖水和熱水三種；城內的競技場是現存的羅馬競技場中最古老的一座，當時所有的龐貝居民和奴隸合起來的人口數據，統計是二萬人，而這個競技場卻可以容納一萬兩千名的觀眾，可以見得一般居民的消費享受力。

有衛道人士表示：龐貝城和至少五千名居民所以在維蘇威火山的怒吼中從大地上消失，並原封不動地被火山灰凝結，而上帝又安排讓人們挖出龐貝遺址——見到糜爛淫亂的男女交合、通往妓院街道地面上刻著男性陽具作為指示的路標、競技場的規模展現人們對暴力的崇尚——主要是神對人們的警告和提醒。

令我印象最深刻的是，人們在火山灰掩埋下的遇難者屍骨孔洞內灌注石膏，用以真實呈現龐貝居民臨死前臉上剎那的驚恐與最後掙扎的痛苦模樣。

❯　　❯　　❯

「佛羅倫斯」是從義大利文 "Firenze" 翻譯而來，而我們中國的才子徐志摩將其以義大利發音而譯成「翡冷翠」，賦予其高貴優雅的感覺。

走在這個充滿濃厚中世紀味道的古老城市，想起徐志摩在〈翡冷翠山居閒話〉中寫著：

> 在這裡出門散步去，上山或是下山，在一個晴好的五月的向晚，正像是去赴一個美的宴會，比如去一果子園，那邊每株樹上都是滿掛著詩情最秀逸的果實，假如你單是站著看還不滿意時，只要你一伸手就可以採取，可以恣嘗鮮味，足夠你性靈的迷醉。陽光正好暖和，決不過暖；風息是溫馴的，而且往往因為他是從繁花的山林裡吹度過來他帶來一股幽遠的淡香，連著一息滋潤的水氣，摩挲著你的顏面，輕繞著你的肩腰，就這單純的呼吸已是無窮的愉快；空氣總是明淨的，近穀內不生煙，遠山上不起靄，那美秀風景的全部正像畫片似的展露在你的眼前，供你閒暇的鑒賞。

像我們這樣的背包客是最適合走在徐志摩筆下的翡冷翠——

> 作客山中的妙處，尤在你永不須躊躇你的服色與體態；你不妨搖曳著一頭的蓬草，不妨縱容你滿腮的苔蘚；你愛穿什麼就穿什麼……你可以拿一條這邊顏色的長巾包在你的頭上，學一個太平軍的頭目，或是拜倫那埃及裝的姿態；但最要緊

的是穿上你最舊的舊鞋，別管他模樣不佳，他們是頂可愛的好友，他們承著你的體重卻不叫你記起你還有一雙腳在你的底下。

用心踏著我們腳下的舊鞋，去欣賞翡冷翠具有歷史價值的「雅諾河」（Fiume Arno），還有「維琪奧橋」（Ponte Vecchio）這座已有六百多年歷史的老橋，她依舊保留著文藝復興時期的原貌，自然而不矯然造作，徐志摩說：

> 所以只有你單身奔赴大自然的懷抱時，像一個裸體的小孩撲入他母親的懷抱時，你才知道靈魂的愉快是怎樣的，單是活著的快樂是怎樣的，單就呼吸，單就走道，單就張眼看，聾耳聽的幸福是怎樣的。因此你得嚴格的為己，極端的自私，只許你，體魄與性靈，與自然同在一個脈搏裡跳動，同在一個音波裡起伏，同在一個神奇的宇宙裡自得。……自然是最偉大的一部書……只要你認識了這一部書，你在這世界上寂寞時便不寂寞，窮困時不窮困，苦惱時有安慰，挫折時有鼓勵，軟弱時有督責，迷失時有南針。

我想像著性情中人的徐志摩被這裡的悠閒風情所吸引時的悸動，才有辦法那麼精準地寫出翡冷翠的獨特。

信步走到「聖羅倫佐市場」（Market San Lorenzo），這個露天市場的攤販賣的多是皮件，我們被十號攤位所賣的各種顏色的

手套給吸引，老闆招攬著我們，說是可以試戴看看，不買也沒關係。他先是幫我手上抹一層油，然後，讓我的手肘枕在一個小軟墊上，最後，試戴上我所挑選的桃紅色的手套。老闆在計算機上按下28000，28000里拉折合臺幣要510塊，雖然老闆給了我們折扣，但是，這個價錢對一個大學生來說實在還是太貴了，我真下不了手啊！跟老闆道謝後，沿著河邊走，竟走到「聖克羅斯教堂」（Chiesadi Santa Croce），這座教堂根本就是一座大祠堂，裡面供奉的全是文藝復興時代的大師——哥白尼、但丁、米開朗基羅等，每個陰碑上密密麻麻的文字，應是詳細記錄了他們的豐功偉業。

特別是米開朗基羅捨棄葬在「梵蒂岡」，而選擇自己的出生地的「佛羅倫斯」。米開朗基羅出身於貴族之家，父親曾擔任市長。據說在他六歲喪母時，父親找了一個石工的女兒做他的奶娘。不知是不是因為這個緣故，他幼年時就有著石工的氣質，後來也和大理石結下不解之緣，而成為偉大的雕刻大師。

米開朗基羅在十六歲時完成第一件雕刻作品《階梯旁的聖母》便得到贊助人對他的才華的認同。而他後來的《大衛》雕像的成功，使他成為當時最偉大的雕塑家。其實仔細觀察他的作品多有著憤世嫉俗的沉痛和憤怒情緒，原因在於「翡冷翠」長期陷於皇帝與教皇兩派惡鬥的不穩定中，從他有意將大衛塑造成一位有著大無畏勇氣的健壯戰士可以想見。

米開朗基羅曾接受羅馬教皇的委託，以將近六年的時間完成巨幅壁畫《最後的審判》，作畫期間他還曾從高架上摔下跌斷了腳，但仍以堅定的意志，完成這幅傑作。

在米開朗基羅生命的最後二十年，他以極大的熱情投入建築中，設計並主持了「聖彼得」大教堂的建築工作，這使他又成為文藝復興時期聞名的建築師。

🕊　　🕊　　🕊

「威尼斯」（Venezia），曾被拿破崙稱讚是「歐洲最美的客廳」，要進入這個最美的客廳必須搭乘水上巴士，這裡是禁止汽車進入的，是歐洲最大的無汽車地區。所有要進入威尼斯的車輛要停放在「羅馬廣場」。

威尼斯有著屬於她特有的寧靜，這可能要歸功於她的水路交通。水上巴士經過「威尼斯」大運河，在運河兩邊有許多看起來很華麗的房子，這些豪宅大部分都是在威尼斯最富強的十二到十四世紀的有錢人所建的，簡直就像是一棟棟的水上皇宮。

「聖馬可廣場」是威尼斯的地標，廣場上咖啡館很多，但最有名的是1720年就開始營業的「弗羅里安」咖啡館（Caffe Florian's），這間有自己的樂隊，門口擺了將近一百張的小圓桌的咖啡館，座無虛席，我想，一定有不少人是為了海明威和拜倫曾在這裡沉思或寫作而來。

廣場上飄散著咖啡香，還有悅耳的現場音樂表演，對了！廣場上的鴿子都很肥大，不怕人，走在廣場上要小心被鴿子撞到，在戶外餐廳吃比薩，也要注意鴿子冷不防飛來搶食。

我覺得威尼斯簡直是個水上大迷宮，就算手上有地圖，也

會一再地迷路，因為太多交錯的運河，太多的道路狹窄的小街小巷，但都各有其風味，穿梭迷路其中，也相當有意思，後來，我們決定就隨興而走吧！

不要說威尼斯的四季給人不同的感受，單單威尼斯的一天就有不同的變幻——清晨的「威尼斯」有一種脫俗的虛假；午後的「威尼斯」又有著世俗的慵懶；而夜晚的「威尼斯」很容易讓人炫惑。

走在威尼斯各式的橋上，感覺很特別，威尼斯有幾百座橋都可以讓行人通行，獨獨除了「嘆息橋」（Ponte dei Sospiri）。「嘆息橋」對比著兩棟不同的樓宇。一邊是總督府，據說在十四世紀的共和國時代，裡面可以容納將近兩千人的王公貴族，白色的大理石上，刻鏤著美麗的圖案，拱形的花窗，更加襯托出對面那一棟粗壯鐵柵的黑暗，那是當年的監獄，被判了刑的重犯，被打入這個永不見天日的地下室。而當犯人被定罪後，從這一邊的總督府要被押另一邊的地牢時，經過「嘆息橋」時是可以被允許再在嘆息橋上駐足，透過由八瓣菊花組合雕鏤的窗櫺，看最後一眼外面的世界。

據說有個被判了死刑的男子在「嘆息橋」上往下俯視，正好見到他心愛的女人和一個男子坐在貢朵拉（gondola）上擁吻，船往橋下駛過時，這個悲痛絕望的男子也一頭往大理石花窗撞去，

男子當場血流成河，屍體被處理後，悲慘的故事多被遺忘，「嘆息橋」只被說成是犯人們最後一瞥的地方，但傳說卻被改編流傳為——坐貢朵拉的情侶經過「嘆息橋」下時，在橋下擁吻，那麼他們的愛情就能天長地久。

　　這個故事讓我體會到沒有人喜歡與痛苦或悲傷，長期為伍，人和多數植物一樣，也是「向陽」的，大家都樂於歌誦美好的事物，地球並不會因為你一個人的悲傷或哭泣而停止轉動，想要讓憂鬱遠離，只能靠自己，靠自己的意志，迎向光明。

　　其實旅行也是一個遠離憂鬱的絕佳方法。因為旅行，好像很多事情都變得相當值得，值得想像、值得期待、值得排隊，就算是在「烏菲茲美術館」（Galleriadegli Uffizi）大排長龍地等待一賭達芬奇、喬托和米開朗基羅的作品，也不覺辛苦；就算徒步攀登四百六十三級石梯的「聖母之花大教堂」（Duomo），登上教堂圓頂，俯瞰全市景色，也大讚必要；必要的還有沉浸在「托斯卡尼」的山居歲月，感受義大利純粹的鄉野之美；美的還有威尼斯式的手工玻璃面具，就算買不起，單單純純的欣賞也是值得啊！

　　　　原載於《今日生活》，2010年9月、12月，第397~398期。

第二節　在「彩虹國度」裡載欣載奔

　　在約翰尼斯堡飛往開普敦的國內班機上，空服員送來飲料和點心，在點心盒的外包裝和紙杯上出現了幾行英文字，原來他們相當用心地利用機會，教導觀光客幾個常用的南非語，而且你所得到的南非語，可能和鄰座的人是不同的。Aikona最接近 "Are you crazy!" 的意思。最有意思的是——Yebo: ("Yeh-boh"). The Zulu word meaning "yes" is widely used in all eleven national languages. We could just say "yes", but that wouldn't be very colourful, would it? After all, we're the rainbow national! —— "rainbow national" 的解釋，正好說明了南非由各色人種組成，黑人、白人、印度人、猶太人、歐洲人、華人還有非洲原住民，而形成獨特的文化，這樣的多元色彩，當然成就了所謂的「彩虹國度」——人種多、語言多、菜式多。

　　移民到南非的華僑導遊說：南非的公務人員對外國人相當友善，他剛到南非必須辦理一些相關手續，有時填寫一些文件，面對表格裡的英文專有名稱，正是一個頭兩個大時，辦事員主動拿他的護照或相關證件幫他填寫；有一個華僑老太太到郵局領包裹，對方看她年紀大不懂英文，也是主動幫忙填寫表格，老太太為了感謝他的服務，在領到包裹的同時，塞給他10塊錢Rand，結果對方要她把包裹打開檢查。

南非的錢幣頗能展現該國的特色，就紙鈔來說——200塊面額的正面是花豹；100塊是非洲水牛；50塊是獅子；20塊錢是大象；10塊錢是犀牛——這五種動物，正是我們所謂的「非洲五霸」。就連銅板也不是人頭像，如一塊錢的銅板是飛躍的羚羊。

南非人民貧富懸殊很大，車子出了機場，要接上高速公路前便見到黑人區的房子，其破舊不堪，若非眼見為憑，實在難以想像，單拿九二一的組合屋和他們相比，就已經有天壤之別。車子在馬路上行駛，可以見到他們在馬路上車了等綠燈時，沿車賣報紙、賣鮮花；也可以見到有人聚集在橋墩下，身上掛著牌子販售自己，希望可以找到勞動的工作。

抵達南非的母城——「開普敦」後，原本安排搭乘360度旋轉纜車登上「桌山」，但當時因為起霧，纜車停開，因此，導遊要我們祈禱希望明早天候適合上山。從山下看「桌山」，果然就是如刀鋒削平像桌面一樣平坦的山頂，相信若能站立在如桌面的山頂，極目遠眺平靜無波的桌灣，應能將開普敦的美景盡收眼底。然而，人生無常，氣候也無常，隔天一早，我們還是又撲了空，原本有些失望，後來，轉念一想，生命中留下些許的遺憾也是好的，因為，之於南非，我會永遠記得由於起霧而兩度上不了的「桌山」。

「開普敦」的繁榮有點出乎我的意料之外，沿山坡而築的房子，市區寧靜美麗的多處公園綠地，還有「維多利亞」和「阿弗烈德」水門遊樂區，都能輕鬆享受悠閒的異國風情。

沿著大西洋沿岸，一路南下，海岸山色，盡收眼簾。導遊介

紹說：在南非，民眾若想海釣，可以到郵局購買許可證，政府可允許捕捉龍蝦、鮑魚，但最多各四個，鮑魚的直徑規定在十三公分，若不遵守規矩，被環保局查到是要罰錢的，而這只限於自家食用；若是涉及商業行為，政府又有不同的規定。其實，基於保育觀念，現在不太允許人民捕食鮑魚，因為，鮑魚可以算是清除海裡垃圾的清道夫，老外非常難以理解：為什麼中國人那麼愛吃鮑魚？

「摩梭灣」和「好望角」在航海歷史上有著相同的重要地位，都是影響歐洲人發現東方航路上的一個重要的里程碑。十五世紀末，葡萄牙國王企圖要找尋一條通往東方印度的航道而稱霸海外，於是在1486年派遣著名的西班牙航海探險家巴托羅・狄亞士（Bartolomeu Dias）為首的探險隊，沿著非洲西海岸航行，展開開闢通往印度航道之旅。1488年，經過一年多艱辛的航程，當船隊從大西洋轉向印度洋時，遇上了洶湧的海浪襲擊，幾乎要全船覆沒，迪亞士便將此發現的岬角命名為「風暴角」，後來更名叫「好望角」。

繞過「好望角」後，為補充船上的飲水，狄亞士將所率領的兩艘帆船停靠於此，而發現了「摩梭灣」，登上「摩梭灣」，發現海岸處水窪湧出清水。在往後的數百年間，「摩梭灣」便扮演著往來歐、亞船隻最不可或缺的中間休息補充站。

在現今的「迪亞士航海博物館」內陳列著一艘完全仿造自狄亞士於1488年首次登陸「摩梭灣」時所搭乘的單樟帆船，而且可以登船參觀拍照，和歷史撞擊的感受力會更貼切。

在「摩梭灣」有一棵在移民時期具有傳遞書信功能的樹，這個在旅遊書上所說的「郵政樹」，實際上是牛奶樹，也就是品種不同的榕樹，為什麼牛奶樹會變成郵政樹呢？在1500年，當時荷蘭東印度公司的船隊，經過這個海域的外海，但卻不幸發生船難，船長逃生到岸上，並把船難發生的經過紀錄下來，然後將那紀錄放進馬靴裡，掛在樹上。過了一年，另外一支東印度公司的船隊上岸，有人發現馬靴裡有東西，拿出來一看，才知道原來去年在這裡發生了船難。從那時起，從西方要往東方去的船員，如果想念家鄉或愛人，就把心情寫成書信，然後，掛在靴子裡，而從東方要往西方去的人，經過這裡，就負責將書信按其收信地，分發往法國、西班牙、葡萄牙的船隻去傳遞。

現在有了郵政局，不需要郵政樹了，但為了紀念，有關當局在這裡立了一個石雕的大靴子，其實就是一個郵筒，如果你到了這裡，可以買一張卡片，記得貼上郵票，然後將卡片投入大靴子的郵筒裡，兩個禮拜後就可以在臺灣收到卡片。

有人總會因為長途飛行的難熬，而對旅行望之卻步。長途飛行當然疲累，但是，當你眼見果然如桌面一片平坦的「桌山」；當你登上好望角的最頂端，俯瞰大西洋和印度洋交會的浩瀚壯麗的海天一色的景致；當你在企鵝生態保護區，觀賞成群活潑又逗趣的企鵝，就在你的眼前忙著築巢，並發出難以想像的叫聲；當你搭乘遊艇出海，前往海豹島，見到上百隻海豹聚集在一起嬉鬧，島上黑鴉鴉的自然生態呈現；當你在鴕鳥農莊——歐次頌——不論是站在巨大的鴕鳥蛋上拍照，還是觀賞鴕鳥競走或親自

騎上鴕鳥；當你在科斯坦伯斯國家植物園欣賞非洲獨有的草木花卉，或漫步在綠油油的草坪上；當你可以進到規模龐大的甘果鐘乳石洞，欣賞渾然天成造型奇特的各種石柱、石筍和石幕，還有布希曼人遺留下來的壁畫；當你進到黃金礦脈城，搭乘吊車深入地下兩百多公尺的礦坑，實際體會礦工開採黃金的設備及其冶金的艱苦；當你搭乘敞篷四輪傳動的狩獵吉普車，隨著專業嚮導敏銳的鷹眼，找尋保護區內各種的野生動物的足跡，大自壯碩的犀牛、大象、獅子、長頸鹿，小至奮力推著「黃金」的糞金龜，還有水塘裡的河馬，近在咫尺，自己像是置身原始蠻荒，每一次拿起望遠鏡時的心情都是既興奮又刺激；當你進入由荒野叢林中開拓出來的人工城堡──「太陽城」（SUN CITY）的渾然天成的自然美景，你會更相信人定勝天，而「失落城」（THE LOST CITY）的富麗堂皇，以「霸氣」兩字還難以形容，她的美處於世外桃源之中，會讓你懷疑是否是海市蜃樓；當你可以在飽餐全隻龍蝦海鮮大拼盤後，拿著吃不完的薯條，走到餐廳外的沙灘上，與海鷗分享你的午餐，讓腦袋放空，此時的你完全可以體會所謂的「鷗鳥忘機」──我想，搭機、候機、轉機，一切都是值得的。

　　同行的團友問我：跑過那麼多國家，哪裡最好玩？我說：心情對了，人對了，到處是天堂。然而，人生苦短，我才不允許自己的心情不對，反而要以載欣載奔的心情，讓靈魂隨時重新充電。

第三節　盡收幸福的「北海道」聲音

　　一天午後，心血來潮整理櫥櫃，在櫃子裡層見到一個音樂盒。喔！是在北海道「小樽音樂盒堂」挑選了好久的音樂盒，這家店是號稱日本最大的音樂盒專賣店。打開音樂盒，讓優美的音樂流洩，這些都是當初在千挑萬選中選出自己喜愛的音樂，然後裝到盒子裡的，那是在店裡挑選現成的音樂盒的另一種選擇——獨一無二，專屬於自己的，而這也成為該店的一大特色。停下手邊的工作，走到咖啡櫃取出一個精巧的小咖啡杯，這個咖啡杯是在「銀鐘咖啡館」，品嚐完香醇的咖啡，店家直接送給客人帶回去的紀念禮物。我在咖啡杯中倒入煮好的咖啡，輕啜一口，讓思緒隨著視覺、聽覺與味覺的放肆，回到2004年8月初的北海道假期。

　　我好像走回了小樽既古樸又很有羅曼蒂克異國風味的街道上，在歐洲建築、蒸汽鐘前留影，在玻璃街上留連，海風拂來，滿是浪漫。我喜歡小樽，在於她是那樣具有生命力。過去小樽以漁業為主，需要照明燈具，因此，很多有名的玻璃製造師紛紛前來到小樽。後來，漁業沒落了，觀光產業取代了過氣的漁業，玻璃工房卻闖出名號，成就另一番名氣，注入了新的契機。

　　而最富盛名的小樽運河，在過去失去運輸功能時，差點面臨被填平的命運，如今在淺草橋和中央街之間的運河旁，排列著

小樽輝煌時期遺留下來的倉庫，在幸運逃過一劫後，經過精心規劃，搖身成為充滿懷舊氣氛的咖啡館、啤酒屋和海鮮餐廳，石造的牆垣和紅色磚瓦彷彿訴說著從明治中期，到昭和初期的歷史氣息，在古今交流中，在動靜協調裡，成就小樽最浪漫的氛圍。

整個北海道到處展現著生生不息的律動，比如號稱北海道地標的「昭和新山」，還真是名符其實的「新山」，昭和十八年發生大地震，引起火山爆發而隆起的山嶺，當時測量的高度只有二百七十公尺，後來地殼持續不斷地活動，兩年間的數百次餘震中，山的高度與日俱增，形成現在標高四百零七公尺的活火山，是一座處於成長期的「新山」。

「山」是活的，「水」又豈能讓之專美於前。被列為日本名水百選的「羊蹄山」自然湧出泉，其冷冽的泉水清淨甘甜，很多當地人拿大水桶來裝免費的自然水，入口處有生意頭腦的攤販，也在賣水桶給拜訪的遊客。難怪有人說，到了北海道旅遊回家後，最會懷念的是他們純淨的水。

充滿生氣的，除了大自然，還有特別的動物。

在等待搭上登別的「棕熊牧場」的纜車上山時，見到大熊的模型，栩栩如生還真是嚇人，原來這些都是真的熊死掉之後，剝皮製成標本的，難怪那麼活靈活現，不知道的人，看牠們站起來的高度，一定會嚇到腿軟，驚叫失聲吧！

記得在臺北有好幾次見到有人穿著背後寫著「熊出沒注意！」的T恤，也有人把這個黃底黑字的警示標語的大貼紙貼在車子的屁股上，原來它的出生地就在這裡啊！

這裡的商店販賣著和「熊出沒注意！」有關的商品，警示標語變成了商標，標語商品化後被放在T恤、酒杯、貼紙和各式各樣的小禮物上面，成了到訪北海道不可或缺的戰利品。

　　日本是產熊之國，地方政府每年都會發出「熊出沒注意！」的警告，沿著很多山區道路也見到「熊出沒注意！」的警告牌。尤其以前北海道的熊是多到擾民的，所以人們在熊經常出沒的地方，都會張貼「熊出沒注意」的警告標誌。

　　我曾看過一個採訪資料，受訪者是北海道富良野市打獵公會松本安又會長。這位擁有四十多年打獵經驗的老獵人說：對北海道人而言，「熊出沒注意」不是可愛的商品標語，而是關係到生命安全的嚴肅警語。野外的熊和熊牧場裡被人豢養的乖乖熊全然不同，牠們可是一掌就可以把人頭蓋骨打到粉碎的大熊。以前人打獵補熊，是為了生活；而現代獵人所以打熊，是因為有些野生棕熊嚴重威脅到人類的生活與生命安全。松本安又說他曾經有一次親眼看到有頭大熊跑到一戶養蜂人家的農場吃蜂蜜，吃完後還把所有的蜜蜂箱都打碎，離開時還打包了三箱蜜蜂箱帶回家。其實，這戶人家已經在養蜂場周邊加裝通了高壓電的柵欄來防熊，殊不知這隻大熊是如何通過那電力之強的柵欄的。

　　「棕熊牧場」是北海道旅遊業巨子加森觀光集團的發祥地。據說當初他們收養了幾頭可憐的熊孤兒，幾十年過去了，牠們繁衍後代已有兩百多頭之多。這些棕熊被分欄飼養著，當遊客一靠近牧場柵欄，一頭頭強壯魁梧的棕熊紛紛在柵欄下佔好最佳位置，等待遊客餵食。

這裡的熊，從小被人類飼養長大，大多已失去覓食能力，卻學會了抓住人性的本事，希望利用牠們的搞笑乞討，引起遊客發笑，然後就可以吃到遊客丟給牠們的餅乾和蘋果。為了吸引你去餵牠，每一隻熊花招百出，有的會對你揮手；有的雙手合十乞求拜託，用手拜託不稀奇，還有用腳拜託的；有的四腳朝天躺在地下，張開大嘴，等著你把食物丟進牠的嘴巴裡；有的順利接到零食的熊，還會點頭謝謝；而有的沒有接到的熊更逗，竟會張大著嘴用手指向嘴巴，好像是說：沒騙你，我真的沒有吃到啊！天啊！真是無所不用其極的惹人憐愛。

　　講到惹人憐愛，「尼克斯海洋公園」裡的企鵝也是不可不提的。在具有北歐風味的小而美的尼克斯城堡裡最讓人印象深刻的是「國王企鵝逛大街」，因為在臺灣，根本沒有機會看到國王企鵝大遊行。六隻可愛的國王企鵝在人山人海的觀眾引頸期盼中進入公園。國王企鵝的耳羽偏橘紅色，旁側有一圈黑邊，脖子黃色的羽毛，顏色很鮮豔，走路時搖擺蹣跚的可愛模樣，很是滑稽。在這裡除了可以近距離地接近國王企鵝，連拍照都開放讓遊客拍到過癮，企鵝成了伸展臺上的名模，搔首弄姿很有專業的架勢。

　　可愛的企鵝，還可以形諸筆墨，但是「函館山」的夜景就很難描摹了。

　　我曾在香港的「維多利亞」港和義大利的「那不勒斯」港兩處欣賞夜景，那時我就想要盡快蒐集到世界三大夜景。被日本人譽為「百萬夜景」的「函館」便是我的最後一個。

　　函館是日本北海道南部的一個港口城市，我們在華燈初上

之際搭車上山，車子才開到半山腰，慢慢浮現的是「函館」絢爛奪目的燈火景觀，這樣的美景已經讓全車的人驚呼連連，大家全部傾向一邊看夜景，也顧不得車子會不會重心不穩，經過約十個大彎道到達山頂的瞭望臺，露天的觀景臺上早已人山人海，皎潔銀白的月光映照在海面上，點點漁舟，右邊是「津輕海峽」，左邊是「函館港」，左右兩側被海洋包圍，有人形容那是如扇形般開啟的雙弧形造型海灣，海岸線的燈光把線條清楚刻劃，魅力四射。的確，那是全然不同於「香港」和「那不勒斯」的夜景，有一棟青澀少女的嬌羞所呈現的獨特氣質。

據說在日落三十分鐘之後，到晚上十點之前是觀賞夜景的最佳時機。難怪人擠人的盛況像是要迎接哪一位巨星大駕光臨呢！更有趣的是，「真水！」「真讚！」的閩南語讚嘆聲，此起彼落，在這裡看夜景的有三分之二是臺灣人，真不誇張，在那樣夢幻迷離的氛圍中，你會以為你在九份，還是在陽明山上呢！

搭乘纜車下山時，隨著纜車慢慢往下滑，在親眼見證函館的美景後，努力要把繽紛絢麗的這一幕鑴印在我的記憶中。

在北海道的絕佳享受當然是一邊泡溫泉，一邊欣賞其季節風情，感受與大自然天人合一的能量。

我們在知名的「層雲峽」溫泉飯店內泡完溫泉後，實在還捨不得入睡，山上的空氣很清新，我們到戶外吹冷風散步，熱鬧的笑聲把我們吸引過去，原來是一個戶外的泡腳亭，有幾個美國年輕人正一邊喝著啤酒，一邊泡著腳，他們邀請我們加入，我們聊起對北海道的印象。不過是泡腳，卻也能泡出一身汗，離開時，

頓覺身心舒暢。

　　夏天的北海道不論到哪裡，都只能用如詩如畫形容，顏色在這裡發揮到極致，色彩繽紛亮麗，雖讓人眼花撩亂，卻又捨不得眨一下眼。不管是「美瑛」的「四季彩之丘」如波浪般往遠方伸展的各式農作物和花田；還是「富良野」綿延不斷，嬌豔欲滴的紫色薰衣草，像是花做成的地毯，都利用花海與田園的大自然風情，展現色彩斑斕的有趣人生。

　　我在各個景點買了明信片，蓋上紀念章寄回家給自己，希望以後如果有機會，還能在「美瑛」悠閒地騎腳踏車逛街，也還要品嚐薰衣草冰淇淋的美味，而且還要在「洞爺湖」搭船遊湖，盡收所有的湖光山色。

第四節　印度的貓請別在我面前過馬路

　　被「泰姬瑪哈陵」（Taj Mahal）所吸引，不是因為她是世界七大人工奇景之一，或是代表印度夢幻皇宮般的曠世美學建築，而是因為她所訴說著的那一段淒美的愛情故事——蒙兀兒王朝國王沙賈汗王（Shah Jahan）履行對愛妻皇后慕塔芝‧瑪哈（Mumtaz Mahal）臨終前的愛的承諾。

　　沙賈汗王是在參加貴族女眷的私人市場拍賣會上被窈窕的瑪哈所吸引，並稟告他父王將娶瑪哈為妻，但因繼母有意安排沙賈汗王和她與前夫所生的女兒結婚，所以父王並不贊成瑪哈成為

未來的皇后。勇敢的沙賈汗王不惜迎接繼母的打擊，甚至與父王翻臉。公元1611年，兩人終於結婚，婚後萬分恩愛，形影相隨，即使沙賈汗王南征北討，也會帶泰姬皇后同行。十九年的婚姻生活，卻在泰姬皇后三十九歲那年，誕下第十四位皇子時畫下句點，難產病逝前她要沙賈汗王答應她三件事：一是，終生不得再封后立妃；二是，要用心教養子女成才；三是，要為她建造一座最美麗的陵墓紀念她。傷心欲絕的沙賈汗王一一實現他的承諾，尤其是在建造陵墓上，費盡心思。

沙賈汗王共花了二十二年的時間，動用兩萬名工匠，甚至從土耳其、波斯、中亞各地的伊斯蘭教國家聘請著名的建築師、工藝家參與設計工作，選用代表純潔堅貞的愛的「白」色大理石，建造了泰姬瑪哈陵這座人間最美麗、極具藝術價值的陵墓；他原先打算在面對愛妻陵寢「亞穆河」的對岸，另外建一座代表悲傷與痛苦的「黑」色大理石陵墓給自己，計劃中間以白色和黑色大理石橋連接，與「泰姬瑪哈陵」遙遙相望，象徵不凡的堅貞愛情。但是國庫拮据，是「何不食肉糜」的沙賈汗王所無法體會的。在泰姬陵完成後六年，沙賈汗王被他兒子篡位，並囚禁於阿格拉堡，八年期間，他每天懷著思念透過小窗遙望河面浮動的「泰姬瑪哈陵」的倒影，並於九年後逝世，葬在「泰姬瑪哈陵」內愛妻身旁，為這場愛情留下蕩氣迴腸的浪漫。

因為這個原因，我們幾個情同姊妹的同事招攬成團，展開我們的印度行，因為瞭解印度的衛生條件不好，所以選擇全程住五星級飯店，其中有兩晚住在皇宮。

在印度教的習俗中，看見貓過馬路是相當不吉利的，所以常常有些人如果在上班途中不小心正好撞見貓過馬路，可能就會選擇回家不去上班，以免倒楣的事情降臨。

我不信印度教，但這一次的印度行不知是不是在無意中撞見貓過馬路，居然在第一天晚上抵達機場入住飯店時就開始不順遂。

其實倒回去想，應該是在我們搭飛機前往印度就開始不順利，先是飛機起飛後，搖晃不穩好一段時間；接著我們一個同伴被空姐因為亂流而打翻的蘋果汁弄溼全身；好不容易在六個半小時後飛機降落了，卻在著陸時像是撞到了什麼東西，緊急煞住，大家在驚叫聲平息後，起身拿取上方置物櫃的行李時，突然又有一股強而有力的撞擊襲來，接著大家被廣播要求回到座位上，繫好安全帶，機長說是要重新連接好空橋；下飛機在等行李時，我們領隊說，聽說剛剛的撞擊是載運行李的車子不小心撞到了飛機。

倒楣的事情還沒結束，離開髒亂不堪的機場，車子居然載我們到了一間像是背包客住的簡陋的三星旅館。原來兩地的聯繫好像出了問題，在身心疲累、溝通無效且無法連絡上臺灣旅行社的狀況下，我們一行十四人被迫入住。該飯店正在整修，且設備老舊，床單有破洞，房內有蚊子，不少房間位於機房旁，或有敲打聲、卡拉OK歌唱聲及婚禮結束後之喧鬧聲，整晚幾乎無法入眠。

隔天早上用餐時，領隊說為了補償昨晚的損失，今晚已經安排好價位高於原來預定的飯店的Mungal Sheraton Hotel。

於是我們又重拾起期待親見「泰姬瑪哈陵」的好心情，整裝待發。上了車後，來自喀什米爾的講中文的導遊，開始跟我們介紹印度的地理位置和歷史文化，此時，領隊起身發送一人一瓶礦泉水，突然間，一個緊急煞車，領隊往前撞到導遊，而導遊則撞碎了司機與乘客中間的一塊區隔的大玻璃，玻璃碎了滿地，領隊左邊的大小腿瘀青，導遊手指見血。

追究起緊急煞車的原因，其實在於印度紊亂不已的交通，多數馬路是沒有分隔線的，所以你絕對會為了來來往往的車子緊張萬分，尤其常常覺得兩輛對向的車好像要相撞似的，因此，馬路上各種震耳欲聾的喇叭聲都有，基本款有小時候賣冰淇淋的「叭浦！叭浦」，更高竿的也有類似手機的和弦鈴聲。再者，在印度教中最神聖的就屬於牛了，不僅是宗教上的因素，還有其對人類的貢獻，在印度的牛好像知道自己是被推崇到很高的地位，他們大搖大擺滿是傲氣地走在馬路上，無視於任何人的存在，當牛隻要過馬路時，所有的車輛都會停下來，讓牠們先過。導遊說有一次有一群牛，不知是在馬路上睡著了，還是休息，擋住了車輛的行駛方向，所有的車輛只好乖乖地在路上等牛群醒來後離開，才發動引擎。

講到牛，沒有到過印度的人絕對無法想像，從街道到馬路簡直就是個小型的動物園，你可以在街頭見到四處找食物的瘦弱的豬隻，還有印象中屬於沙漠的駱駝，馱著堆得高高的重物緩緩而行；在捷布北方郊區安珀堡的山下，則有眾多排班的大象等著載

遊客上山；在我們要前往阿格拉的路上，從一個邦要過一個邦，司機停車排隊繳過路費3000盧比，此時我們見到有人牽著猴子而來，更誇張的是後頭居然還有人牽著一頭巨大的黑熊而來，我們在導遊還來不及警告我們：「照相要給小費……」，我們已經舉起相機，按下快門，說時遲，那時快，牽著大熊的人用力敲擊我們的車窗，比畫著要我們付錢；我們還在街上見到耍蛇藝人吹著笛子表演，只要你拿起相機，對著翩翩起舞的蛇，就必須要付費。

印度街上的乞丐很多，尤其以骨瘦如柴的小孩子和抱著嬰孩的婦女居多，他們要錢的手勢是先比自己的肚子或手裡的嬰孩，然後比自己的嘴巴，就是希望你能夠施捨一些錢或食物給他們，當車子在等綠燈時，他們會出現在馬路邊，從車窗看下去，居高臨下，更感到不忍；"Pen, pen, pen. Boy, little boy." 他們除了要錢要食物，還會要筆，當我們拜訪「法第普西克里」城時，所有的小孩，甚至連看顧洗手間的收費員都口徑一致地要筆，上車前，我找出一隻原子筆送給一個看起來眉清目秀卻全身骯髒，楚楚可憐的小男孩，可是當我上了車，卻從車窗見到小男孩把筆交給一個衣著整齊的大人，然後繼續往一團剛下車的美國遊客走去。

導遊說，印度人生很多小孩，有些大人都不工作，就讓小孩出門行乞，所以，是不是我們在印度不該濫用我們的同情心？

古代印度人的聰明，可以從古堡和皇宮的遺跡看出。在前往安珀堡的途中，我們經過一座獨立於湖上的皇宮，當時必須乘船才能進入，它是一座避暑的夏宮，主要是利用水的冷卻效果來達到消暑的目的。還有，位於沙漠地帶的安珀堡，我們在早上到

訪，空氣中還有一點清冷，但九點過後已經開始要脫下薄外套了，可以想見夏天必定酷熱無比。我們在安珀堡裡見到當時的建築師設置了兩種利用人工所引發的天然冷氣：一種是利用通風的石牆，在石牆的對面掛上羊毛垂簾，夏天的晚上，奴僕會引水從屋頂流洩，以潤澤羊毛，而熱風透過羊毛垂簾之後，便轉成涼爽的清風；另一種是在一面迎風，且雕成好幾層鏤空的薄層的大理石牆下，將一道傾斜的石梯，雕成橫紋，像是我們古早時代的洗衣板，夏天時節，國王就派人把水導入石梯，讓水緩緩流洩；夏暑的熱風從牆外吹入，經過層層大理石後，溫度就漸而降低，再經過水流，便成了最佳的人造天然冷氣。這樣的智慧著實教人嘖嘖稱奇。

　　印度人似乎也很有語言天分，走在捷布熱鬧的街上，迎面而來的小販見到東方人的反應是上前詢問，"Hong Kong? Korea? Taiwan?"當你聽見"Taiwan"時眼睛一亮或點頭反應，他的腦子馬上輸入中文，於是又接著問：「臺北？臺中？高雄？」我被一個難得乾淨的小男孩纏住，當他知道我來自臺灣後，馬上伸出手和我握手，並用中文自我介紹：「妳好？我的名字是×××。」然後從他手裡提著的黑色塑膠袋中陸續拿出一堆紀念品兜售，他緊跟在我後頭，喊著：「100，100。」我對於他的鍥而不捨只好給予回報，我挑了三個小鏡子和一條銀腳鏈，他開了離譜的300盧比，我則開100，他繼續跟在我們後面，最後以120成交，不過這個十歲的小男孩要我給他一個，"Taiwan gift."我跟他說我身上沒有什麼東西；他居然比畫著嘴唇，跟我要口紅。接下來的後續

發展，是我另一個同伴回到車上後告訴我的，小男孩後來纏上了她，也跟她要，"Taiwan gift." 最後她被煩到沒辦法，只好拿出包包裡的舒潔面紙給他。之後，他又向我們另一群同伴兜售他的商品，她們一一搖頭後，他居然拿出舒潔面紙笑著說：「100，100。」

　　這種會開玩笑討歡心打關係的小販，算是好的狀況；我們在途中也遇過只是好奇看了小販的商品一眼，便被纏到難以脫身，所以後來我們幾乎都是戰戰兢兢地一起同行，印度人好像只准自己亂出價，不准客人亂還價，如果價錢談不攏，他們可能態度不佳，或擺張臭臉給你看。

　　其實出國前，就已經做好功課，調適心理，但你還是很難想像印度街上的髒亂，車子經過時，我們見到路上有死掉的豬隻屍體，旁邊就有人家居住，門口正好有個男人在小便，河邊有女人在洗頭，小孩在洗澡；下車後，走在街上撲鼻而來的不是尿騷味，就是糞便味，尤其是大象、駱駝和牛的，碩大無比，走在路上真是要步步為營。

　　這樣的落後，在走進高級飯店或皇宮便得以隔絕，簡直是地獄與天堂之別，孰料，人生真是無可計劃，我們期待已久要入住的皇宮——Raj Palace Hotel，僅僅在見到富麗堂皇的外觀的讚嘆聲中，便馬上從天堂墜入了地獄。沒想到該飯店，把旅行社預定好的房間給了別團，而且惡意使用臨時加床搭設的房間混充，除了四間勉強算是正常的房間外，其他四間房間是我們所詮釋的以前古代的傭人房，簡陋不堪。我的房間在最高的四樓，便是其中

之一，門上沒有房號，兩張行軍床，無空調、無衛浴，上廁所要走到門外的另一間廁所，房間裡有個小門被鎖死，應該是和主人房相通的。上下樓的電梯是古式的雙層鐵拉門，只要有人沒把鐵門拉好，我們便無法下樓，慘的是通往樓梯的門也被鎖死，在憤怒之餘，我和同伴苦中作樂說：「我們隔壁那一間正常的房間一定是古代生不小孩的妃子被打入冷宮住的，而我們只是照顧失寵的妃子的身邊的小丫環，真是命苦！」

領隊要我們先用晚餐再行協調，但飯店人員態度傲慢無理，敷衍塞責，對於他們的「超賣」毫無歉意，令人萬分憤怒。

用完晚餐，從領隊的協調詢問下得知，除了問到Meridian Hotel四個房間外，其他飯店並無空房，因為時間已晚且舟車勞頓、疲憊不堪，只好再度妥協，全團人以抽籤的方式決定哪六個人留下來住，這實在是考驗著同事間的情感。後來，我們一行八人再行車三十分，投宿Meridian Hotel。我在普吉島住過Meridian Hotel，它算是高檔的飯店，房價高於皇宮，但我們並不滿意，因為原本預定要入住的是皇宮。印度人的誠信問題受到嚴重質疑。

隔天一早，車子載我們回到皇宮飯店和其他同伴會合，同伴說昨晚要入睡前，見到門口有人影，開門查看，居然見到身著制服的工作人員開門進入原本我們要入住的那間「婢女房」休息。

❯   ❯   ❯

終於，我們前往旅途中的最後一站——印度的首都，由空氣瀰漫著貧窮氛圍、環境髒亂無序的「舊德里」與可以媲美陽明山的高級別墅，街上雙B的高級車比比皆是的「新德里」所組成，這兩個強烈的市區對比，可以完全感受印度的貧富懸殊。

　　"MUGHLAI"是印度菜的意思，念起來類似臺語發音的「莫擱來」，這個諧音真是有夠巧，我想我是不會再來印度了，但是，我會懷念在人去樓空的「勝利之都」的皇宮裡色彩鮮豔的壁畫、雄偉的城門、迴廊樓榭；還有「紅堡」裡寶石鑲嵌的牆壁花紋；「泰姬瑪哈陵」因大理石塊的特殊設計，會因不同光線照射而呈現出不同的風貌；也會遙念印度的國父——甘地，在長期抗爭時，聯合各地藩王，團結人民的和平理念；還會揣想當年躲在「風之宮殿」九百五十三扇小窗戶後面不得拋頭露面的嬪妃，在觀看宮外熱鬧街景時的心情；還有從「城市宮殿博物館」裡那兩只純銀打造的巨大水甕——據說當年捷布國王準備前往倫敦參加愛德華王子加冕典禮時，為了沿路都能喝到「恆河」的聖水，所以特別訂製的，裝滿水足夠飲用半年——想像印度人對於擁有「恆河」的驕傲；甚至是穿著傳統沙麗，額頭上點著紅點，與我擦身而過，回眸一笑的印度女子，都是值得我在人生硬碟裡存檔的。

　　我們幾個相交了十一年的好同事，在機場要進入登機門前的座位排排坐，細數這趟旅行的點滴，還有回國後的索賠細節，此時，眼前突然出現了一隻瘦弱的貓，迎著我們而來，相當正經地瞟了我們一眼而去，我們毛骨悚然起來，怎麼連機場都會出現

貓，牠是怎麼通過層層關卡的？「還好這裡沒有馬路可過。」我心裡想著。

這次旅行，我的「同居人」的學生是我們回臺灣班機的座艙長，對於她可能會被安排升等到商務艙，我們幾個極盡調侃之能事，我對她說：「我會在遊記的最後留下一筆，說你無情無義拋棄我們到商務艙去。」她說，她不能辜負學生對她的孝心，不過她會送我們經濟艙所沒有的東西給我們，於是她開始接受我們的order。

她果然背棄了我們，但不一會兒就在我們還沒坐定時，她又走回經濟艙，手裡比著「二」，原來她的學生還多安排了兩個位置，於是我閉上嘴，帶著燦爛的笑容和另一位同事走向商務艙。這是我第一次坐商務艙，也許是因為意外得來，異常興奮。

如果你要問我印度好不好玩，我的答案還是肯定的，雖然這是第一次跟團遇到那麼多的預料外的不順，但是抱怨的心情過去就算了，我們可以選擇心情，無論怎樣的心情，都是滿滿的美好回憶。

我就是要將生命中的好與壞都照單全收。

原載於聯合新聞網《udn旅遊夢享家》，2007年10月29日。

第五節　我和澳門的恬靜約會

有東方的「蒙地卡羅」之稱的「澳門」，因為曾被葡萄牙殖民統治四百多年，所以無論在人文、建築、宗教各方面，都能見到她中西文化融合的獨特魅力。

我對澳門的刻板印象是「賭場」，但這次旅行卻打破了我的「窠臼」。關於「賭場」，澳門人不如此稱他，他們以正面表述稱其為「娛樂場」，以企業化手法去經營，包括：幸運博彩、賽馬、賽狗、回力球和白鴿彩票。

川流不息的賭客把金碧輝煌的賭場妝點得更耀眼。

澳門的難得，在於她的娛樂與藝術文化並重。我覺得不同興趣取向的遊客，可以在這裡有一種被區隔的尊重。逃離娛樂場的俗豔，可以散步到「議事亭前地」一直到「玫瑰堂」，短短步道，南歐情調，盡收眼底，特別的是，夜晚的迷離，不同於白日的雅緻。在地圖上你會發現有一塊區域是很平整的長方形，原來這是填海而來的新區，文化中心和藝術博物館定期的展覽和表演，增添了時代氣息的脈動。

沿著海邊的孫逸仙大馬路走，比巴黎艾菲爾鐵塔還要高的澳門旅遊塔（Macau Tower）在遠方向我們招手，我們在九點半上澳門旅遊塔飽覽夜景，可惜360度的旋轉餐廳已經關門，只能在180度的餐廳消費，每人最低消費55元澳幣，你可以點一杯調酒和一

塊巧克力蛋糕，相當物超所值。

置身在這樣壯觀的高塔裡，眺望著璀璨耀眼的霓虹，反而襯出自己設法孤絕的澄靜。在氹仔（Taipa Village）的旅遊諮詢處，遇上一位熱情的解說員，她是旅遊學院的學生，利用暑假到此實習，她詳細地為我們介紹值得參觀的景點和餐館，在我們道謝離開前，她笑燦燦地說：「謝謝你們讓我有機會講國語。」

我們拿著「龍環葡韻住宅式博物館」的簡介，循著解說員畫的地圖往回走，尋找指標，在右轉的方向見到指示；可那是我們來時原本想要繞上去的，因為往前看到底，並無特殊之處，尤其路上又是崎嶇不平的石頭路，當時便作罷。現經指點，便想一探究竟，果然沿著路，右轉又左轉，先是見到三位畫家在畫水彩，畫作栩栩動人，色彩調和，繼續往上走，像是柳暗花明又一村。

在海邊馬路有五幢獨具風格的葡式建築、教堂、圖書館和小公園，迎賓館前有一個半圓形的露天劇場和海邊比鄰，沿著海邊有情人座，可以來一杯香醇的咖啡、賞荷、觀夕陽，浪漫而迷人。

但這個發現給我最大的收穫是讓我體悟到：很多事物，我們不能只看表面，要去實際體會。尤其，生命中不可能沿途都是芳草鮮美，落英繽紛，可能中有雜樹，但是一旦堅持到底，你將會得到通往幸福的門票。

原載於〈風情萬種 盡興遊澳門〉，
《中國時報》旅遊周報，2003年10月9日。

第六節　在「澳門威尼斯人」和我的青春重逢

我對頂級的酒店或渡假村有一種無可救藥的迷戀。不知道是不是年輕時當背包客旅行，幾次「露宿街頭」的一種補償心理。

1990年升大三的那年暑假，第一次出國到歐洲自助旅行近兩個月，途中訂不到青年旅館，又捨不得或住不起飯店，就跟著各國的背包客窩在車站過夜或把租賃車停在安全的地方，比如警察局對面，然後就直接睡在車上。

還記得上阿爾卑斯山的前一晚，到晚上十二點還找不到平價的旅店，後來發現遠方一棟建築的一樓還亮著燈，一群日本年輕人也發現了，緊接在後追趕著我們的腳步，我們快馬加鞭進入自動門後，一股暖流襲來，原來裡面已經有幾個韓國人準備席地而睡了，我們馬上佔據了另一邊，後來的日本人發現已經擠不進來，只好摸摸鼻子離開，中韓擠掉了第三名的日本。在地毯坐下，定神後，才注意到原來裡面是一間銀行，而我們準備就寢的地方是自動門與旋轉門之間兩側的小空間。那一晚很狼狽，但卻相當難忘。

講了那麼多，也許不過是在為自己的偶爾奢侈找藉口吧！

2007年8月28日，當電視新聞報導澳門的「威尼斯人」渡假村酒店——亞洲最新的七星級賭場——開幕後，我們便蠢蠢欲動計劃三天兩夜的自由行。於是，我和另一半趕在聖誕節前夕去感受歲末年終的耶誕氣氛。

出澳門機場後，往右直行，即可見到候車站，可以搭乘免費的「澳門威尼斯人」的接駁巴士，現場還有酒店服務人員安排巴士的調度，其實從搭上巴士就是驚喜的開始，全新的巴士，座位寬敞舒適，渡假的感覺由此啟航，車頂上的日光燈，像是大型的螢光棒，紅、綠、黃、藍的顏色變換著，大約八分鐘的車程，遠遠已經見到酒店，令我瞠目結舌的是──威尼斯被搬到亞洲來了。夜晚的燈光把酒店打造得……只能說非常「威尼斯」──嘆息橋、鐘樓、佇立於鐘樓頂端的加百利天使、拱廊及小運河。霎時，我好似見到二十二歲的自己在迷離的聖馬可廣場欣賞著露天音樂，同時也讚賞耽溺在異國風情裡的狂放青春啊！

下了巴士，失望的情緒取代了剛剛的興奮，酒店門口停滿了接駁巴士，簡直像個巴士車站。這怎麼可以堪稱為全球最大的賭場呢？我在心中打了一個大大的問號。

進到人廳，見到登記入住的客人，像是在等著玩迪士尼樂園的遊樂設施，在酒店拉起的排隊線大排長龍，儘管挑高的大廳氣派非凡，但空間還是顯得侷促。後來，一位女服務生穿梭其中告訴非團體的散客，可以穿越整個酒店到正門的大廳櫃臺辦理入住，原來，這個西側入口，是專門辦理團體入住的，所以比較小；正門的大堂入口果然大了四倍，那才叫氣派，才稱得上是結合賭場與渡假中心的旗艦渡假酒店。

拿到房卡後，也同時拿到一張酒店的地圖，因為酒店真的太大了，沒有地圖真是搞不清楚方向的。

酒店的房間有分為北翼套房和南翼套房，總共有三千間套房。我們的房間在北翼套房的十四樓。我們循著地圖經過長廊餐廳，一路上氣派奢華的裝潢，狂妄地展示著拉斯維加斯財大氣粗的闊氣；而天花板上仿自義大利古典大師的壁畫，美得令人目不暇給。穿越大廳，見到賭場，一眼望去，在這個號稱超過五萬一千一百一十五平方公尺的賭場中，簡直壯觀。我們隨著通往北翼套房的指標左轉，在房間電梯的入口處有警衛站崗過濾房客，只要出示房卡就可以證明你是房客，而不是參觀者，就可以通行。

　　雖然透過網路見過房間的圖片，但房門一開，身歷其境還是讓我有說不出的幸福感。寬敞的套房面積約有二十二坪，一眼望去，只能用頂級時尚去形容。一進門的右手邊是一個超大的華麗浴室，沐浴池與淋浴間乾溼分離，以義大利大理石裝飾，馬桶被一扇門獨立隔在最裡間，除了兩個大型的洗手臺外，還有一個歐式的化妝臺。單單只是浴室，所提供的精心設計與小東西，比如浴鹽、沐浴精油、泡泡浴乳，還有衣帽間的浴袍、熨斗和燙衣板，就讓人倍感賓至如歸。

　　再往裡走，迎接我們的是浪漫唯美、天蓬式帷幕的Queen Size睡床，有著絕對的宮廷風味，除了大床對面電視櫃裡的大螢幕電視機外，還有一部電視在小客廳裡。鑄鐵鏤空的欄杆區隔客廳和臥室，下兩個階梯就是低臺客廳，在客廳電視櫃旁的另一個冰箱櫃裡的點心、飲料齊備，是個樣樣俱全的迷你吧；靠牆的原木書桌上有網路線，還有一臺傳真、列印、複印機，在旁的一套二加一的沙發的牆上掛著古樸字畫掛飾，而三人座的小圓餐桌面對著

四大片的遼闊的觀景窗，可以坐著鳥瞰窗外的美景。整個房間在頗具葡式居家裝飾的風格中，在溫暖的燈光的烘托下，映襯得更為典雅而溫馨舒適。

　　不僅是房間，酒店內的金碧輝煌更不在話下了，歐洲古典仿古圖騰天花板最讓我感到驚豔，而且仔細看來那些圖樣都有方形或圓形作裝飾，在玄學中那是一種相當溫和的「聚」局，可以讓賭客們自然而然、依依難捨地下注。我曾在中華玄學網看到對威尼斯人酒店風水的介紹，說是主大樓外形呈現彎狀，就好像一個張開雙手的人，準備把迎面而來的財富全部攬入懷中。而且在玄學上運河代表運財，而河水代表財氣，難怪酒店裡外設計了大小運河，室內或戶外都有貢朵拉船可以遊河，簡直就是複製了整座義大利的威尼斯，取其水都的優勢，準備大撈遊客口袋裡的錢。再從酒店當初設定在8月28日開幕，「八」代表「發」，酒店要「發財」的幸運意涵又可應證。

　　這讓我想起1996年，我到美國拉斯維加斯去玩，導遊介紹說那裡的每一家飯店設計都是看過風水的，就像我們要找到通往房間的電梯，總要經過一區又一區的賭臺機器，像在繞迷宮似的，最後才讓你找到電梯入口，主要是要讓你在繞的過程，比如你經過拉霸臺或吃角子老虎機，聽見籌碼掉落的嘎拉嘎拉聲，或賓果中獎的歡呼聲，你總不免也要掏出口袋裡的錢，順勢試一下手氣。這裡當然也不例外，你從酒店裡的某一處要到任何一處，比如從房間到餐廳，一定會經過賭場區。把商機融入建築的居心，算是相當用心的。

但風水總有破解之道，像中華玄學司徒法正師傅就建議到威尼斯人酒店的賭客可以先到運河，用一個小葫蘆或瓶子盛點水，意思是沾點財源，然後選擇從賭場左邊的酒店，或是右面的展覽中心循側門進入賭場。我不賭的，而且也從正門登記入住了，也許下次有機會，可以一試。

隨意走在酒店裡，實在會感到恍惚，因為有時你覺得像是置身在香港的機場大廳；一下子又恍如晃到了國家音樂廳或是國際會議中心；又或者突然進入臺北101的三樓的名人大道——羅馬的「西班牙大道」、紐約的「第五大道」、巴黎的「香榭麗舍大道」出現在眼前；轉了一個彎，沿著三層樓高的手扶梯往下，又覺得像是到了倫敦的地鐵站；離開手扶梯，往右轉，明明是大白天，但是，藍蛙酒吧餐廳（Blue Frog Bar & Grill）所營造的迷醉氣氛，又讓你以為到了上海的酒吧一條街。

要讓人有這樣的穿越時空的迷惑，酒店是一定要有絕對的豪氣與闊氣，這是無庸置疑的。除了娛樂場——帝王殿（Imperial House）、赤龍殿（Red Dragon）、鳳凰殿（Phoenix）、金鱗殿（Golden Fish）——約有八百張博彩桌及三千四百臺角子老虎機，還有體育博彩區（Sports Book）和高額博彩區（High Limit Gaming），既然是「高額」，可以想見非一般人可以嘗試。

早上我們繞飯店外圍散步，走完「十二生肖大道」，隨便從一個門準備進入飯店，遠遠發現那像是一個停車場，還有服務生在入口指揮交通，一走進去被服務生確認是房客身分才讓我們進去，一進去後，見到兩邊停滿了高級的雙B黑頭車，再往裡走才

發現是VIP的「高額博彩區」，這些「高額」人士通常都是車子直接從專區接送出入的。

除了賭場娛樂區外，還有可以容納約一萬五千人的「威尼斯人綜合館」，是舉辦各類一流的大型演唱會、世界體育賽事或其他娛樂活動的理想場地，像我們就見到新一代的辣妹團體「小野貓」將要在酒店與觀眾共渡除夕，酒店已經貼出海報開始售票，而且限定每人最多只能購買十張門票。另外，在「綜合館」西邊的一百二十萬平方呎的「會展中心」，其建築設計靈感是來自威尼斯皇宮，是亞洲區首屈一指的商務、會議及展覽活動的重要場地。

在酒店裡，可以體驗各種不同的悠閒活動。

也許是因為聖誕節的感染，瑰麗堂（Great Hall）的紅色彩球的超大聖誕樹是最吸引我目光的。搭上長長的手扶梯便通往大運河購物中心（Grand Canal Shoppes），這個購物中心佔地超過一百萬平方呎，有三條長一百四十七公尺的運河，雲集了三百五十間高級的購物商店，金碧輝煌的設計氛圍，紙醉金迷的浩大規模，凝聚了無與倫比的完美質感與建築藝術——棟樑、圓柱、壁畫——都是富麗堂皇的藝術。最特別的是，不管黑夜白天永遠維持著天光雲影的天花板，當你一邊走著，一邊盯著天空的雲朵時，你會覺得雲朵也跟著你移動，這是施工團隊製造幻覺的用心，據說那需要好幾層著色和不同的油漆才有辦法辦到，這樣的氛圍讓街道和商家櫥窗都充滿了幻象。

在典雅瑰麗的「室內」的聖馬可廣場閒逛，卻感覺像是走在「戶外」街道的舒暢。正好遇上三個藝人裝扮成奇幻的嘉年華造

型表演著精彩的節目，讓氣氛變得更為嘉年華。

因為配合航空公司自由行的套裝行程，行程加送了一頓可選擇中、西式的午餐、酒吧享用一杯飲料，還有十五分鐘的貢朵拉（Gondola）室內或戶外的遊船。當晚，我們就在酒吧點了飲料，坐在高腳椅上，淺嚐一口酸酸甜甜的綜合果汁，像生命獲得沉澱，心情也變得「提拉米蘇」起來。

之後，我們就先去詢問搭船的時間，最後考量由於戶外風大，而室內所開闢的運河感覺相當有趣，所以，第二天下午我們就搭上了室內的貢朵拉船。為我們划船的是一位二十五歲的義大利小姐。我跟她聊起我到過他們國家，而且最喜歡威尼斯；她問我是不是也搭過貢朵拉？我搖頭，那時是窮學生只能在岸邊羨慕著坐在貢朵拉船上的人，尤其如果船客是一對情侶，船夫會邊划船，邊為客人高歌著名的歌劇樂章，浪漫指數絕對是最高點啊！

我們對貢朵拉小姐說把第一次坐貢朵拉的經驗獻給她，她很高興，並為我們高唱詠嘆調。在她嫻熟的划船技巧中，我從水中的倒影好像見到年輕的自己迷路在豔麗的弄巷中，經過了聖索菲亞廣場，到了里亞托市場……我念念難忘的威尼斯在此時意亂情迷的氣氛中變得更為沉醉，於動人的音符中，如同夜夜笙歌的拉斯維加斯，越夜越美麗！

在貢朵拉小姐結束第一首歌後，我們先遞給她20元港幣的小費，她說要為我們再唱一首情歌；之後，我們點唱「散塔路其亞」，沉浸在她優美的歌聲中，彷若真感覺到拿波里的海風拂來，不禁和她一起哼唱起來。沿著運河見到兩岸許多裝潢高雅，

風格現代的餐廳和商店，以天空為延伸，將有限的空間開創無限的意境，在難忘的聲光饗宴中，體驗全新的聽覺與視覺的感動。

在這裡就算不花錢購物，單單欣賞櫥窗設計就很值回票價。逛街累了，也不用擔心「五臟廟」的問題，酒店裡的各式美膳佳餚，不論是中、西高級餐廳的豪華餐宴，或是潔淨的大排檔美食廣場，提供琳瑯滿目、包羅萬象的美食陣容，讓你在色香味俱全的盛宴中，滿足味覺慾望。當然你也可以在舒適的酒吧，點一杯飲料，絕對輕鬆地稍作休息，讓心情妝點得更加多采多姿。

我們坐在洛欣吧（Bar Florian）的高腳椅上喝著小酒，不知是不是酒精的關係，我環顧酒店四周，覺得這簡直是一座夢幻中的世外桃源——娛樂、美食、賭博——我的思緒突然流轉到2004年新年在南非渡假的情景，倒數第二天晚上在太陽城（Sun City）過夜，出發前就耳聞太陽城的豪華，因為到的時間已經是晚上，一時感受不到他的豪氣。

吃完晚餐我們隨意散步，並搭上渡假村的遊園車，在車上和三個荷蘭人閒聊起來，後來，他們在一家酒店下車，我們也跟著進入酒店，一進入酒店馬上被這座類似城堡的尊貴給完成降服，既是金碧輝煌又充滿非洲原始風味的酒店設計，粗獷的建築風情，細緻的雕刻藝術爭奇鬥豔著，再加以野生動物作為主題設計，盡情展現巨大豪華的非洲迷幻的風格。我們在酒店內流連忘返，而且因為酒店真是太大了，已經認不清方向，突然在一間戶外的餐廳，見到遠方正在施放繽紛的煙火，人生就是在一連串的意外中，發現樂趣，可惜的是忘了帶相機出門。

終於找到酒店大門，準備離開前，我回望了酒店一眼，並讚嘆她迷人的魅力，直教人懷疑是不是海市蜃樓啊！隔天才知道我們應該是誤闖了「失落城」（Lost City）的六星級皇宮大酒店（The Palace Hotel）。也許因為沒有照片為證，我心中的「失落城」還是隱藏著一股神祕，當然也許也是緣自其古老傳說吧！

　　傳說中，在西方擁有文明之前，在古老的叢林裡，有一支來自中非的遊牧民族，在Valley of Sun建造了一座極度文明、巧奪天工的城市，但後來因為一場毀滅性的地震和火山爆發，使得這座令人讚嘆的城市被熔漿所淹沒，就是傳說中的失落城。然而，財富的力量使得這座迷城有機會重現其奢華。

　　"No Picture." 酒店保安走過來制止遊客對著賭場拍照的聲音把我拉回現實。他們不也把義大利的威尼斯在亞洲呈現！我笑了笑。低著頭，隨意翻著手邊的一張宣傳DM標題寫著：「我們提倡負責任博彩」，說是威尼斯人澳門有限公司要將他們的關心和承諾延伸至公司的每個層面，他們已採用一種積極進取的態度去面對「問題賭博」，所謂的「問題賭博」，比如：將身上所有金錢用於賭博、因賭博而影響健康、借錢去賭博、希望透過賭博贏取金錢解決財務困難等等。他們公司自2004年已經開始推行「自我隔離計劃」，任何一位客人可以選擇要求被禁止進入他們的娛樂場所，同時他們也和醫生、專家學者共同合作，創立了一個幫助問題賭徒尋求協助的計劃，也訓練員工要如何引領客人尋求相關協助。宣傳單中還明列了輔導單位的聯絡方式。這還真是有意思，有意要把賭博提升到純粹娛樂的地位。

就算你不賭錢，即使整天待在酒店裡也不用擔心無趣，除了酒店大到讓你像在逛大街外，七樓有健身中心，水療中心和按摩浴池也可以舒展身心；比較美中不足的是，飯店目前只有一座小型游泳池，親切的服務生帶領我們參觀，並介紹說飯店預計蓋五座游泳池，目前暫時只有這一座啟用。

　　威尼斯人酒店有著多樣的風情，清晨是等待甦醒的城市，是胭脂未施的青澀少女，氣質純淨、優雅嫻靜；夜晚是不願入睡的不夜城，建物被霓虹燈光投射，更想展現迷人風姿，此時則是換裝為濃妝豔抹的貴婦，頹廢華麗、迷離慵懶。

　　拉著行李離開前，再度用心環顧檢視這一座花了24億美金，僅以短短破紀錄的三年速度完工，成為全球最大的建築之一的「澳門威尼斯人酒店」。我腳下踩的原是大海啊！當時澳門政府敞開雙臂歡迎美國億萬富商薛爾頓・埃德森在亞洲重建拉斯維加斯，但重點是：地在海裡，埃德森得要自己填海。酒店就這樣在各個專業領域人才的通力合作下，從大量的沙子填海工程展開。她讓我再次肯定了「人定勝天」，還有「團結力量大」，只要確定方向，以堅強合作的意志向前，洪水和颱風來襲都抵擋不了要開幕的時刻，因為進度一落後，就會產生嚴重的損失，時間就是金錢。於是，人的潛力就在這樣的緊湊壓迫中被全體開發了出來。

　　現在回想起過去背著背包旅行，為了達成目標，不也一樣。我們先計劃可以計劃的事情，至於無可計劃的就隨時修正，在旅行途中大家各司其職，發揮所長，充分發揮了「坐而言，不如起而行」的行動意義，在這個過程中，經由「縮小」自己，找到了

啟動生命的更強勁的因子，經由人、事、物的觸發，讓心靈加以洗滌，洗滌凡俗的庸碌，而在努力實現自我，發現自我的不足時，擴大了視野。

我在人聲鼎沸中，分不清黑夜白天，過去與現在，而在心盪神迷中，樂不思蜀地在在和我的青春重逢——尋風、探花、訪雪、賞月。

原載於《今日生活》，2009年9月，第393期。

Q 請簡要說明你對「文藝復興時期」建築藝術風格的認識。

Q 編織旅遊夢想。請從「人、事、地、物、時」計劃一趟你目前最想出遊的國家，並說明該國對你的吸引力？

Q 拜訪臺灣觀光旅遊有列名的古蹟，並於明信片上，書寫當下參訪的心情，貼上郵票投遞，在收到明信片後，再寫下回憶心得。

Q 請從電影《貧民百萬富翁》談談你對印度「貧富懸殊」和「種性制度」的看法？

陶淵明〈桃花源記〉

　　忽逢桃花林，夾岸數百步，中無雜樹，芳草鮮美，落英繽紛；漁人甚異之。復前行，欲窮其林。林盡水源，便得一山。山有小口，彷彿若有光，便舍船，從口入。

　　初極狹，才通人；復行數十步，豁然開朗。土地平曠，屋舍儼然。有良田、美池、桑、竹之屬，阡陌交通，雞犬相聞。其中往來種作，男女衣著，悉如外人；黃髮垂髫，並怡然自樂。見漁人，乃大驚，問所從來；具答之。便要還家，設酒、殺雞、作食。村中聞有此人，咸來問訊。自云：先世避秦時亂，率妻子邑人來此絕境，不復出焉；遂與外人間隔。問今是何世？乃不知有漢，無論魏、晉！此人一一為具言所聞，皆歎惋。餘人各復延至其家，皆出酒食。停數日，辭去。此中人語云：「不足為外人道也。」

第七章

碧海藍天
——找尋香格里拉的動能

第一節 志「德」意滿

十七歲時，讀到歌德《少年維特的煩惱》覺得天底下大概只有維特了解我，也只有我理解維特；2002年，我三十三歲，到德國旅行，在法蘭克福參觀「歌德之家」（Goethchaus），時，對過去和歌德交會的自己莞爾一笑！回望當年為賦新辭強說愁的自己，自認為戀愛是靈魂深處不可或缺的美麗與哀愁，那種多愁善感簡直可笑，當初被誇大了以為跨不過的難關，不過只是小意思啊！

那一棟鵝黃色與土紅色混搭的陳舊民宅，並不起眼，也因為不起眼，可以想見其忠於原味。歌德的故居雖曾在二次世界大戰化為瓦礫，但做事一板一眼的德國人，卻能在戰後憑著對歌德的尊崇使其故居原貌重現，從一磚一瓦、房舍建築，到屋內擺設，甚至連門口的小巷都保留著文雅的氣味，絲毫不馬虎。在這裡可

以見到歌德成長的軌跡，他在富裕的家庭成長，從小即受到文學藝術的薰陶——出生的房間、二樓的音樂室、四樓的書房，他的《浮士德》和《少年維特的煩惱》的初稿就是在書房完成的。

故居旁的「歌德博物館」展出了歌德的手稿與肖像畫，在英國的斯特拉福也是這樣紀念和歌德齊名的莎士比亞。因為有歌德這一位令法蘭克福市民驕傲的人物，所以法蘭克福不論是在各種歌劇音樂會、展覽美術館等各類藝術成就上，很能滿足遊客的胃口。

德國人給人的印象就是「嚴謹」二字，他們一絲不苟，實事求是的生活態度，更可以從他們整修復建古城看出。他們在為古蹟整修維護時，大抵都還能保留原來的風貌，可見其用心。

「羅騰堡」，有「中古世紀之寶」之稱，是德國保存最完整的中古世紀風的城市。據說在西元970年，就有貴族在此興建城堡，隨著工商業的繁榮，1274年就被劃為神聖羅馬帝國的自由城，可以自由從事貿易活動。後來，城市擴展，好在德國人重視文化資產，加上二次大戰期間，城區也受到美國軍官出面保護，免於戰火波及，所以，就算少數城牆與城門受到破壞的市容，也能在重修中盡力忠於原味。

穿梭駐足在每一座古老城牆、彎曲的長廊，每一座塔樓、櫛比鱗次的古樸的朱紅色外牆木屋、拱形的城門、塔狀的紅色屋脊、蜿蜒狹窄的巷弄，還有中古世紀的商店招牌，都是歷盡滄桑，都在訴說著一則則的動人故事啊！

「羅騰堡」的道路呈輻射狀，漫步在中古世紀的鵝卵石街道上，順著城門前的路步行到市場廣場，這裡每天總是聚集了許多

遊客，特別是在整點的時候，因為在「市議會飲酒廳」鐘樓上，定時有玩偶出來表演「市長拼酒保城記」的歷史故事，這是羅騰堡市民引以為傲的光榮事蹟。

1631年間，「羅騰堡」被天主教軍隊佔領，「羅騰堡」的市民因為容不下異教的統治而起身反抗，聯盟軍統帥打算將羅騰堡的議員們斬首示眾，後來，一位市議員帶來了一只足以容納三公升多的巨大酒杯，統帥感到驚訝之際，當場宣佈誰能一口氣喝下這三公升的酒，他就宣佈退兵；這時老市長立刻挺身而出，在眾目睽睽的見證下，一口飲盡，盟軍信守承諾就這樣退兵了；也有人說，這是長年喝當地法蘭肯葡萄酒擁有好酒量的市長，所設下的鴻門宴，才得以讓「羅騰堡」免於被攻陷的命運。

黃昏時分，我們在城門口，見到一位身著黑色長袍，披著黑色披風，右手執矛，左手提著夜燈的人，原來他是喬裝成中古世紀的巡夜人，他一邊解說屬於「羅騰堡」的故事，一邊帶領遊客一起巡夜。

我想，現在還住在中古時期保存下來的土牆房舍中的「羅騰堡」居民，每個人應該都有一段屬於自己哲學性的歷史故事吧！

我們發現在德國叫「羅騰堡」的城市，不只一個，難怪大家把在這座中古世紀之城稱為「陶伯河上的羅騰堡」（Rothenburg ob der Tauer）。從羅騰堡的古城牆俯看陶伯河，潺潺的河水彷彿也在追古溯今，細說從頭呢！

旅行出發前作功課時，發現有一條旅遊路線叫做「羅曼蒂克大道」！我想，這條大道若不是真夠唯美浪漫，也不敢這樣大膽號稱吧！

　　「羅曼蒂克大道」的名稱由來，有兩種說法：一個是用來紀念十八世紀歐洲浪漫主義的盛行，於是將德國充滿傳奇的古城、華麗堂皇的宮殿、具歷史意義的酒莊、莊嚴典雅的修道院、靜穆唯美的教堂，以及夢幻的童話城堡的這條大道稱為「羅曼蒂克大道」；而另一個說法是：這一條大道曾在古代被羅馬人佔據，並作為阿爾卑斯山通往羅馬的捷徑，所以稱做「羅曼蒂克」，是取其「到達羅馬」的意思。

　　提起這條大道又不免要讚賞德國人積極的行事效率，這一條總長為350公里的觀光大道，起於「緬因河」（Main）畔的「烏茲堡」（Wurzburg），經「羅騰堡」（Rothenburg），終點為德奧邊境阿爾卑斯山北麓的「福森」（Fussen），總共二十六個城鎮。雖然，這裡的城鎮有些經歷過二次世界大戰的破壞，有些火車站和市區裡的古老建築也遭到摧毀，但在令人敬佩的德國政府的整修與維護下，很快恢復原有的城鎮樣貌。1950年，德國為了增進商業與觀光發展，隆重推出這一條深具文化與歷史藝術的旅遊路線。

　　一路行來，大道上的每個鄉鎮都充滿獨特的地方風味，不管是走在老城烏茲堡鋪設石板的人行道；從古橋眺望「瑪麗安」要

塞的美景；或是單單欣賞「羅騰堡」具有特色的商店招牌；還是
沿途一畦畦的向日葵、小麥田野、葡萄園、平原、山丘和湖泊景
致的綺麗風光，在在令人感到驚豔，果然不辜負「羅曼蒂克」大
道的美名！

旅行途中我們見識到德國人處理事情的鎮定、嚴謹態度。

有個團員的相機忘在高速公路休息站的餐廳，等車子開上了
高速公路一個小時後才發現。司機先生老神在在，相當有效率地
在檔案夾上紀錄安排事宜，他要聯絡同公司的車子經過那個休息
站時，順便拿回相機，然後在下一個景點碰頭；導遊保證不用擔
心，上次有一團也是遺留了東西在餐館，車子繞回去時，老闆已
經在門口拿著東西，等著失主來認領失物。

在往「黑森林」的路上，導遊請司機在一間湖邊餐廳前暫
停，他要我們稍等，因為他要去領回一件一年半前遺留在那裡的
大衣。回到車上後，他從大衣口袋，還找到了一張面額不小的電
話卡，還有幾十塊錢的「馬克」。

導遊說在德國有使用者付費的觀念。在高速公路的交流道下
的商店買地圖，若要詢問方向，必須再多付一塊錢，在德國有這
樣的「販賣知識」的觀念建立。在臺灣若打電話改機位，無論改
多少次，都是免費的；但在德國，你每改一次機位，就要額外付
費一次。

德國的這位司機，是我遇過的歐洲司機中最不苟言笑的，當他幫團友找回相機時，團友高興地接過他手上的相機，而全車的人為司機鼓掌歡呼時，他也只是酷酷的點頭，不知墨鏡底下的眼睛是否流露出被英雄崇拜的笑意？

　　我們趕著要搭三點的船遊萊茵河，卻遇上大塞車，領隊和司機急得像熱鍋上的螞蟻。司機先生連說了兩次「塞車」。我們訝異著他居然會說中文；後來，在往海德堡的路上，有一輛摩托車飛快地超車而過，司機先生又吐出「塞車」二個字。我看了前方暢通無阻的路，便問領隊：「司機先生，到底知不知道『塞車』是什麼意思啊！」領隊笑著說：「妳以為他是說『塞車』喔！他講的是德文，在罵粗話啦！」原來，中文「塞車」的發音，加上一點點捲舌，居然是德文的三字經。

　　在全歐第三大河──「萊茵河」遊船，站在甲板上捕捉沿途兩岸美不勝收的景致──城堡、葡萄園和小鎮──清風徐來，我想起出生在「萊茵河」畔「杜塞爾多夫」的海涅的詩：

> 夕陽西下，陣陣清風，靜寂的萊茵河，西沉的夕陽，照耀山頭，巖上坐著一位美麗少女，金色寶石般閃爍動人，梳理金色秀髮的少女。黃金髮梳不停地穿過髮稍，歌唱的少女……。

遠方的岸邊正好有一群少女，鈴聲笑語，洋溢著青春活力，並朝著我們的船大力揮手，我們也大聲打招呼。

回到船艙的餐廳，我們點了咖啡，又聊起海涅，朋友說起關於海涅被傳頌的一件機智事蹟。海涅出身於破落的猶太商人家庭，時常遭到言語攻擊。在一個晚會上，有一位旅行家對他說：「我發現了一個小島，那個島上竟然沒有猶太人和驢子！」海涅面不改色地說：「這樣看來，那只好你和我一起去那個島上，才會彌補這個遺憾囉！」海涅的妙對，回擊了那位無禮的旅行家。

我們的笑聲像窗外的藍天向無限處開展延伸。

從奧、瑞、德三國邊境的波登湖前往「黑森林」，為什麼叫「黑森林」呢？因為位於德國西南部，與法、瑞交接的這一大片和緩高原，其針葉林呈現暗色，層層疊疊，廣漠覆蓋，複雜交錯，由高處俯瞰，密不可分，東西約三十至六十公里，南北達一百六十公里，因而命名為「黑森林」。而「蒂蒂湖」是「黑森林」區最具特色的山中湖，書上的資料說：「黑森林蛋糕」（Schwarzwalder Kirschtorte），在二十世紀三十年代起風行於德國，德文的"Schwarzwalder"指的是「黑森林」，"Kirsch"是「櫻桃」的意思，而"Torte"在專業術語裡，代表的是一種「鮮奶油蛋糕」，所以，「黑森林蛋糕」其實應該翻譯為「黑森林櫻

桃奶油蛋糕」。

在德國西南阿爾卑斯山附近，有一大片的森林，當地盛產黑櫻桃，因此，當地人會把過剩的黑櫻桃夾在巧克力蛋糕裡，並塗上鮮奶油，灑上巧克力碎片，就成了黑森林蛋糕。

我們在「蒂蒂湖」邊的戶外餐廳，點了黑森林蛋糕和咖啡，蛋糕送來時，真令人瞠目結舌，這個超大的黑森林蛋糕跟國內的黑森林比起來，簡直大了兩倍，蛋糕表面是黑櫻桃和巧克力雪花裝飾，接近它時，香醇的櫻桃酒味，撲鼻而來，用插子切開一口，中間夾著鮮奶油和酒漬黑櫻桃，送入嘴裡，一口滿滿的幸福，滑入味蕾。

在湖光山色之中，享受甜食，也享受一個短暫下午的悠閒寧靜。

🕊　　　🕊　　　🕊

講起城堡，第一個想到的該是德國華麗優雅的「新天鵝堡」（Neuschwanstein），我對「新天鵝堡」的迷戀，不僅因為她遠眺近觀或四季晨昏所帶給人們的不同的夢幻之美，主要還有我對新天鵝堡的建造者，那位被稱為「瘋子國王」的巴伐利亞路德維希二世的同情，所謂性格決定命運，在他身上正好得到應證。

路德維希二世並不是真的瘋了，所以被稱為瘋子，是因為他不愛江山，也不愛美人，而是對藝術浪漫得無可救藥。其實，如

果了解路德維希二世的成長背景，一定會為他掬一把同情的眼淚的！

　　路德維希二世的成長過程是孤獨的。在他年幼時，父親聽信群臣的建議，為了培養他獨立的性格，將他安排到「福森」市（Füssen）山區的一座「高地天鵝堡」（Hohenschwangau）生活，故意讓他與家庭隔離，並且採取嚴格的打罵教育，磨練他能有更大的勇氣去面對未來接棒後的重責大任。

　　對於這樣一個敏感的孩子，在最需要家人的關愛與呵護時，他卻極度缺乏安全感，他的與世隔絕的孤獨感由此養成。因為長期居住在廣大的山林間，他愛上了山脈的寧靜，尤其對野生天鵝情有獨鍾，經常喜歡餵食牠們；他還醉心於對音樂劇作家理查華格那（Richard Wagner）的每一齣音樂劇本的研究。在「高地天鵝堡」的內牆壁畫大多是描繪天鵝騎士的故事，因此，在耳濡目染的情況下，他對天鵝騎士更是萬分迷戀。

　　在他十三歲那年，得知音樂劇作家理查華格那即將推出描述一位中世紀的天鵝騎士——Lohengrin的生平故事的歌劇，這令他興奮不已，後來，他得償宿願親身感受華格那音樂劇的魅力，更讓他與華格那結下了不解之緣。

　　在他二十歲時，父親意外墜馬而死，在毫無心理準備的情況下登上王座。儘管突然而來的巨大壓力，他想的還是要見到華格那；當五十一歲形容落魄、負債累累的華格那被帶到他的面前時，不捨之外，他還為他還清了所有的債務，而且為他建造了一棟別墅，從此兩人如膠似漆。這樣曖昧不明的關係所引起的流言

蜚語廣為流傳。

　　根據當時巴伐利亞邦的憲法規定，國王所能行使的實際權利其實是相當有限的，國家內外的政務幾乎都由宰相負責，所以，當公私不分的路德維希二世對於國庫過度的揮霍；受寵的華格那日漸高傲無禮，內閣大臣們便想方設法將華格那逐出巴伐利亞，後來，華格納逃到了瑞士，住在由路德維希二世為他租的房子裡。

　　其實剛登基的路德維希二世，原本也想在他的政治之路施展抱負的，只是時不我予，在他任內的兩次戰爭失利，使得巴伐利亞王朝中道衰落，成為虛位國王；在接踵而來的挫折打擊下，促使他產生逃避的念頭，躲進了巴伐利亞的森林中療傷，幾乎過著獨居的生活，獨自用餐，出門選擇夜行，不喜歡和人接觸。他僅將滿腔熱情，寄託在他所醉心的華格納歌劇中的騎士城堡，於是大興土木利用十七年的時間把富麗堂皇的「新天鵝堡」與「林德霍夫城堡」給建造起來了。

　　路德維希二世的愛情生活是一片空白的，他無法忍受枯燥的宮廷生活，也排斥婚姻的束縛，據說他曾對親信表示，與其選擇婚姻，寧願淹死在阿爾卑斯湖中。所以，就在和巴伐利亞公主蘇菲結婚的前兩天，他突然宣佈解除婚約。

　　但若要說在他的感情生活有留下紀錄的，應該是大他八歲的表姐，也就是當時奧地利女皇伊麗莎白，人稱 "Sissi"，她和路德維希二世有共同的特質，Sissi也喜歡自由的生活，不願被皇室生活給束縛，兩人都逃避現實，將情感寄託到文學藝術中，都喜歡詩詞創作，並且以 "Eagle" 和 "Seagull" 去稱呼對方，似乎談

著一場柏拉圖式的戀情。據資料記載，在1886年路德維希二世神祕死亡的那天晚上，Sissi很真實地看到他全身溼答答的站在她面前向她道別。

路德維希二世享年四十一歲，就在醫藥委員會宣佈他患有精神病的五天後，他和醫生被人發現死在湖邊。官方聲明路德維希二世是自殺身亡，但矛盾的是他可是個游泳健將啊！因此關於他的死因，流傳著三種推測的版本：

第一種說法：路德維希二世因為怨恨醫生診斷不實，為了報仇，和醫生到湖邊散步，把醫生殺死後，自己再跳入湖中自殺，了結此生。

第二種說法：醫生的屍體被發現時，前額有著明顯的外傷，所以推斷路德維希二世應已安排親信在對岸接應，當他準備游泳逃走時，受到醫生的阻止而發生打鬥，當他擺平醫生後，冰冷的湖水致使他突然中風或心臟病突發，因此才會淹死在淺灘上。

第三種說法：新政府為鏟除舊王，所以派人暗殺路德維希二世和醫生，然後棄屍湖中，否則為何沒有對路德維希二世驗屍，而在短短五天內迅速下葬！

「新天鵝堡」建於1868年，直到路德維希二世離開人世尚未全部完工，其實路德維希二世只在「新天鵝堡」住過不滿兩百天，就因為蓋城堡耗費太多公帑而被放逐。在國王過世一個半月後，新政府就將新天鵝堡開放給民眾參觀，為的是要向百姓展示城堡裡奢華的裝潢，以取信於百姓。世事滄桑變化，路德維希二世怎會料到他當初耗費鉅資執意建造的「新天鵝堡」，如今竟成

為各國遊客造訪德國的主要原因，而為德國造就豐厚的觀光收入。

　　從山下到「新天鵝堡」可以選擇走路、搭公車或坐馬車。我們選擇走路上山，坐馬車下山。步行而上的這段路是「之」字形的上坡路，沿路鳥叫蟲鳴，遠處阿爾卑斯山的山景壯麗，走著走著坐落在群山環抱中，如童話世界的夢幻城堡慢慢地在眼前出現，以往在圖片中見到白牆藍頂的神話城堡如今呈現在眼前，突然感覺好不真實。

　　進入城堡內部參觀，每一層樓，每一廳堂的華麗絢爛的擺飾設計都是藝術，不管是鋪排在地上的馬賽克風格的鑲嵌畫、圓頂上的天使群門徒，還是用燈光、玻璃所營造的鐘乳石洞窟，如真似幻，驚豔連連，處處可見路德維希二世的用心策劃與其極盡奢華的鋪張。

　　要遠望城堡全景最理想的位置，是在「新天鵝堡」山谷後的「瑪麗恩橋」，從吊橋上可以盡收「新天鵝堡」的美景，也是最佳的拍照地點。站在這裡，我突然想起《三國演義》的「臨江仙」詞：「滾滾長江東逝水，浪花淘盡英雄。是非成敗轉頭空，青山依舊在，幾度夕陽紅。白髮漁樵江渚上，慣看秋月春風。一壺濁酒喜相逢，古今多少事，都付笑談中。」過去的流金歲月可以掌握的、無法掌握的，都過去了，我習得的是眼前的幸福要好好珍惜。

我們在「慕尼黑」的一家餐廳享受道地的豬腳大餐，並暢飲啤酒。我特別喜歡他們的硬麵包，德國的硬麵包相當有名，但導遊見我們有些人不習慣吃外面的硬皮，只吃裡面軟的部分，硬的說要留著餵鴿子。他說有一次有個德國人見此，直誇中國人好有愛心啊，居然把好的東西留給動物吃！其實，說真的，那麵包的硬皮烤得可是很香的。

　　幾個團友擠在化妝室門口七嘴八舌，興奮不已，說是有會旋轉的馬桶，後來才知道原來是自動換紙的馬桶蓋，當你如廁完畢按下沖水，衛生座墊會轉一圈自動換紙，那是一種有滅菌裝置的馬桶。我第一次見到也是覺得很新奇。另外，令我佩服德國人的還有他們的窗戶，飯店房間的窗戶，可說是設計用心，單單我們在研究他們窗戶的結構就費了些時間，操作下方的角落把手，就可以自由變換窗戶的開啟方式，可以半開上方，僅作為通風用；也可以全部打開。

　　導遊說，德國人不管是製作東西或是對生活態度的要求，都是嚴格到家，他提醒我們如果有機會在德國欣賞歌劇，務必要準時到達。歌劇開演的時間若訂為六點，就一定會準時開演，遲到的人鐵定無法入席，因為很多劇場的座位，一整列是連接著的，中間沒有留通道，所以開演前，陸續到場的觀眾從兩側入座，找到座位的人會繼續站著，讓他人方便通過入座，時間一到，燈光

放暗，表演開始，想當然遲到的人是無法進場的。

　　我感覺德國人是硬梆梆的，連生意人都是，笑容都很保留，但是包裝東西真的很用心。導遊說其實和德國人交朋友是日久見人心，他們不會一下子馬上接納你，可是當他們認定你可以是他的朋友，他們是會雪中送炭的；而不像行事隨性的義大利人，很容易和你熱絡，但其實是比較漫不經心的。

　　世界何其大，東坡先生說：「江上之清風，與山間之明月，耳得之而為聲，目遇之而成色，取之無盡，用之不竭。」相信只要有心，便可全數將美景攬進眼底，也許是在充滿學術氣息的「海德堡」的「卡爾古橋」邊放空自己；也許是漫步在「林德霍夫堡」中沉思……只要你願意，你也可以「挾飛仙以遨遊，抱明月而長終」。

第二節　比利時和盧森堡：讓心情隨歷史痕跡踏浪

　　從學生時代陸續到歐洲國家旅行，對於各國人民也有不同的感受——自視甚高的法國人本高不可攀，日耳曼民族如德國人、捷克人嚴肅、不苟言笑，義大利人浪漫，西班人熱情，而荷蘭人真是以親切友好聞名，連另外兩個低地國——比利時和盧森堡的

人也給我很敦厚實在的印象。

我和另一半搭火車到比利時，在布魯塞爾車站下了車，因為預定的旅館在有限的地圖裡找不到，於是便前往旅客服務中心詢問，服務人員為我們翻地圖，然後打電話到旅館詢問，後來才發現我們下錯站了，我們應該在中央車站下車，卻在北站下車，所以一個站務員用著他不流利的英文帶我們去找另一個通英文的人，然後又帶我們去搭地鐵，上了地鐵還特別交代司機說：「他們要到黃金廣場站下車，要記得提醒他們下車。」

布魯塞爾市區略呈五角形，名勝古蹟甚多，是歐洲著名的旅遊勝地。城區分為上城和下城。上城依坡而建，為行政區，下城為商業區，鱗次櫛比的商店，熱鬧非凡。市中心的「黃金廣場」曾被維克多‧雨果稱為「世界上最美廣場」。廣場屹立著許多中世紀的哥德式建築，其中以市政廳最為壯觀。每年夏季的夜晚，這裏都會舉行燈光古典演奏會，聲光效果美得讓人目眩神迷，像是置身仙境。

有四百年歷史的「尿尿小童」噴水池則是遊客必定造訪的景點。關於「尿尿小童」的由來，有很多傳說，但其中有一種比較流行的說法是：在過去的一場戰爭中，敵軍包圍了布魯塞爾城，企圖點著火藥炸毀城牆時，布拉班特公爵的小王子，正好在火藥的導火線上面撒了一泡尿，就這樣保住了城池，而且後來還獲得勝利。於是「尿尿小童」雕像，便成為布魯塞爾的吉祥物。關於「尿尿小童」身上的衣服，還有一個有趣的說法是：路易十五時代，有一個喝醉了的士兵把小童偷走了，這引起當地的市民示威

遊行。國王懲罰了士兵，並且賜給尿尿小童一件用金線刺繡的豪華的宮廷服裝；之後世界各地紛紛贈送服裝給尿尿小童雕像，布魯塞爾市政府為了表示謝意，有關部門每隔一段時間就會為小童雕像換上另一套世界各地所贈送的服裝。我們去的那天，看見好多人擠在尿尿小童旁邊，搶著接過一杯又一杯，從小童尿出來的有顏色、有泡泡的飲料，我也奮力地擠到前面，幸運地搶到了一杯，原來是櫻桃口味的啤酒。

另外值得一提的是，就在尿尿小童旁邊有一面牆，上面雕刻的人物是旅遊者的守護神，據說摸一下就能夠確保遊客旅遊平安。我們也跟著爭先恐後，去摸了摸那一面旅遊者的守護牆，貪心的希望不止是這一趟旅行，期待未來生命中的每一趟旅行都能一路平安。

離開人群我們被食物的香味所吸引，原來那個香味就是比利時的國菜——淡菜鍋——道地的比利時特產的蛤仔，加入白酒、大蒜和當地類似九層塔的配菜所烹調的食物，配上熱騰騰的黃金薯條和啤酒，在浪漫的火爐旁，享受著飄著酒香的淡菜鍋。我們在露天座享受人間美食，也享受路過的人因著我們面前的淡菜鍋而對我們的回眸一笑。

飯後我們誤闖一座好大的公園，公園裡有人在慢跑、有人在湖邊的情人座餵鴿子，好不愜意。我們想找洗手間，右前方出現了一間尖屋頂，紅綠相間的小木屋，我們想循著小路往上走時，有一個遛狗的老太太，問我們是不是遇到了什麼麻煩？我們跟她說我們在找洗手間，她說附近都沒有，可能要去找餐廳點一杯飲

料比較快。道了謝後才發現，往小屋子的方向的地上插著一個很不起眼的 "Police Station" 的牌子，比利時的治安應該不錯，這麼可愛的警察局想必不常被拜訪吧！

隔天我們繼續前往盧森堡，盧森堡雖然是一個半天就可以拜訪完的小國，但他的特殊風貌還是讓我留下了深刻的印象。

盧森堡有「千堡之國」之稱，境內大小城鎮都可以見到中古世紀的城堡建築。尤其是盧森堡市，綠境深邃，搭襯著古色古香的城堡、教堂，山勢險峻又古典樸實，站在最著名的亞道爾夫橋上，可以眺望盧森堡市街景、聖母院和大宮宮殿，景色遼闊，無爭人間。而憲法廣場（Place de la Constitution），有「歐洲最美麗露臺」的美譽，站在憲法廣場最高點上，放眼眺望，就能望見阿道夫（Pont Adolphe）和夏洛特（Pont Grande Duchesse Charlotte）兩座大橋，它們攀過峭壁，連接著新舊城區，氣勢盛大如虹。

整個盧森堡市，簡直就是個西歐各民族文化的展覽場，歷史上曾佔領過這裡的每個民族都曾留下足跡，於是它有所謂的三多：語言多，建築風格多，各族食譜多。街上隨處看，房屋就有德國人的歌德式，荷蘭人的洛可可式，法國人與奧地利人的後巴洛克式，甚至地中海風情的西班牙式；餐廳連北非菜、摩洛哥菜都有。

走路是遊覽盧森堡最好的觀光方式，因為景點集中；但是因為當天天氣不佳，又有時間壓力，所以我們搭乘觀光的小火車，車上有各種語言介紹的耳機，耳機流洩出來的還有相當雄偉的配樂，彷彿走進歷史的時光隧道，再加上途中的一場大雨，朦朦朧朧的中世紀情懷，疑幻似真地在眼前，馳騁你的想像。

教堂的鐘聲響起，驀然回首，原來我的心情正隨著歷史痕跡在踏著浪呢！

原載於《今日生活》，2006年6月，第380期。

第三節　無言的吳哥古城在跳舞

出國前還在忙著協助「搶救國文聯盟」發起連署活動，向「聯合國教科文組織」申請將漢字列為世界文化遺產；而當我帶著周達觀的《真臘風土記》抵達柬埔寨，見到「吳哥文明」時，更加肯定中國文字悠久博大，是人類的重要文化資產。

柬埔寨（高棉）是東南亞既古老又印度化的國家，古稱「真臘國」，元代的周達觀在1296年從中國出發，在當時的國都吳哥停留了約一年，回國後周達觀把在真臘的所見所聞，包括當地的風土、文物、氣候、地理等，寫成了《真臘風土記》，紀錄了當年吳哥王朝極盛的繁榮景況。

十三世紀，暹邏人也就是現在的泰國人大肆侵略首都吳哥，國勢漸趨衰弱，吳哥被迫放棄。遷都到金邊後，吳哥也漸漸淪為廢墟，最後更被深邃而麻密的熱帶叢林給淹沒。值得一提的是，現在距離吳哥窟約五公里遠的「暹粒」（Siem Reap），已經成為觀光業發展的重地，「暹粒」原意是「打敗暹邏」，和我們的「臥薪嘗膽」有異曲同工之妙吧！

到了十九世紀，柬埔寨成為法國殖民地，法國人把《真臘風土記》翻譯成法文，更引起人們對吳哥城的興趣。1860年，法國探險家亨利‧穆奧（Henri Mouhot）依循著周達觀書中的記載，在當地導遊的帶領下，手持砍刀，披荊斬棘，終於在森林裡發現了吳哥廢墟，後來，更由考古學家進行發掘和考察的工作，1992年「聯合國教科文組織」將吳哥群廟列為「世界文化遺產」，為全球七大建築奇景之一，進而掀起來自世界各地的觀光客到此朝聖，見證人類建築史與宗教史上的奇蹟。

　　由此看來，堪稱當今世上規模最宏偉的寺廟群的「吳哥遺址」在失落長達數百年後，得以再度重現人間，周達觀功不可沒，他的《真臘風土記》算是唯一一本對強盛時代吳哥王朝忠實記錄的史料，所以，我們可以驕傲地說：如果沒有周達觀當時的文字記載，全球的旅人有可能到目前為止都還見識不到吳哥王朝留給後世的龐大文明遺產。

　　我走在小吳哥城中，想像著在一百四十六年前有一群人興奮地拿著砍刀，不斷地朝著周圍叢林揮舞著，他們越往叢林深處前進，情緒更是澎湃。而當他們無奈地想要放棄，丟下砍刀準備折返時，卻聽到砍刀碰撞到堅硬物所發出的聲響，當時，想必心中的震撼更盛於現在可以登堂入室的我有千倍萬倍！當時的門柱定是東倒西歪的、斷裂倒塌的門樑和佛塔、被藤蔓和亂葉糾纏著的巨石，還有巨石上的文字與圖案、塔上精緻的雕刻，這些斑駁無言的石垣殘跡，在被發現的瞬間，必然有被探險者的大聲歡呼給驚擾吧！

從吳哥王朝國勢的興衰，見證老子盛極必衰的道理，置身在鬼斧神工的古蹟中，你不禁會問是怎麼樣的君王可以讓百姓構建出幾乎是人力所不能到達的境界？古今中外，暴君如秦始皇留下了「萬里長城」；世界七大人工奇景之一的「泰姬瑪哈陵」，是印度蒙兀兒王朝國王沙賈汗王（Shah Jahan）履行對愛妻皇后慕塔芝‧瑪哈（Mumtaz Mahal）臨終前的愛的承諾，共花了二十二年的時間，動用兩萬名工匠，造成國庫拮据而成。而這些古蹟似乎都帶著一種無聲卻又豐盈的力量，在傳唱著她們恆久的靈魂。

　　翻閱《真臘風土記》讓我最為吃驚的是真臘對於性的開放，所以對於受儒家教育的周達觀來說，當他見到男男女女裸露著身體在護城河中或在兩三家共用的浴池裡快樂地共浴時，他發出了「略不以為恥」；當他得知當地人有很多是在婚前就發生性關係的，他又發出了「不以為恥」之嘆。然而，這種事在當時其實不是最怪異的，我覺得最怪異有關「室女」的描述說：「人家養女，其父母必祝之曰：『願汝有人要，將來嫁千百箇丈夫』。富室之女，自七歲至九歲；至貧之家，則止於十一歲，必命僧道去其童身，名曰『陣毯』……」莫非當時的人就懂得要破除處女情結的迷思，不過用這種方法還真是有些怪異。這些還不到青春期的女孩，父母就得請僧侶讓她們失去童貞，有的僧侶用手，也聽說有的是直接交合的，結束後，僧侶會坐著轎子，在鼓樂聲中帶著女孩離去。而父母必須購買布帛之類的東西送給僧侶，才能帶回他們的女兒，否則「此女終為此僧所有」。有的僧侶很搶手，還要事先預約，因為，一個僧侶一年

只能「處理」一個女孩。而在「陣毯」之前，女孩都是和父母一起睡覺的，但「陣毯」過後，「則斥於房外，任其所之，無復拘束隄防之矣。」這樣的習俗和開放的態度，至今看來仍有些弔詭。

而在〈產婦〉中周達觀居然提供了一個讓產婦陰道回復緊實的祕方：「番婦產後，即作熱飯，拌之以鹽，納於陰戶。凡一畫夜而除之，以此產中無病，且收斂常如室女。」周達觀剛聽到這種習俗覺得非常詫異，懷疑怎麼可能有這樣的事情；可是他暫住的人家，有個剛生產的女人，就是按照這樣的習俗去做，隔天周達觀就見到這個女人抱著嬰兒到河裡洗澡。此外，周達觀又聽人家說他們真臘國的女人「多淫」，生產過後一兩天就會主動要和丈夫交歡，如果丈夫不願意，女人就會離開丈夫去找別的男人。而如果丈夫要遠行，只容許幾天，如果是要超過十個晚上，女人一定會對他的丈夫說：「我非是鬼，如何孤眠？」看到這樣的文字紀錄，對於研究女性文學的我，不禁油然升起會心一笑，沒想到那麼古早的女人就已經擁有性自主權了，充分展現了她們強烈的女性意識！試想，現代的女人面對丈夫要出差或其他原因要離開一年半載，可能也還說不出：「你以為我是鬼啊！哪有辦法自己一個人睡覺？」她們可能只在心裡踏地喚天，而無法像當時情慾自主的女人勇敢而大膽地說出來。

當我們瞭解到當時的女人對自己身體的尊重與主宰時，我們更容易領略吳哥寺內面帶淺笑，裸露著豐滿的乳房、小腹凹凸有致的女神浮雕的傳神美感了。

書中〈貿易〉的部分又講到：「國中賣買，皆婦人能之。所以唐人到彼，必先納一婦人者，兼利其能買賣故也。」這和當今一些到大陸經商的臺商，說是要在當地找個女子，可以幫他打理生意上的交際應酬是相同的。還有在〈流寓〉中，我們得知原來以前就有「跳船」的事件，當時唐朝的水手到了吳哥後，發現這裡是一個非常開放的國度「不著衣裳，且米糧易求，婦女易得，居室易辦，器用易足，買賣易為」，所以，便紛紛跳船逃逸到吳哥這個理想的桃花源，不願離去了。

　　然而，身處在2006年的吳哥，我欣賞柬埔寨人的平和與知足，是我覺得他是理想的桃花源的原因。當地人在周末的傍晚時分，不約而同地來到古蹟城外——野餐，他們鋪上草蓆，拿出準備好的食物，小孩一群群在河邊、在草地上奔跑嬉笑，空氣中還散發著燒烤的香氣，原來攤販出現了，烤玉米、烤肉串，任君挑選。他們和樂融融，似乎很懂得生活，懂得享受，我心想：「在世界文化遺產的吳哥窟前野餐耶！好有氣質喔！」而這也應證了前一陣子的一本新書《窮得有品味》裡所說的：「『幸福』是一種奢侈，而且人人都負擔得起！美好而有格調的生活根本無關乎存款多寡。」

　　講到柬埔寨的「窮」，想到的是在洞里薩湖（Tonle Sap）一群靠船吃飯的辛苦人們，他們是柬埔寨國境內最貧苦的子民。

　　才準備上船遊覽東南亞面積最大的淡水湖，一個瘦小黝黑的小男孩招呼著我們，並用標準的中文對我們說：「小心頭！」這個九歲的小男孩幫忙開船的父親拿著巨大的槳把船移出碼頭，感

覺力大無比，我們對他豎起大拇指，他靦腆地笑。

"School！" 他指向我們即將經過的一棟兩層的水上建築，一樓是教室，二樓是籃球場，沿途還看到水上教堂、圖書館、雜貨店、修船場、豬舍等，還有的船滿載著蔬果，正和水上人家進行交易。傳統水上人家的風情盡在眼前。

這個盡責又專業的小男孩，一遇上「塞船」，馬上起身協助他父親，讓船駛離狹窄的湖道。這裡的水上人家一輩子住在漂浮的船屋上，已經找出和大自然的共處之道。我拿出背包裡的一支紅藍黑的三色自動原子筆送給他，他用中文跟我說「謝謝！」

在船靠近水上餐廳時，我們已經見到兩、三艘小船上有幾個年齡不一的小孩，有的身上一絲不掛，有的僅著下衣，他們伸出小手向觀光客招手乞討，也有母親抱著襁褓中的嬰孩，甚至有個小孩窩在一個黑色的澡盆中，手裡拿著一根小木棒向觀光客划過來乞討。

在水上餐廳喝椰子汁時，我見到小男孩正拿著原子筆在向他的朋友炫耀著。我不知道這支原子筆對他的意義是什麼，但是，我知道臺灣的孩子如果有機會見到這樣的景象，是應該要更加對生活中的一切惜福感恩的。

離開洞里薩湖，為了躲避午後的烈日，並等待爬到克姆山頂看落日，我們找了一家柬埔寨餐廳下午茶，那是一家延伸到河邊的高腳屋餐廳，餐廳裡吊滿了吊床，我們請嘟嘟車的司機和我們一起喝著Angkor啤酒，吃著他們當地的水煮蝦、薑絲炒雞肉和烤牛肉，我吊在吊床上，翻著旅遊書，清風徐來，輕易入睡，原來

幸福可以這樣簡單。結帳時，老闆訓練他的兒子用英文寫帳單，在等待他算帳的過程，我見到了父母對子女成龍成鳳的用心，還有下一代的希望。

還有一個希望，出現在往巴肯山的山路上，第一天因為下雨，已經錯失巴肯山的落日，但總不能錯過山上的美景，於是我們往山上爬去，因緣際會跟著一群要到山上野餐的孩子走，這一群孩子，人手一個塑膠袋，袋子裡可以見到一瓶水和一大團白飯。我對著走在隊伍最後的三個小男孩打招呼說 "Hi !" 其中一個主動問我們從哪裡來的？然後介紹自己，"I come from Cambodia." "I am fourteen years old." 還問我們是作什麼工作的？什麼時候回臺灣？到了山上，這群孩子在古蹟前玩遊戲，歡笑陣陣，我拿起相機和他們拍照，並錄下影片，他們見到自己在影片中，興奮不已。

走進吳哥窟的時光隧道，可以見到陽光透過兩旁茂密的大樹灑落地面的晶瑩，也可以體會午後的陣雨把古城襯托得更加迷濛的神祕，前後強烈落差的感受交相輝映成一幅幅耐人尋味的畫面，就像存在已數百年的「高棉的微笑」，屹立在那看著貧窮與富貴、爭戰與和平、興盛與衰敗、貪婪與知足，但大佛們不改他們的微笑，那代表著一種無窮的希望。

在我解放靈魂，憑弔歷史遺跡，貼近藝術氣息之後，我想，我是絕對忘不了「塔高寺」原始結構歸零的還原美；「古墓奇兵」中傳說「光的魔三角」的「塔普倫神廟」；或者是在「寶劍塔」感受古王朝當年為爭奪王位及領土的緊張局勢與其恢弘的歷史；浮雕精美之最的「女神廟」裡拈花微笑的仙女們，彷彿背著

熙來攘往的遊人還在翩翩起舞，舞姿曼妙地像要從壁上走出來。

在回臺灣的飛機上，翻開報紙，王建民取代了趙建銘的版面，我的腦海中不再出現趙建銘四十五度高傲昂起的下巴，而是吳哥窟風神廟的四面巨型大佛，靜默而慈祥地正環繞在你身邊微笑著。

原載於聯合新聞網《udn旅遊夢享家》，2007年10月27日。

第四節　2008春節的東北：冰封卻不飄雪

我想，如果哈爾濱的冰雕是我這輩子一定要去欣賞的，那麼，我一定要在四十歲之前去感受極冷，免得以後身體負荷不了。於是，我三十九歲的除夕夜就在大連度過了。

出發前本有些擔心華南的雪災會影響出團，後來，順利到達北京，在機場通關時，才聽到當地的導遊說起今年東北團生意清淡，因為，飛機飛不過來，原本預定因為一年一度的「哈爾濱的冰雪大世界」會在過年期間引來大批遊客的。導遊們七嘴八舌頻頻搖頭說年不好過。

我們非常幸運搭上了直航的春節包機，節省了轉機的時間，從北京轉機抵達大連已經是晚餐時間了，來接機的是一位瀋陽的年輕女導遊，在大陸說的是「全陪」，指的是旅行團中由公司安

排在旅遊路線全程陪同的服務人員。瀋陽的全陪導遊要我們可以叫她「小吳」，她介紹另一位男士，說是大連的「地陪」，他會負責介紹並帶領我們走完大連的行程，原來每個地點有不同的「地陪」，地陪指的是負責陪同到某一地區或某一景點遊覽的導遊。

享用除夕的年夜晚餐時，小吳要我們改掉在臺灣稱「女服務生」為「小姐」的習慣，在大陸的「小姐」指的是在特殊聲色場所工作的人，在這裡要稱「服務員」。因此，避免被白眼，讓人家心裡不舒服，記得入境隨俗。

回飯店的路上，大連的男地陪已經沿路介紹起市區景點。大連給我的第一印象就是「大」，路大、廣場大、商場大、綠地大、行道樹也大，高樓大廈林立，感覺欣欣向榮，就是在夜晚也能感受到其城市規劃的用心。以前在地理課本就讀到大連是個重要的港口、貿易和工業城市，因為她與韓國、日本、朝鮮和俄羅斯遠東地區相鄰，也是東北、華北、華東以及世界各地的海上門戶；但沒想到現在親近她，感覺她更是一個適合旅遊的城市。

把行李放進房間後，第一件事情就是要趕著在商場關門前去買禦寒的衣物，雖然從臺灣帶了羽絨衣，可還是想在當地買一件替換，照起相來也多樣些。走出飯店，應該有零下6度吧！另一半為我戴上禦寒的口罩和毛帽，然後握緊我的右手，放進他的左手口袋；我緊緊擁著他，並對他說：「天氣這麼冷，又發現你更重要了！」他捏捏我的鼻子說：「是啊！越往北走，妳會越溫柔，越聽話！」我們走在寬廣的人行道上，感受既清冷又熱鬧的

空氣，冷到受不了了，招了計程車找到一家大商場，賣的全是禦寒衣物，價錢比臺灣便宜了兩、三倍，手套、雪靴、毛褲、衛生衣、耳罩和鴨絨外套全是我們的戰利品。

第一次在大陸過年，感覺很有過年的氣氛，鞭炮、煙火一直放到凌晨三點，在飯店的大片落地窗就可以欣賞到繽紛多彩的煙花，這樣難得的經驗，讓我們興奮到不肯睡去。

早上集合要展開行程時，大家都包得跟肉粽似的，一層又一層，我原本將我的名言——「寧願冷死，也不要醜死」奉為圭臬，但置身於此，只能屈服於溫度，已經顧不得美醜了。只穿著一件毛衣和外套的小吳看我們每個人穿得那麼多，告訴我們：「要把重裝備留到哈爾濱，大連是我們行程中最暖和的一站，越往北走，再加衣物，如果太快把厚重的衣服穿出來，到時會冷到身體無法調適。而且車上有暖氣，上車一定要脫外套，下車才穿外套。」沒想到，在東北旅遊還有穿衣哲學。

白天的大連市更美了，難怪被稱為「北海珍珠」，我最喜歡有大連的華爾街之稱的「中山廣場」，這個金融中心有十條大道從這裡通往四面八方。而周圍哥德式、羅馬式和文藝復興風格的建築，會讓你誤以為置身在歐洲國度，原來在一百多年前，有一批鍾情於法國文化的沙俄工程師來到大連，有意在此建造一個東方巴黎。大連的廣場之多，竟有八十多個，單單是「星海

灣廣場」和「人民廣場」以最快的速度逛完就得要花上兩、三個小時。

大連既有紀念與日本北九洲市結為友好城市而建的雄偉壯觀的「北大橋」，還有日本和俄國兩個當年的帝國侵華的歷史見證的「日俄監獄舊址」。

1941年，太平洋戰爭爆發後，日本的侵略軍全力逮捕抗日戰士和愛國同胞，並用列車將他們從華北和東北，押送到這座簡直是東方納粹集中營的監獄，加以凌虐殺害。這個規模保持完整的監獄，我想，是有意讓人民記取，在中國的土地上打仗，殘害同胞的帝國列強的殘酷統治和血腥鎮壓。

我們參觀著監獄內的牢房、暗房、檢身室、刑訊室還有受刑的絞刑場，這讓我理解到大陸同胞的仇日情結。我記得前幾年趙薇在一場演唱會中，身穿日本國旗，在臺上唱歌，有個衝動的觀眾竟然對她潑了一盆髒水，我當時看到這個新聞時，覺得這個人未免也太不理性了吧！但在此時此刻，我想，那個非理性的觀眾和日本結下的仇恨恐怕不是「衝動」兩個字可以解釋的。

監獄呈「大」字形放射狀，範圍很大，灰色磚的部分，是1902年，沙皇俄國建造；而紅色磚部分，是1907年，日本侵略者所擴建的，可以同時關押兩千人。有一個統計數據說：從1906年至1936年間，這座監獄累計關押過近兩萬人。

此外，我們還大略看了日俄侵佔大連的遺物展和英烈展，藉由這些紀念的展品，也的確不難讓人體認到，前陣子大陸和香港的反日人士抗議日本當局竄改歷史教科書，以及日本成為聯合國

安全理事會常任理事的激昂情緒。抗議群眾情緒激昂，北京、廣州和深圳發起超過萬人上街抗日遊行，網民更透過網路郵件與手機簡訊，發起拒買日本貨，以示抗議。香港保釣行動委員會也準備再發起前往釣魚臺宣示主權的行動；香港網民甚至抗議無線電視臺播放日劇，並要求禁播。

這種仇日情結，席捲著直接或間接參與著中日歷史的華人的心，那種深切的悲創，或許必須在日本政府正視塵封的歷史，並白紙黑字表示反悔的歉意才會畫下休止符吧！

我的心情在「旅順軍港」有了紓解，中日甲午戰爭以及日俄戰爭，都曾經在這裡轟轟烈烈的上演著。旅順軍港以其渾然天成的優越的水陸環境——外部有山脈夾峙、易守難攻——為歷史寫下了成功的一頁。

如果要說城市有性別之分的話，我認為大連是絕絕對對屬於陽剛的男性魅力之城，他的粗曠風貌是和女性化的江南蘇杭天差地別的。

遊東北，好像過去在地理和歷史課本上念的東西都回來了。乘著船遊覽丹東的「鴨綠江」，見到「碧綠的江水，猶如雄鴨脖頸的瑩綠」，與北韓隔著新義州相望，觀賞兩岸對比的風光，我聽見船上有人說：「北韓見丹東，就像當年珠海仰望澳門的繁榮。」

之後，我們又來到中國和朝鮮的界河，石碑上寫著「一步跨」，原來沿著河走，中國和北韓的邊界會到僅僅一步的距離就可以跨過，聽說兩國有不少百姓利用那一步的距離，偷偷進行著貨物交易。

　　不知道以後北韓的政治局勢，會往那個方向走，但歷史都會說話的。就像丹東在戰國時期，就是燕國的所在地，是明朝萬里長城最東邊的起點。孤立在鴨綠江邊氣勢雄偉的虎山長城，位於虎山上，海拔約140公尺，全長約150公里，是明朝開國皇帝朱元璋將長城從西北大漠，往東修建到海邊的。站在烽火臺上思幽古之情，有一種複雜的情緒。

　　沿路氣候異常，只有在路邊見到積雪，卻見不到紛飛的雪，雪都下到華南去了，這讓我有些失望。尤其太陽出來了，暖烘烘的，感覺不像在東北啊！

　　我們來到遼寧省歷史最悠久的「步雲山露天溫泉」泡溫泉，湖上都結冰了，我小心翼翼地踩在冰湖上，確定冰層厚到可以承受我的重量，然後放心地在上面旋轉跳舞，這是我的第一次，第一次在冰湖上歡呼！

　　我的第一次還有在長春的北陵公園坐「滑冰車」體驗滑冰的樂趣；而最難得的第一次是欣賞到舉世聞名的松花江「霧淞」。

　　臺灣領隊說「霧淞」是需要環境配合，天時地利人和，幸運

的人才看得到。他說他也曾經帶過兩次團，時間沒抓準，白跑一趟。

要欣賞霧淞必須起個大早，因為霧淞島距離吉林市要40公里。當地地勢較低，四面環山，江水環抱，又因為上游的豐滿發電廠，造就了永不結冰的松花江水，而霧淞的形成原理就是在氣溫到達零下30幾度時，溼冷水氣遇到低氣壓，而結成晶體附在樹木或建築物上，也就是所謂的「樹掛」，那樣的銀色壯麗的奇觀，如果不是親眼見到實在很難想像。

在松花江畔乘船徜徉霧淞島四周，見到兩岸原本光禿禿的樹枝上，開滿了潔白晶瑩的冰花，垂柳上看似粉雕玉砌的白雪，又像是冰霜，一片天地茫茫，萬物晶瑩，覺得這裡像是被塵世遺忘的仙境。

霧淞在上午九點前後，太陽漸漸大起來後，就會慢慢脫落了，這時見到的是霜花漸漸脫落的景象，白茫茫變成灰濛濛，當我們搭乘十點的船準備回車上時，再回頭看一眼已經變成黑壓壓一片了。我見到對岸有一群日本人才剛到，準備搭我們的回頭船，看來我們是幸運多了，果然是「早起的鳥兒有蟲吃」。

船夫說：這裡即使到了零下40度，江水依然潺潺不息。大自然的奇觀，真是令人讚嘆啊！中國四大自然奇景：除了松花江的霧淞，還有泰山日出、黃山雲海和錢塘江潮，我一定要去蒐集完全。

這趟旅程奇特的自然現象還有九曲銀河的「本溪水洞」，這是世界最大的充水溶洞，可以欣賞到形態萬千石筍和石柱。水洞

長三千多公尺，是目前中國大陸可乘船遊覽的最長的充水溶洞，這個充水溶洞的特別之處在於：寒冬時，室外攝氏零下18度，但室內卻是攝氏零上18度，像是裝了電暖器；而到了盛夏季節，室外零上20幾度，但室內卻是攝氏零下18度，像是天然的超級大冰庫。

     🕊   🕊   🕊

　　東北土地廣闊，地大物博，養育了粗曠豪爽的東北人。他們是大碗喝酒、大塊吃肉的坦誠率直性格。大家多說東北女人人高馬大，敢和男人拚命，氣一不順，張口就罵，伸手就打。小吳捍衛著東北女人說：「其實東北女人剛毅中帶有溫柔的，我們的溫柔是放在心裡，不是在嘴上的。」也許這就是東北女人的可愛之處吧！

　　其實，做旅遊業這一行的，嘴上是一定要溫柔的。怎麼說呢？

　　跟團的大陸行程一定會安排購物站，據說那才是全陪和地陪的收入來源。小吳在要往購物站前，便在車上強力鼓吹人蔘的好處：「可以改善循環，增強血液供給，生病的人要恢復體力，吃人蔘是最好的，可以把人蔘與雞肉一起燉湯……。」

　　還好有個團友買了人蔘，小吳的業績沒有掛零，我們鼓掌感謝，但是，離開購物站上了車後，見到小吳的臉色垮了下來：「你們都不捧場，這樣我的業績很難交待。是不是我的服務不夠周到啊！我該做都做了啊！」接著往黑龍江的路上，她一路沉默。其實，小吳不了解臺灣人的心，臺灣人是吃軟不吃硬的，臺

灣人很善良的，就怕人家對你熱絡，小吳若是夠聰明的話，應該繼續保持她的服務態度。

到了哈爾濱，車子在市區接上了一個年輕地陪叫「小寒」，吃晚餐時，笑嘻嘻的小寒跑進跑出包廂幫忙張羅我們的需求。離開餐廳時，我們一起走下樓梯，我誇她皮膚好，她馬上說：「我都是從小媽媽給我吃雪蛤長大的……。」上了車她開始延續雪蛤的話題，說：「剛剛有位姐姐，說我皮膚很好……」天啊！叫我姐姐，真是討喜！於是，她開始像是東森購物臺的推銷小姐介紹起雪蛤好處。

「各位哥哥、姐姐、叔叔、阿姨，等一下我們要到一個購物站，小寒下學期的學費就靠您們幫忙了，如果達不到業績，我就得休學了！我現在大三了，還差一年就畢業了，請大家多幫幫小寒囉！先謝謝您們了。」

我開玩笑說：「我們應該比妳還窮吧！我們從小還吃不起雪蛤呢？」

小寒馬上說：「姐姐，妳放心！這裡的雪蛤很便宜，買到賺到，買愈多就賺越多……」

在購物站結帳時，小寒笑得嘴巴都快咧開了，小吳看在眼裡很不是滋味，臉拉得更長了。我幫團友一起殺著價，同時跟小寒說：「小寒，大家都是為了妳的學費在努力刷卡喔！」小寒對大家鞠躬說：「是啊！謝謝大家，我一定會好好用功報答您們的。」

小寒送大家到飯店後，大廳出現了她全身「名牌」的丈夫等著要接她回家。小寒喜孜孜地和大家道晚安，說明早再來接我們。

當這次旅行的重頭戲登場時，大家把所有的重裝備都穿戴上了，晚餐後，我們趕著走進被譽為「世界冰雪狄斯奈樂園」的哈爾濱冰雪大世界。我穿了兩件羽絨衣，但戴著皮手套的手指感覺還是凍麻了，穿了兩層厚襪子，腳趾還是感到刺骨的疼痛，走起路來像隻超級笨重的大熊。但是，這些不舒服在見到規模空前的超大型冰雪藝術精品時，好像暫時全忘卻了。

　　舉辦單位充分發揮冰雪時空優勢，在面積兩千餘頃的景區，將變幻多姿的冰晶奇觀，淋漓盡致地展現其冰雪藝術，特別是結合北京奧運的主題特色加以發揮，把北方冰雪文化藝術的獨特魅力充分展示。冰與雪的磅礴氣勢，展現出北方的絕對靈魂，真是璀璨壯觀，置身其中真是忘卻了零下20幾度的極寒，裡面各種冰雪作成的設施有高爾夫球區、四、五層樓高的滑梯區，在各色冰燈的照映下光彩奪目。

　　在這裡拍照得搶快，一方面手指凍到無法操作，二方面溫度低到連充飽的電池在低溫時都失能了。

　　看過壯觀的冰雪大世界，再到「兆麟公園」欣賞冰燈遊園會場，和剛剛相比感覺像是進入了「小人國」，這裡可以見識到藝術家利用冰塊砌成藝術品的巧思。因為冰燈，所以這兩個行程安排在晚上。隔天早上，在「太陽島公園」可以見到世界各地雪雕名家作品的展出，是規模最大的雪雕展，很具有童話趣味；松花

江的冰上活動很多，可以騎馬、坐冰帆、溜冰，還有冬泳表演，關於冰雪的活動多種多樣，令人難忘。

在回臺灣的飛機上，我已經忍不住看著相機裡的照片——長春「北市場」感覺有些突兀的臨街矗立的「滿清十二帝像」；滿清在入關前所建造的氣勢非凡的黃色琉璃瓦的「瀋陽故宮」；典型拜占庭式建築的遠東地區最人的束正教教堂的「聖索菲亞教堂」；哈爾濱全長一千四百公尺的「中央大街」步行街；雖然聽不懂邊唱邊舞的「二人轉」的地方戲，但透過觀眾連連的笑聲，我想，即使是低俗的趣味，也放鬆了旅人的心情。

我突然從照片中，發現每張照片「乾淨」很多，原來每個旅遊點的遊客不算多，而且，好像都沒有遇到臺灣團！這和以往遊大陸各個景點，人山人海，照相都要排隊的盛況相差很多，而且永遠無法獨照。這倒是意料之外的難得的又一幸運。

第五節　就是要很「希臘」的人生

不知道你有沒有這樣的經驗，因為一本書、一篇文章的某句話或一首歌、一部影片，而對某個地方生起了拜訪的想望。

很年輕的時候，我讀到余光中先生的〈重上大度山〉：「撥

開你長睫上重重的夜／就發現神話很守時／星空，非常希臘……
明日太陽照例要昇起／以六十哩時速我照例要貫穿／要貫穿縱貫
線，那些隧道／那些成串的絕望／而那一塊隕石上你們將並坐／
向攤開的奧德賽，嗅愛情海……」古老的神話，眾神的國度，搭
配深邃的湛藍，詩人的靈感想必是來自在古文明愛琴海區域的旅
遊經歷，才會用「希臘」去形容天空，從那時起，我在心中便埋
下了渴望能親身感受湛藍無垠的愛琴海氣息的種子。

　　後來，又聽到希臘人對十二星座有趣的傳說故事；讀到希臘
神話故事裡宙斯與歐羅芭的一段風流韻事──宙斯見到美麗的歐
羅芭，為她神魂顛倒，便將自己變成了一頭公牛，去虜獲她。當
歐羅芭騎到了牛背上，宙斯便躍身向大海奔去，遠處的地平線上
出現了一座島，這個島就是克里特島。宙斯恢復原貌，並向她表
白愛意，據說歐洲大陸（Europe）就是因為歐羅芭而得名。歐羅
芭也為宙斯生下了地上的第一位國王──米諾斯，米諾斯建立了
城市，制定了最早的成文法典，是希臘文明的開端。

　　還有其他美麗的傳說都發生在希臘。宙斯撮合了英雄帕琉斯
和海神忒提斯的婚禮，眾神都受邀參加婚禮，只有管轄糾紛的女
神厄里斯沒有受邀，不請自來的厄里斯懷恨在心，在宴席上留下
了一個黃金蘋果，上面刻著「獻給最美麗的女神」。

　　赫拉、雅典娜和維納斯三個最美麗的女神為了這個金蘋果爭
執不休，於是，宙斯舉派凡間一位瀟灑英俊，卻在山上牧羊的特
洛伊王子帕里斯當評判。三位女神都想賄絡帕里斯，天后赫拉願
意讓他統治最富有的國家，成為全世界的主人；智慧之神兼戰神

的雅典娜，願意賜給他無比的智慧，讓他贏得所有的戰爭；愛神維納斯則答應讓他回去當特洛伊的王子，並且擁有世界上最美麗的女人做妻子——斯巴達的王后海倫。最後，維納斯得到了金蘋果，卻也引發了「特洛伊戰爭」。

之後，透過數學的「畢達哥拉斯」，還有三角函數中的 α、β，我又和希臘連結上；透過哲學的「蘇格拉底」、「柏拉圖」與「亞里斯多德」，我和希臘又接觸上；2002年，正處生命低潮的我，因為《我的希臘婚禮》裡四十歲的編劇兼女主角——妮雅瓦德拉絲，不畏艱難終能演出自己的故事，而大受鼓舞，2004年，扮演古希臘英雄的布萊德彼特在《特洛伊：木馬屠城》裡，跟我展示希臘的氣勢；2008年，《媽媽咪啊》裡旖旎的希臘小島風光和民宿生活，用著專屬於他們的飽和而濃郁的——湛藍與純白——用力地招喚著我。這種種的生命鋪排，終於，讓我在2009年8月飛往希臘了。

可以和心愛的人一起飛往浪漫的國度是一種幸福。我們事先透過旅行社安排好雅典、米克諾斯島和聖托里尼島的住宿和船票，便展開拜訪世界四大文明古國之一——希臘——十天自助旅行行程。

在機場舉牌接我們的是叫Peter的，衣著整齊筆挺的希臘人，一路上，他推薦我們雅典的旅遊點，還有飯店附近的餐廳。等綠燈時，Peter拿出他的手機，給我們看他一雙兒女的可愛照片，果然如書上所說，希臘人很重視家庭，說起他的孩子，滿是喜悅。

聊到愛琴海的小島旅行，我順便問起Peter有沒有到過他們

的鄰居國家──埃及和土耳其，因為這兩個國家的風格和希臘大不相同。Peter說：他沒出國過。我才想起看過的一個資料：一千一百萬人口的希臘，人均所得在歐盟十五個國家中，是排在比較後面的，是歐盟中經濟基礎比較薄弱的國家，近幾年政府打擊逃漏稅，減少公共支出，才慢慢改善經濟困境。這可從希臘人民在歐盟國家中出國旅遊渡假的比率是最低的，可以見得，還好他們的祖先留下了祖產，讓他們得以靠觀光賺錢。

美麗的「雅典」傳說

　　一大清早，我對首都雅典的第一印象，和我想像中不同，不夠大氣，特別曾是主辦過奧運呢！雅典也和我旅行過的歐洲國家很不一樣，房舍建築有日本琉球島的樣貌，也和臺灣一樣，一棟接著一棟，緊鄰而蓋，又像臺灣的華廈，都只有六或七層樓高，好像沒見到大廈，一樓也多是營業的店面，以上才是住家。對於這個古希臘文化的搖籃中心，有點出乎我的意料之外，特別是她有一個這樣美的名字──雅典，是用古希臘神話中雅典娜的名字命名的。

　　雅典命名的由來是：很久以前，希臘半島上住著少數人，過著簡陋的生活，後來，來了一個蛇身人，教導人民耕作，大大改善了他們的生活，而人們也將蛇身人擁戴為國王。後來，來了海神波賽頓和智慧女神雅典娜，兩人都希望能將這個地方以他命名，彼此互不相讓，於是，蛇身人提議：誰能給人類一件最有用

的禮物，就用她的名字為這個城市命名。達成協議後，波賽頓用三叉戟敲了一下岩石，跳出一匹馬，可是這裏的人從沒見過馬，不知馬有何用途，當然也不認為馬是件寶物；而雅典娜則用長矛敲著岩石，便長出了一棵枝葉茂盛、滿是果實的橄欖樹。雅典娜說：「橄欖樹是和平的象徵，可以製造出對人類全身都很有用的東西。」最後，她戰勝了海神，這座城市便用她的名字命名，自此，雅典娜便成了這座城市的保護神。事實證明，橄欖樹果然為他們帶來了財富，從希臘人的飲食習慣便可看出，餐前菜必定是由橄欖油混合而成的沙拉，主菜就是由橄欖油烹煮的道地料理。醫學界目前也已證明，橄欖油對於人體有著極大的幫助。而橄欖作成的香皂也對身體有益喔！所以，橄欖香皂也成了到希臘旅遊的伴手禮。

我們入住的飯店——Cecil Hotel，是在熱鬧的布拉卡區，近Monastiraki捷運站，是一間交通便利，卻具「歷史性」的飯店，所謂具「歷史性」的飯店，就是你不必對房間的設施有太大的期待。飯店的歷史從古老的電梯便得以見。電梯在樓梯的回轉空間，以鍛鐵的網狀構建井道，電梯內層是木製結構，我第一次出國，在巴黎的第一家飯店就遇過這種電梯，但現在還是感覺很新奇。搭乘電梯要拉開手動柵欄門，門要完全關緊，再按要到的樓層鈕，電梯才會動；門沒關緊，它就動不了。

放下行李，簡單梳洗，離開飯店後，我們要利用一大早太陽還不那麼炎熱，觀光客還不多時，先去參觀衛城區，首先得找超市買礦泉水，我們沿著Athinas這條主要的路走，經過熱鬧的中

央市場，裡頭除了肉類、蔬果，還有罐頭、乾物等各式各樣的食物，讓我感到很特別的是，每個肉攤店前面都有一個大型的，高度及腰的剁肉砧板。我們聽到市場裡的叫賣聲，見到買菜的當地人，在這裡展開一天的開始。

買了兩大瓶礦泉水後，回頭順著路走就可以到衛城區。沿路見到不少一樓的牆面上滿是塗鴉，但那塗鴉不像我們西門町的「藝術」，其凌亂不堪反倒像是某種洩憤。

到處是古蹟的雅典，是一個超過三千年的歷史古城，因為古老，所以，道路狹小，單行道多，因位於丘陵地，又是地震的斷層帶，市區道路受到限制，所以要開闢新道路，常會受到限制，若一不小心又挖到新古蹟，更是麻煩。

感覺通往衛城的路，應該設為徒步區的，但是，走在狹窄的道路，兩旁都停滿了車。在雅典停車的確是一件難事，所以，聽說開停車場相當賺錢，而政府也大力推動希望民眾可以在自己的院子建地下停車場，但若你「太幸運」去挖到古蹟，就變成你的「不幸」了，在政府派人來勘查之前，你是動彈不得的，到時不要說停車位，搞不好連你的房子都不保，更何況希臘人做事拖拉，沒效率。因此，當然民眾對於自己建停車場是望之怯步的，也就更可以想像雅典停車位的一位難求了。

偉大而精彩的「衛城區」

雅典，是古希臘的政治文化中心；衛城則是供奉雅典的庇護

者雅典娜的地方。衛城，Acropolis的意思是「高地上的城邦」，具有兩種意義：一是祭祀的聖地；一是都市國家的防衛要塞。在希臘早期的城邦文化興盛時期，每個地區都有衛城，只是雅典的衛城最有名，第一座神殿興建於西元前五世紀，是為了紀念雅典娜而蓋的。1987年被登錄為世界珍貴遺產。

衛城從阿提卡的平原延伸到陡峭的懸崖，雄踞於市中心一座高一百五十餘米的四面陡峭的山岡上。三面被懸崖包圍，遊客只能從西面步行而上。衛城是早上八點開門，我們從山下看著抬頭可見的古蹟，繼續往賣門票的入口處走。對於古蹟就在熱鬧的市區裡，感覺很奇特。拾級而上，見到好多還在晨曦的陽光下睡得慵懶的貓咪。

「海羅德斯阿提卡斯劇場」，位於衛城入口的南側，建於羅馬時代，劇場是半圓型的，直徑三十八公尺，三層式的建築結構，無論從任何一個點都能聽清楚舞臺上的表演。如今可以容納六千人的大理石座位是全部翻新修建過的，每年夏天的雅典慶典都在這裡舉行音樂會。我對這個壯觀的劇場印象特別深刻，可惜沒有機會在這裡參與音樂饗宴；另一個可以容納一萬五千人的「戴奧尼索斯劇場」，建於西元前六百年。在希臘神話中，酒神戴奧尼索斯也是戲劇之神，所以每四年一次的酒神祭典中，會在這個半圓形的劇場，演出祭祀酒神的戲劇；另外，從「阿格利帕音樂廳」殘存的基座，也可以想見昔日的風光。

親眼見到舉世馳名的「厄瑞克提翁神殿」廊臺的六尊結構完美的少女像柱，真教我佩服當時建築師智慧的精巧設計。這六個

少女原本應該只是石柱的，可是石柱實在太不具美感了，為了讓少女可以頂起沉重的石頂，於是聰明的建築師，讓少女們都留著一頭飄逸的濃密長髮，以遮掩頸子必須設計粗壯的現實，還讓她們穿著長裙束胸，頭頂上也加了花籃，因為腰身婀娜的線條，雖是頭頂千斤，卻感飄逸輕盈，成功地展現了建築的美學。不過由於空氣污染，我們在這裏看到的是複製品，真品被保存在新的衛城博物館。

這裡的每一根巨大的石柱，都很壯觀，像是在訴說著希臘文化源遠而流長，在他們面前更顯得人的渺小。站在神殿前留下足跡，搭配上藍得可以的天空，簡直精彩絕倫，怎不教人讚嘆千年前希臘人的建築智慧。

爬到了七十公尺高的山丘，怎麼發現眼前像是一大片工地似的，仔細看正是最引人注目的希臘古建築經典代表作——「巴特農神殿」。然而，因為工程浩大，所以，幾乎長年累月都在施工整修中。神殿建於西元前四百四十年左右，也是用堅硬的大理石建成，然而，因為設計師的巧思，每一根巨大的石柱並不是相互平行，而是向內傾斜，因為石柱如果平行，會讓人感覺石柱好像向外彎，也會有很沉重的錯覺。這樣的工程技術，以當今的標準看來，仍堪稱絕品。

在神殿前留影時，見到許多希臘年輕人向遊客發送傳單，傳單上載明了希臘的無數國寶是如何英國掠奪的，還有這些年來為了追討國寶的種種努力，底下還列出了至今還收藏在大英博物館裡的希臘國寶的清單。原來他們是一群宣傳志工，他們用實際行

動要讓國際社會知道他們會一代一代傳承下去，他們有決心要讓被掠奪的國寶能夠「回到故鄉」。

中國也有不少國寶流落在外，特別是大英博物館，我記得我在大英博物館的中國館，舉起相機要拍照，我已經關掉了閃光燈，但是，一個女館員還是先大聲地警告："No Flash."當時，我還只是個要升大三的學生，又氣又窘，鐵青了臉，很氣憤地用「國語」回她說：「這是我們的寶物，你們偷來就算了，還不讓我們拍照……」她一臉漠然。我突然很能體會這群年輕人的堅持。

登上眺望臺一覽整座雅典城的風光，如果可以坐在這裡野餐應該是很特別的經驗。飢腸轆轆的我們準備下山，很多觀光團擠滿了守護神雅典娜的巴特農神殿，還好我們一早出發，不用人擠人，而且這裡沒有任何的遮蔽物，想要躲一下太陽都沒辦法。但貼心的是，衛城區裡設置了不少飲水機，所以，根本是不需帶水上山的，頂多帶個空瓶就很方便了。

在衛城裡，可以尋覓雅典曾有過的傲人的輝煌，也可以從落盡的繁華，去感受古文明價值穿越時光隧道的精神永在。

在炎熱的陽光下，離開衛城，但我想的是這些豐富的文化傳承，在夕陽的餘暉下，或是夜晚打燈的映照下，所有的石牆、石雕和石殿一定又是不同的樣貌。

意外發現的新衛城博物館（The New Acropolis Museum）

為什麼說是意外發現呢？因為當我們從衛城山丘南側往下

走，經過這棟現代化的建築時，先是以為是一間大型的Mall，可是又見到有人在排隊，便認為可能是車站，但是車站哪有大排長龍到門口的，而我們手邊的三本旅遊書，根本沒有介紹這個地方。我們循著階梯，走了下去，想要去弄清楚，這究竟是甚麼地方？結果才發現腳底下踩著的透明的強化玻璃，可以往下見到各式各樣的古蹟。我們跟著人群排隊，我先去問了門口的一個管理員，他說這是一座博物館，門票1歐元。博物館？這麼現代化？怎麼書上沒任何的資料。後來，我們問Peter，才知道那是雅典新的衛城博物館，在2009年6月底正式開幕，到今年年底門票都只要1歐元。想想我們還真是幸運啊！

這個博物館給我的第一個印象，就是很有現代氣息，好像一個相當有造型的三層玻璃盒子，不像一般博物館給人的生硬的印象；設計師使用了大量玻璃。除了地板，連外殼也是玻璃。內部的大理石建材十分大氣，把所有的大理石雕刻襯托得更具風華，尤其是厄瑞克提翁神殿的四根女像列柱被以特殊規格保存著，更顯珍貴。

不知是不是經過一早在戶外的日曬，在這裡參觀珍貴文物，吹著冷氣，更覺舒暢。上到頂層，視野突然大為開闊，因為四面全是透明的玻璃牆面，前方映入眼簾的就是不可一視的巴特農神殿，可是因為另一邊就是普通的居家，這又讓巴特農神殿顯得平易近人。我對於這些人家可以和博物館和巴特農神殿作近在咫尺的鄰居，感覺好特別，不過我想他們在享受飽覽古今建築的優勢的同時，也犧牲了他們居家生活的隱私。

走出博物館時，再認真環顧整座博物館，發現最底下一層像是東南亞海島度假村的高腳屋，只是底下不是「海水」，而是2002年間所挖掘出的「考古遺址」。設計師因為擔心文物受害，所以，就用了約有一百根的混凝土柱作支撐，感覺整座博物館是「浮」在遺址之上的，這樣的設計既保留了古物的原始韻味，也呈現了現代藝術的美感，緊緊觸動參訪者古今交會的心靈。

希臘的食物

明明是順著路就可以回到飯店，卻有點小迷路，原來早上一片寧靜的布拉卡舊市街（Plaka），沒想到中午各家餐廳開始營業，已是熱鬧滾滾，而且餐廳戶外的位子座無虛席。

這是我們在希臘的第一餐，為了慰勞辛苦的雙腳，應該好好坐下來享受一下。我們在每一家餐廳的菜單立牌前研究價錢，也研究人們桌上的食物。在希臘吃飯，才發現錢好難花。我們找了一家比較多年輕人的餐廳，心想至少這家應該是價位比較合理吧！

沙拉是必點的一道菜，沙拉裏有番茄、橄欖、洋蔥、大黃瓜、青椒等，拌上紅醋還有當地特產的橄欖油，再加上特製的香料調味，最後再放上一片羊乳酪或起司，這就是希臘沙拉了，不過這樣一道沙拉可不便宜，要5～6塊錢歐元，等於是240～280臺幣。就算是簡單的沙拉，只是番茄、大黃瓜和洋蔥也要4塊歐元。

最有特色的，我想是PITA吧！那是一種未經發酵的麵包，在小捲餅的麵餅皮上包上生菜沙拉和烤肉片，有的還加上薯條，價

位在2～3歐元，可以在小攤買，帶著走的，算起來是比較經濟實惠的。我們點了牛肉PITA，盤子上滿是牛肉，中間是生菜，最下一層是麵皮，這一類的PITA就要7歐元。在餐廳裏點啤酒最少也要2～3塊歐元，所以，每一餐最基本吃下來一個人10歐元，是跑不掉的，突然，覺得生在臺灣好幸福！

　　吃完午餐，我們要入境隨俗，和希臘人一樣回去睡午覺。希臘人午睡是一種傳統，午睡時間機關和商店都關門的，我想他們有很長的午睡時間，應該是為了躲避夏日炎熱的太陽，也是為了養精蓄銳，晚上才有精神從事夜生活。希臘人晚上習慣和朋友聚在酒吧、咖啡館喝上一杯，談天說地打發時間；或者，全家人到餐館用餐，到戶外廣場散步逛街，維繫情感。

　　晚上，我們循著Athinas散步，要往旅遊手冊上說的很危險的Omonia Square去，我想找到當地人吃的餐廳，一方面便宜，一方面能貼近當地民情。Michael人高馬大，和他走著很有安全感，一點也沒什麼好怕的，Michael說：「妳知道我的好處了吧！」這的確是和他一起旅行的好處，除了行李有人扛，護照金錢有人管，還可以充分滿足我的探險精神。

　　路上經過幾家咖啡館，不管是室內還是戶外，果然都有一群群男人圍著聚會，比手畫腳，滔滔不絕。十八世紀的伏爾泰在他最鍾愛的巴黎咖啡廳，開始了他自然科學發展的理念；二十世紀的沙特在花神咖啡館，發展他的存在主義；希臘時代，蘇格拉底在雅典的街頭、咖啡館與市井小民進行他的哲學探討。不知道現正在咖啡館中的人，是否也會成為未來的一個名人或開發新的理

論呢？

　　真正希臘人的晚餐，都是在晚上八、九點開始，和家人慢慢享用，在結束一天前盡情享受酒足飯飽，通常喧鬧盡興，都將近是午夜了。

　　希臘人最愛的主食是燒烤，菜單上的Souvlaki就是指炭烤的羊肉塊、雞肉塊、豬肉塊和洋蔥的串燒；Mousak，則是馬鈴薯、絞肉和茄子混煮的燒烤。我們為我們的晚餐點了綜合串燒。菜上桌時，除了鮮嫩多汁的燒肉外，旁邊還有薯條。隔壁桌送來了一道香味四溢的炸物，詢問服務生，原來是炸花枝，我們也點了一盤，配上當地的啤酒，真是過癮。以愛琴海一帶的島嶼國家來說，三面環海的希臘海鮮算是可以滿足饕客的口腹之慾的。

熱鬧非凡的布拉卡區（Plaka）

　　晚餐後，我們回到布拉卡區，要看看發亮的衛城。巴特農神殿像是為隆重的宴會換了裝，她穿上金黃色晚禮服，豔麗動人，和白天的面貌截然不同，不得不令人讚嘆他們的打燈技術與藝術。

　　應該是夜晚的浪漫催化，把布拉卡區最熱鬧的Kidathineon路妝點得更具十九世紀的雅典風貌。散步走在石板路上，欣賞著各具特色的店家，這裡的旅館、餐廳、咖啡館、俱樂部和酒吧原本都是舊建築，重新裝修後，注入新生命，展現新格局。餐廳老闆熱絡地跟著路過的遊客打招呼，招攬生意。門庭若市的餐廳，每個露天座位的桌上點了蠟燭，客人一邊享受美食，一邊欣賞樂師

現場演奏，還會見到賣花、賣紀念品的小孩穿梭在餐桌間跟觀光客兜售，不過這些孩子不像土耳其的小孩黏人，若你沒興趣，只要搖搖手，他們就會離去。

這樣的人聲鼎沸，是從午後到深夜的，因為很多商店也集中在這裡，在Adrianou路上可以買到具有希臘特色的紀念品。我們在曲折狹窄的舊巷弄裡穿梭，最後在一座拜占庭式的希臘東正教小教堂按下快門，結束我們在希臘的第一天。

從雅典往小島的渡輪

如果你沒有搭過渡輪，這倒是蠻特別的經驗，我第一次搭渡輪是在1990年第一次出國，從法國渡英吉利海峽到英國。當時，買的是很便宜的船票，所以船上的設備沒有這次的渡輪好。但是，因為年輕，到處都是新鮮，連見到一輛輛的大小車進入渡輪，都感到有趣。

我們所搭乘的Blue Star Ferries從雅典最大的港口Piraeus準時出發，我覺得這個碼頭很像基隆港，唯一不同的是，一大早，天空真是太藍了。不論是吹著海風，欣賞愛琴海蔚藍天光的明媚風光；拉一張籐椅，隨意翻著旅遊書；還是回到船艙內，在各個樓層遊晃，都很好打發時間。你可以到咖啡廳點一杯咖啡，也可以到餐廳點一客早餐，或者找到舒適的沙發座椅補眠或觀賞影片。

途中停靠了兩個小島，姿態各異，遠眺島上沿著山壁而蓋的屋子，是其他國家少見的，讓人精神大振，空氣中不但瀰漫著海

水的味道，也有幸福的香氣。

　　成長代表的是快樂的不斷遞減，我很慶幸，自己還能在渡輪上找到很大的樂趣，日出、海風、天空，都值得我讚嘆。

愛琴海上的白寶石──米克諾斯島（Mykonos）

　　在滿心期待下，我們終於抵達了有「愛琴海上的白寶石」之稱的米克諾斯島。隨著郵輪緩緩靠岸，親眼見到之前在明信片見到的那些獨特小巧垎壠的盒子型房屋，如詩如畫，美得令人難以置信。在碧海藍天的陪襯下，更是充滿令人迷醉的魔力。有人說這座小島是由四個 "S" 所組成的島嶼──陽光（Sun）、海洋（Sea）、沙灘（Sand）和性（Sex），我們要在這裡停留兩個晚上，充分感受米克諾斯島的魅力。

　　下船後，等不到應該要來接我們的人，電話聯絡希臘這邊的旅行社，是個大陸口音的女子，先是說不好意思，後來發簡訊說飯店的車子已經出發了，我們不敢亂跑，可是又等了十五分鐘，見到一輛輛把客人接走的車離去，我在大太陽底下等到有點火大，Michael要我到前面碼頭的陰涼處休息，他則再打電話聯繫，我的急性子相對於他的隨遇而安，顯得更為急躁。Michael見過大風大浪，天塌下來，有他頂著，我放心地去躲大陽。雅典的接送很順利，Peter準時又有禮，實在沒料到才到小島就發生這樣的事。車子終於來了，司機滿是抱歉；我對他抱怨：怎讓我們等了一個小時。他滿臉無奈，說是他送兩個要到碼頭的客人，臨時被

通知要接我們。Michael跟我說，錯不在司機，應該是旅行社那邊沒安排好，遷怒司機實在不對。Michael指著窗外說：「妳看，這些房子蓋在石壁上，如果雨下成像臺灣那樣，這些房子早就被土石流沖到海裡去了。」車子一直往上爬，Michael要轉移我的心情，面對美景我只能快快轉換心情。車子在Magas Hotel停住了，司機幫我們把行李拿到櫃臺，離開前對著櫃臺裡的胖女人說：「妳麻煩大了。」胖女人氣定神閒地跟我們解釋說，她也是剛剛才接到電話的：「我知道你們今天要入住，可是不知道你們到的時間，因為旅行社那邊沒有通知我，可能因為今天是星期日，沒有上班吧！」

我當然不想把快樂的鑰匙交到別人手上，我可沒有時間大老遠跑到這個美麗的小島生氣。不過這個不識相的胖女人又補了話：「沒關係啊！反正事情都過去了，重要的是你們現在都在這裡了，就要好好的玩啊！」我心想，是喔！在大太陽底下等了1個小時的可不是妳啊！希臘人的辦事風格由此可見，生意人都這樣了，更何況公家機關。聽說他們的公務員更是官僚，不知道是不是因為他們沒有像臺灣有客訴檢舉的機制，就隨心情辦事。我想，這種事是絕不會發生在德國人身上的。

稍作休息後，我們要去迎接夕陽了。這家飯店最大的好處就是走路到市中心只要十到十五分鐘。我們散步出門，就見到在飯店對面就有一家租車公司，因為米克諾斯島並不大，騎車只要兩個小時就可以把小島逛完，我們計畫要租摩托車，方便來去。我們找出了我們的國際駕照，前去詢問價錢，結果才發現Michael在臺灣只換了汽車，沒有換機車的駕照。他以為辦了汽車，就可以

租機車。然而，他們規定得很嚴格，沒見到機車A欄蓋章，就無法把機車租出去。

我們決定隨走隨看。往市區的路上，觸目所及，好像只剩下藍與白交織。白屋，在湛藍的天空和海洋的映襯下，顯得更是純淨，不過白屋只是房子的外觀白，房子的屋頂卻是斑斕的五彩，繽紛熱鬧。因為法令的規定，還有當地居民的共識，這裡的房子都不會高過兩層樓，就連濱海的飯店小屋也是，我們從所在的山腰往山下看，見到那些潔白的小屋就像一塊塊的方糖，很是特別。

我們順著路往下走，遠遠便見到五座雄踞於山坡上迎風搖曳的卡特米利白色風車（windmills），以前這裡的島民利用強大的地中海風勢去推動風車，而得以磨碎麥子和其他穀物，雖然這些功成身退的風車在現今已經失去實用價值，但卻成為米克諾斯島獨特的人文景觀。

在這個小島旅遊，不但可以隨心所欲，不需要地圖，而且特別的是，你可以隨時迎接每一個迷路的轉彎的驚喜。關於這裡的房舍興建成不規則地排列，巷弄也蓋得曲折蜿蜒，有兩個說法：一是，在十七世紀初，土耳其人入侵米克諾斯島，當地人為了抵抗那些侵襲者，便將街道興建成像迷宮一般，讓敵人搞不清楚方向；二是，當地人為了要阻隔強風的吹襲，減少海風直接吹進城鎮。沒想到如今這些宛如迷宮的街道，竟也成為當地的特殊風情。

穿梭在巷弄之間，在一連串的驚喜中，我們信步走到了明信片上經常出現的帕拉波提亞尼教堂（Paraportiani Church），是由

五座拜占庭式風格的獨立小禮拜堂排列成T字形而成，其中最德高望重的聖馬利亞教堂建於十四世紀。這些小禮拜堂的規模雖然不大，但卻不知是否因為佇立在海邊的關係，像是守護著當地人與旅人，感覺神聖萬分，連海鷗群也常常盤旋於此，流連不去。

送走了夕陽，我們決定要去找旅遊書上介紹的Nico's Taverna海鮮餐廳，這間餐廳是當地漁夫鄭重推薦的，說是比起其他餐廳物美價廉。然而，也因為餐廳的特色，除了高朋滿座，還有一大群候座的遊客。服務生跟每位等候的客人都說："Five minutes."照這樣熱鬧的用餐氣氛，我實在很懷疑五分鐘後我們可以坐下來。不過此時我們竟然見到了傳說中的鵜鶘（Pelican），他正驕傲地站在餐廳的上方平臺上，傲視所有用餐還有等候的客人，有人說這隻鵜鶘是餐廳養的，餐廳人員每天會丟魚給鵜鶘吃，所以，鵜鶘也會在固定時間出現，有時帶來客人，有時充當模特兒讓遊客拍照。

鵜鶘又叫信天翁或塘鵝，就是送子鳥，真是長得好可愛喲！他的雪白毛色柔亮動人，長長大嘴是鵝黃色的，最前端像是擦了口紅似的，黑亮的圓眼睛，眼神滿是堅毅，眼睛周圍又是柔軟的嫩粉色。不過這個模特兒可不接受觀光客輕浮地逗弄，他可是會發出呴呴的叫聲，生氣地用又長又尖的嘴巴嚇唬人喔！

據說島上共有三隻鵜鶘，早上九點前漁船靠岸，他們會準時到市場報到，等到漁市買賣後，他們會纏著漁夫撒嬌地要魚吃，他們是米克諾斯島上的重要島民。

利用和鵜鶘拍照、攝影，打發了一些時間，但還是沒有輪到

我們用餐，我們決定到別的地方「覓食」，明晚六點就過來用晚餐，避開人潮。

這裡的悠閒浪漫，讓人忘卻了時間，隨著音樂聲而去，我們轉了一個彎，竟來到濱海的「小威尼斯區」，為甚麼叫「小威尼斯區」呢？因為米克諾斯島曾被威尼斯人佔據過，所以，到處可見義大利威尼斯的水都風情，其中依海而建的一整排綿延的彩色房屋，有著色彩鮮豔的窗櫺、樓梯和陽臺，遠遠看去就彷彿是海上的小宮殿呢！這裡高檔的濱海餐廳充分展現了島上日落後的活力，除了用餐，還可以在PUB喝酒、DISCO跳舞、或在咖啡廳點一杯咖啡，每一家店都有屬於自己獨特的裝潢和音樂。

我們抵擋不了海邊的美景，決定找一間岸邊的餐廳在戶外用晚餐。這邊的空氣除了洋溢著浪漫的香氣，還飄溢著燒烤食物的香味。也許是因為可以遠眺五座迎風而立的大風車，也迎著徐徐吹來的海風，所以，每一家餐廳幾乎座無虛席。

我們找到一家餐廳，翻開菜單，最便宜的義大利麵要16歐元，最便宜的主餐——肋眼牛排要32歐元。這頓晚餐連小費共付了62歐元。真是奢侈的一餐，然而，也因為食物好昂貴，礦泉水要錢，麵包也要錢，因此，嘴裡的每一口食物都被很用心對待，每一口咀嚼都對食物獻上尊重。

離開前，見到坐在我們前面一桌的兩位男士，還在深情款款地享用他們的燭光大餐，桌上的小蠟燭更加點亮了愛情超越性別的誓言，而海浪的拍岸聲，則像是稱許了他們為對方所許下的承諾。

米克諾斯島有「同志島」的稱號，島上很多餐廳門口可以

見到彩虹旗幟到處飄揚，原來是同志酒吧。我們從港口經過藍頂小教堂往北邊走，經過卡斯楚咖啡廳，見到一大群男人在夜遊，有老有少，打逗嬉鬧，幸福的笑意全寫在臉上。我突然想起一個學生說起他的戀愛經驗，他追求一個女生追了兩個月，才發現她已經有「女朋友」，他覺得很受傷。後來，有機會認識幾個男同志，發現他們都是超有型的帥男，他換了個角度想：「我希望愈來愈多男同志出櫃，這樣就可以減少競爭對手，我就比較容易追到女生了。」這段話真是把男同志捧上了天！

這邊的帥哥很多，不過都是成雙成對，他們不吝嗇於展現肌肉。這個小島從七十年代起就一直是歐洲同志們夏日度假的最佳去處，尤其是以男同志的裸體海灘聞名的天堂海灘（Paradise Beach），更是狂歡的伊甸園。

我想起在一本書上看過：古希臘人舉辦的奧林匹克賽，只允許男人參加，也不准女人觀看比賽，因為奧運選手們，每個人都必須赤身裸體，甚至也要求觀眾不穿衣服才能入場觀賞。有人說是為了展現肌肉的力與美，也或許是要避免比賽發生作弊的行為。這樣的比賽想來還真是有看頭呢！

當我們正在碼頭仰望滿天星空時，一對情侶過來請Michael幫他們照相，還詢問了關於單眼相機的拍照技巧，之後，閒聊起來才知道他們是從義大利來的，已經在這裡待了一星期了，他們特別推薦一定要到「天堂海灘」去湊一下熱鬧。我們走出巷弄，果然在公車站見到有人在發廣告傳單，歡迎大家在週末夜到天堂海灘狂歡。原來近年來慕名而來的觀光客大量湧進，越夜越美麗的

天堂海灘已不專屬於男同志，也成了異性戀的天堂樂園，在那裏可以見到男男女女穿著泳衣或上演上空秀，在沙灘上隨著音樂起舞，在酒吧喝酒狂歡，在每一個超級晚會，盡情享受人生的解放與自由。

早天 ·早，說是八點用早餐，但是，餐廳門還沒開，如果不是還有其他房客也在等餐廳開門，我們還真懷疑是不是記錯時間。將近八點半，昨天櫃臺那個胖女人才準備好早餐，將餐廳門打開，也沒有任何讓大家久等的抱歉，還睡眼惺忪地跟大家道早安。希臘人的辦事態度真是讓人不敢領教。

早餐後，我們散步往市區，今天計畫要去看看清晨的市區風光和昨晚的熱鬧喧囂，有著怎樣的天壤之別；然後，再搭公車到天堂海灘游泳。經過昨晚的嬉鬧狂歡，觀光客多是到中午才會在宿醉中醒來，這個時間見到的都是出門工作或採買的當地人，頗能感受到島上真實純樸的一面。這個時間拍照就真是「獨照」了，Michael在幫我拍照時，有個路過的當地人，主動詢問要不要幫我們合照。我們在交錯縱橫的巷子裡，見到有個男人在住家門口開始以石灰重新塗刷房子，這些整修補漆，是當地居民在旅遊旺季後的必要活動。

我們從港口的Akti Kambani所延展的圓弧型道路散步而去，這是我們昨晚往港口而去的路，同一條路卻因為時間的不同而有

千變萬化的容顏。我們見到有漁夫在露天咖啡座喝咖啡用早餐，也有觀光客在寫明信片。我們在紀念品店陸續開門準備一天的開始時，搭上公車前往天堂海灘。這裡的公車很方便，有到各個海灘景點，班次不少且固定，像是往「天堂海灘」離峰時段一小時一班，尖峰時段三十分鐘一班。

早上十點鐘，「天堂海灘」還正在甦醒中，沙灘上的人雖不多，不過已經有人躺在沙灘椅上空在作日光浴。在這裡僅僅坐在沙灘上，讓海水淹過上身，就可以見到魚群到你身邊來歡迎你。我們一面游泳，一面享受萬里無雲的穹蒼，傾聽愛琴海在歌唱，唱著迷人的愛琴海樂章。頂著燦爛的陽光離去前，我拿出昨晚喝空的烏佐酒（OUZO）酒瓶，抓了一把沙灘上的沙石，裝進空瓶，希望也可以把這裡燦爛的陽光和澄淨的天空一併帶回家，紀念這個如詩如畫的小島。

落在愛琴海的珍珠項鍊中最亮的鑽石
——聖托里尼島（Santorini）

有人這樣形容聖托里尼的美：如果說Cycladic群島是一串散落在愛琴海裡的珍珠項鍊，那麼聖托里尼就是墜子上最亮的那顆鑽石。對於這樣的讚賞，你只能親身感受，因為這樣一個充滿愛琴海古文明與浪漫的島嶼美景，是難以用筆墨形容於萬一的。

有考古學家大膽推測：聖托里尼就是消失的「亞特蘭提斯」大陸，他們認為亞特蘭提斯有可能就是希臘克里特島上延續到公

元前1400年的米諾斯文明。當時克里特帝掌控著地中海一帶，國勢強大。而大約在公元前1470年前後一次火山大爆發，噴出了大量致命的灰塵，接著發生驚天動地的爆發，然後是海嘯和地震緊接著發生，這次的嚴重天災把當時鼎盛的愛琴海文明給毀滅了，聖托里尼島也被切成了半月型，對面還有一個小島和幾個無人島，形成了一個環狀內海。有人說這個環狀內海就是經過地震後，整個陸地沉入海底所造成的。近年考古學家在火山遺址發現不少文物，再加上聖托里尼島的形狀和柏拉圖在《對話錄》所描述的亞特蘭提斯都是環狀的，因此，聖托里尼就更加被確定應該就是傳說中的亞特蘭提斯。

現在藉由太空攝影可以看到環狀內海中，就有一個火山口的形狀，沉沒在海中。這樣的特殊景觀，吸引了前來尋找消失的亞特蘭提斯的人潮。

坐在飯店派來接我們的車子上，費拉（Fira）「之」字路的特色，讓我飛梭在歷史中，想像著這個小島曾有的繁華和經歷的災難，真可說是歷盡滄桑一美人啊！說她是美人一點也不浮誇——在費拉可以捕捉愛琴海特有的白色小教堂配上藍天碧海的絕佳畫面，走進沿著峭壁懸崖而建的階梯式的餐廳享受美景，或更奢侈些，入住懸崖山壁的洞穴旅館，體會傳統聖托里尼的居住型態；到北邊的伊亞（Oia）Castle斷崖邊，可以欣賞擁有全世界最美的愛琴海日落；可以在卡馬利海灘享受熱情如火的日光浴；可以乘小艇到卡密尼島的火山口，見識眼前黑得發亮的景物，感受在大海中泡溫泉的滋味；更可以前往獨特的火山岩地質所造就的

「紅沙灘」海岸，在色彩緋紅的沙灘上漫步；或者只是坐在碼頭上放空發呆，只是到街上的露天咖啡座，欣賞來往的人群——都可以欣賞到聖托里尼的美。.

到了HOTEL MARGARITA，登記入住後，打開房門，發現老闆特別給我們一間面海的有小陽臺的浪漫套房，裡面的色調擺設都很「希臘」。我們的隔壁鄰居是來自佛羅里達的美國人Andy，正坐在露臺上小酌，他每年都來這裡度假，算是這裡的老馬了，所以，跟我們推薦了一間道地的希臘餐廳和幾個景點。飯店老闆也跟我們推薦了他妹妹開的租車公司。我們先去搞定了租車，然後，往上走去，才想小逛一下附近，就見到觀光客群集在面海的餐廳、咖啡座的戶外座位，等候看夕陽西下。

沿著山壁的階梯往下走，見到一間比一間還要高級的餐廳和飯店，純白色的屋頂，襯托著山下湛藍的海洋和天空的藍，置身於此有一種說不出的純靜的迷惑。這種美是絕對連要想像都想像不到的，更別說是嚮往了，唯有駐足於此，才會發現為何愛情在此長駐。

晚餐我們點了餐廳老闆自釀的葡萄酒，搭配燒烤和海鮮，很是美味。不知是因為微醺，還是這裡的美景很能醉人，悠閒地走在狹小的石階巷弄，街道兩旁的酒吧、餐廳和商店的氣氛都有著無可救藥的浪漫。

隔天一早，我們去領車，我們租一天的小March，除了昨天付的10歐元訂金，還要35歐元。我們往南邊開，先去找了加油站加了10歐元的油，然後，找超級市場買水，沿路上大型的超市很

多，東西也很便宜，在「家樂福」可以買到最便宜的大瓶礦泉水，只要0.2歐元。

我跟Michael要求我要開一段，握著方向盤隨心所至，高低起伏的路，開起車來還滿過癮的，途中見到幾座教堂藍色的屋頂與天空、海洋成一色，搭配純白色的牆壁，也有一些房子特立獨行用黃色和紅色裝飾屋頂或窗戶，色彩繽紛，很有地中海風。

我追上了前面的遊覽車，接著遊覽車在一個橡木酒桶的招牌前右轉——"OINONOIEIO, Santo Wines"，原來是座葡萄酒廠，我們決定也跟著進去看看。這裡可以看到整個釀酒的過程，還提供免費的紅、白酒試喝，而且不是免洗杯，而是高腳杯喔！下酒的起司、全麥硬麵包、橄欖和番茄都是可以無限量自取的，最重要的是有室內和室外的座位，可以坐下來好好享受，尤其是戶外的一大片的大露臺，就蓋在懸崖上，可以飽覽270度的愛琴海美景，清涼的海風吹拂著，往懸崖下還可見到海水拍打岩石形成白色的浪花，兩艘白色的大型郵輪正徜徉在藍色的海面上。品嚐過這裡的酒，我覺得最好喝的是"Visanto"的甜酒，葡萄是聖托里尼島最主要的作物，而這款酒又因為島上獨特的氣候土質和陽光，才得以醞釀出她的香醇。

Michael讓我喝個盡興，反正我是不能開車了。一大早就喝酒的經驗還真特別。往海邊的路上，收音機正好流洩出很地中海味道的歌曲，雖然聽不懂他在唱什麼，但僅僅是歌曲的旋律，也很能令人迷醉。

開車抵達佩里薩（Perissa）和卡馬利（Kamari）附近的「黑

沙灘」，乍看之下，還真有點懷疑，因為很像東北角的海濱浴場，只是果然沙子還真是黑得可以，原來是因為火山岩地形，含碳量較多，所以呈現黑色。因為還很早，沙灘床還不收費，不然兩個躺椅加上一個大陽傘是要收6歐元的；「紅沙灘」就比較有看頭，她像被一片紅色山壁包圍保護著，成了很特別的一個區域，大大小小的紅色岩石外就是清澈見底的海水，至於沙石是紅色的原因，是因為含鐵量較多。

今天的重頭戲是要到聖托里尼的第二大城——伊亞——去欣賞號稱擁有全世界最美的夕陽。我們大約在4點開車到了伊亞，經過公車站，才發現原來這裡搭公車也很方便，往返費拉和伊亞的公車班次很多，而且不用二十分鐘就可以到了。到這裡你不用擔心是要往那個方向走，只要跟著人潮走就對了，好像全世界的人都集中到這裡來看夕陽了。其實日落秀應該是在8點多才開始的，可是怎麼現在就有一堆人快步地往上衝？原來大家都想提早去卡位。

伊亞鎮不算大，也正因此她可用「雅致」兩個字形容，我們沿著鵝卵石鋪就的小路往階梯下走，兩旁雪白的屋宇，有的是餐廳，有的是民宿、飯店，飯店裡湛藍的迷你泳池，從高處往下看，也很特別，最享受的大概就是泡在水裡，俯瞰愛琴海，等夕陽下山吧！信步走著一不小心還有可能走到人家的大門或屋頂，慵懶的貓咪在打盹，忠貞的小狗在守門，每一個角度，都值得在在按下快門。沒察覺我們往下走了多遠，直到遇到驢子大隊，才發現原來我們走到驢子大道上了，一整群驢子辛苦地載了遊客從

碼頭上山，然後又被主人集中隊伍再往山下奔馳，去載下一批客人，這也成為到費拉或伊亞觀光可以選擇的交通工具之一。

書上說碉堡上頭，是集中最多人去等看夕陽的地方，於是，我們往另一頭走，沒想到所有面海的餐廳、酒吧、平臺和很多角落都擠滿了人。Michael好不容易發現了一個高處，他將我往上抱，我往另一邊的下面看，才發現底下是人家的大門和小庭院，天啊！我們居然站在人家的屋頂上。這裡的人會不會煩死了。後來，又上來了一對情侶，看Michael伸長著手，和我拍大頭貼，便主動說要幫我們拍照。Michael也幫他們拍了兩張親密照。一對對情侶面對眼前的美景，不是十指相扣，就是緊緊相摟，其實也是因為這裡的海風很強，等夕陽下山，等到都顫抖起來了。

太陽在愛琴海的上空，慢慢山刺眼，隨著緩緩落下而交錯成浪漫的金黃，然後變成橘紅，接著一點點地墜入愛琴海，最後，整個世界變成難以形容的紫色。就在這一瞬間，所有的人不約而同，鼓掌歡呼，此時，轉向另一邊，月亮已經高掛在天上了。整個小鎮隨著月亮的出現，街燈也慢慢亮起來，呈現和白天完全不同的面貌。漫步在獨特而幽靜的藝術巷弄之中，見到各家商店不同的藝術品，也可以見到畫家就在店門口當場作畫。

Michael架起腳架在拍夜景，此時從前面小路上走來一對小朋友，柵欄門被打開了，我跟他們說：「你們真幸福！」小女孩疑惑地問我：「為什麼？」我說：「因為你們可以住在這麼漂亮的地方。」小女孩搖搖頭，她說他們不是這裡的人，只是到親戚家作客。我想跟他們拍照，可是小女孩和小男孩講了一些話後，就

拿起手上一張張的畫給我看，說是小男孩畫的，問我喜不喜歡。裡面有畫希臘的國旗，也有炎熱的大太陽，上面還用英文寫著"I am very hot."我稱讚小男孩畫得很不錯！接著小女孩居然跟我兜售一張1歐元，問我要不要買。我仔細看這兩個孩子氣質出眾，衣著也很得體，不像是埃及或土耳其街上的可憐小孩，我想他們應該是置身在這樣一個藝術村，見到畫家的畫作可以賣錢，也想來湊個熱鬧賺取零用錢吧！在我婉轉拒絕他們後，小女孩以為我是要請她幫我和Michael合照，後來，我表示我是要和他們倆一起合照，她笑盈盈地答應了，不過，我先跟他們說好，"No Money."他們高舉著他們的大作留下紀念，接著就去找尋下一個觀光客了。

回到費拉後，Michael還特別去拍了費拉的夜景，隔天還特別起了個大早，在我們房間的陽臺架好腳架，等候愛琴海日出的美景，拍下最迷人的一刻。

還了車子後，我們確定回雅典的船班晚一個小時，於是抓緊時間往費拉的市中心走去，拾階而上，就在左手邊有個小入口，原來是教堂，許多旅人很容易不小心錯過他，別看他小，他可是小而美，裡面金碧輝煌，從屋頂垂吊下來的大吊燈，讓整座教堂更顯華麗。後來，才知道原來這座教堂是當地居民舉行婚禮的主要教堂。我拜訪過世界三大教堂，每座教堂各有莊嚴的特色，聖托里尼市中心的這座小教堂也是，小巧玲瓏，聊慰了旅人驛動的心，所以，如果沒有入內祝禱或點上蠟燭，可會是遺憾喔！

市中心北端的纜車站，是通往舊港口最主要的通道，搭上纜車是最可以清楚眺望整個愛琴海和尼亞卡梅尼、提拉西亞兩座火

山島的。纜車沿著陡峭的崖壁而建，短短三分鐘的車程，就可以感受三百公尺陡降的海拔落差和整個景色的變化，簡直是目不暇給。

其實在纜車啟用前，從舊港口到費拉的唯一一條路是全程約有六百階的以石板砌成的階梯步道；現在你一樣可以選擇靠自己的「11路」爬到山上，或者選擇騎坐搖搖晃晃的驢子上山，倒是一個有趣而特別的經驗。不過，選擇前者的人，沿路上可得小心驢子和你爭道，還有牠們遺留在路上的排泄物喔！

離開市中心往飯店路上走，迎面走來身著長袍的東正教教士，神情專注地往前凝視，像是用心在探索他生命的下一步。而我相信在結束這趟旅行後，我也將找到屬於自己的啟發。

雅典市中心的觀光

收拾遺落在聖托里尼的心，回到雅典，到碼頭接我們的還是Peter，我一見到他跟我們揮手便問他：「我們擔心你是不是等了很久，會不會不知道渡輪延誤？」Peter很感動，他說他才剛到，他事先有上網查了船班。送我們到Oscar Hotel的路上，他很盡責地跟我們介紹附近的景點。我們聊起對工作的態度，誇他比起其他希臘人算是最專業的，我們會跟旅行社反映。他說他的父親也是計程車司機，當學資訊的他大學畢業後，也想開計程車時，母親極力反對，不過父親就是讓他自己決定，希望他快樂就好。他說，他也遇過很會倒垃圾的客人，比如抱怨船班延誤、希臘人服

務態度不好，他也是經過幾年後，慢慢學會在客人下車後，就消化掉負面的能量，他說他最大的目標是開一家屬於自己的車行。我想，如果要說我對希臘人有好印象，大概Peter是唯一加分的。

Oscar Hotel的電梯很有意思，外觀看起來像門，如果不是門旁有上下鍵的按鈕，你一定會懷疑它是電梯，而且它的門不會自動打開，是電梯到達時，你要自己打開門的，如果你沒有主動把門打開，電梯就又跑掉了，你就永遠到不了你要去的樓層，所以，你必須專注地等候電梯。

住在Oscar Hotel，是因為交通方便，就在Larissis捷運站的出口，所以，我們要利用這最後在雅典的一天半，善用捷運。其實，在雅典觀光的交通工具，除了四通八達的捷運外，還有衛城區的觀光小火車，繞著觀光景點介紹；還有雙層的觀光巴士，在市區幾個重要的觀光景點都有站牌，可以隨招隨停，此外，頗有現代感的輕軌電車，是雅典2004年舉辦奧運時開始營運的，也是提供觀光的交通工具。

想要瞭解希臘數千年歷史演進的痕跡，國家考古博物館（The National Archaedogical Museum）是絕不能錯過的。入口處標示了可以照像，但要關掉閃光燈。但才進入第一個展區，幾乎每個舉起相機的遊客都被館員大聲糾正，"No Photo." 原來有一櫃的文物是不可以拍照的，可是我覺得很奇怪，其實他們是可以立一個牌子標示清楚的，包括和雕像拍照，也被制止，"No pose"，這些聲音都讓遊客很不被尊重，要就明白說清楚，是不可以和雕像擺一樣的動作，還是任何姿勢都不被允許，只能中規中矩地站著

合照。總之，此起彼落的糾正的聲音，讓我對他們處理事情的效率搖頭。莫怪希臘接手主辦奧運時，國際奧會對於他們的懶散憂心不已，擔心他們會搞砸四年一度的盛會。

不過考古博物館裡所展示的各個時期從全國各地古代遺跡挖掘出的出土文物，的確是很值得一看，可以了解到古希臘人的農業、手工業、商業，以及教育的概況，從文學、戲劇、哲學、建築和雕刻上展現希臘在人類文明史上的特殊地位。讓我印象最深刻的是，連古時烹飪用的平底鍋都雕刻得極具藝術，還有女人所戴的耳環、項鍊，都設計得很有現代的水準。

我們沒有到「邁錫尼」遺址去看廢墟，因為這裡收藏了所有古代遺跡的精華，尤其是邁錫尼文明的阿格曼農純金面具和鴿子金杯等，比去參觀邁錫尼遺跡還要有收穫。走一趟國家考古博物館會有入寶山的體會。

從歐摩尼亞廣場（Omonia Square）沿著Panepistimiou走，有不少觀光點，國家圖書館、文化中心、雅典大學和學院都在同一邊，對面還有國家歷史博物館，還可以順著走到雅典最大的百貨公司——ATTICA，不過裡面的東西很貴，好像只是賣給金字塔頂端的人，反而是百貨公司門口櫥窗櫃外面坐滿了手裡拿著PITA和飲料，一邊聊天一邊吃午餐的人，成了另一種景觀。

歐摩尼亞廣場到憲法廣場之間是市區的精華區，古典的衛城、古市集阿哥拉（Agora）、國會、利卡畢托斯丘等都是必訪之處。阿哥拉是第一天我們在雅典來不及拜訪的，沒想到卻因為迷路（雅典市區英文、希臘文雙語標誌設置不足，地圖也標示得不

夠清楚），而意外找到了這個古希臘時期的市集。過去的市集有政治、商業、宗教和文化的功能，蘇格拉底也曾在這個市集購物時，討論時事，發表演說。目前可見到過去神殿、音樂廳的部份殘跡。還有半圓形的大理石「哈德良拱門」和「奧林匹亞宙斯神殿」，都是值得參觀的，因為好像每一塊石頭或每一處遺址，都在訴說著不同的故事。

　　憲法廣場是商業、觀光與文化等各種活動的據點。尤其是廣場上在整點時有衛兵交接，通常是觀光客必定會造訪的。一群人在大太陽底下等著迎接衛兵交接的儀式。衛兵的腳踢得特別高，讓我印象深刻的是，這些衛兵穿著裙子，裙子裡還有一雙像是厚厚的褲襪，特別是他們的鞋子，簡直像是跳民族舞蹈的小圓球布鞋。衛兵交接完畢，有一個應該是侍衛長吧！他走到衛兵前面幫忙準備上崗的衛兵整理儀容。我把鏡頭放大，竟然清楚拍到當侍衛長整理完左邊的衛兵，走向右邊這一位時，好像有點笑場，不知怎麼也逗得衛兵也笑了出來，而且是無聲地大笑。這一幕不只我見到了，現場的觀眾也哄堂大笑起來。侍衛長趕快拿出手帕擋住衛兵的嘴，但是，大概那個衛兵實在是笑到不可遏止了，侍衛長只好用整個手帕把衛兵的臉整個擋住，最後，利用在幫衛兵整理帽子時，侍衛長又用手帕擋住他還在笑的嘴巴，讓衛兵有時間轉換一下表情。離去前，侍衛長好像不知跟衛兵交代了什麼。我想，侍衛長應該是告訴他：「你可撐著點，別再笑了，要莊重一點啊！」最後，侍衛長才帶著笑意離去。這真是意外的搞笑啊！我想，這一款的衛兵交接，大概也只會發生在希臘吧！

在市區搭捷運是最便捷的，捷運單趟只要1塊歐元，你可以買一日通行票方便來去各地，也只要3塊錢歐元。歐洲的捷運不像亞洲國家有讓每個人一一通過的閘口，只有在入口處設過票機，所以，你買了票後，一定要記得在過票機過票，如果你不誠實逃票，被查到是要罰六十倍的價錢的，而國家名譽的損傷更是無法計價的。

雅典的捷運站很有特色，大紅色的人形候車座椅，讓人眼睛一亮，還隨處可在捷運站見到複製的古蹟。

隔天早上，我們想利用捷運票還在一日的期限內，搭到郊外去看看，結果意外在廣告宣傳單上見到介紹雅典最大的賣場——The Mall，於是，我們搭上捷運綠線在Nerantziotissa站下車，在前一站Irini見到了大型的奧運賽場，下一站Nerantziotissa快到時，就見到這個大型的購物商場。我們充分利用要回臺灣的早上時間，很快速地逛了圈商場。

The Mall的建築本身就很具設計能量，共四層樓，每一家商店都很有設計感。賣場的地下層有超市、生活百貨，價格合理，頂樓有餐廳和咖啡館，靠近馬路的一邊，有一大片的落地玻璃可以遠眺奧運的賽場，視野廣闊。

收拾滿是愛琴海的記憶行囊

這次的旅行結合了歐洲古文明與島嶼休閒，算是一種雙重的絕佳享受。

我無法忘懷行走在雅典街上，就像進入時空的穿梭機中——屬於十九世紀的石板地和狹窄巷弄；代表二十一世紀的奧運的嶄新競賽場——古與今只在一線之間。我似乎返回了歷史的隧道，進行了一場古希臘文明的探尋。

我也無法忘懷在米克諾斯和聖托里尼，我的每一口浪漫的呼吸，攀爬著白色巷弄裡豔紅色的九重葛，用我的心靈捕捉藍頂白牆的景致。在地中海璀璨的陽光中，我的心情也在旅行中更為閃耀。

我在土耳其用咖啡渣算過命，那時問的是博士論文口試順不順利？希臘咖啡緣自於土耳其咖啡，喝完咖啡後，把留有殘渣的空杯子倒放在咖啡盤中，幾秒鐘後再從咖啡殘渣的形狀，算出運勢。在機場，喝掉最後一杯希臘咖啡，我想，我不需要算命，因為我知道，遊過了希臘，我的人生更是了無遺憾了。

原載於《今日生活》，2011年6月～2012年3月，第400～403期。

第六節　漣漪清波入江南

小時候我對江南的印象，是從樂府民歌：「江南可採蓮，蓮葉何田田。魚戲蓮葉間，魚戲蓮葉東。魚戲蓮葉西，魚戲蓮葉南，魚戲蓮葉北。」之後，在文學作品中見到騷人墨客到訪江

南，留下了一篇篇瑰麗的詩篇；還有，戲劇電影中皇帝下江南，面對杏花春雨，楊柳婆娑的美景，邂逅清麗溫婉的美女的風流多情。江南，對我而言，就是有著迷濛綺麗的夢幻。

隨著江南快速的開發與進步，她在我心中的迷濛綺麗，也同時在減弱中，也許，該說是另一種層次的美吧！

「大變」中的上海

我第一次到上海是在2002年7月，而上海磁浮列車則是在2002年12月31日開始運營的。這次重遊上海，怎能錯過那世界上第一條投入商業化營運的磁懸浮列車示範線。在浦東國際機場搭上磁浮列車時，興奮不已，每個車廂門口上方的時速表，會從未開動的0，一直拉到最高時速431公里，這時列車簡直像是飄了起來，不過當列車飆到最高時速431時，就要開始減速了。期間，我見到對向的車以相對時速將近八百公里交會，短短幾秒鐘，因為速度很快，多數人幾乎都還來不及察覺。但是，那卻是當初列車興建完工後，很重要的一個測試的里程碑，因為，過去從來沒有實車測試過這麼高速度的兩車交會——其所產生的風切會對行車的安穩和安全產生影響。享受列車的高速快感，對我來說，真是一個難得的體驗。

以前有人說上海是：「三月一小變，半年一大變。」現在卻都說是：「三天一小變，十天一大變。」還好這是我第二次到上海，不然還真會認為上海像個大工地。原來，為了2010年的世博

會，上海到處都在修路、改建老房子、建場館，修地鐵。想看黃浦江或觀賞外灘的百年建築，只能搭船遠眺兩岸的風光。

我們要上排名亞洲第一的「東方明珠廣播電視塔」的「中珠」看看白天的上海。車子在東方明珠塔的對面停下，一下車，就見到有幾個「蜘蛛人」拉著繩索攀爬在原子結構的球體上，原來，這些「蜘蛛人」是專門清洗建築物外觀的人。東方明珠塔很有建築特色，融合了宇宙、火箭和原子的結構，其設計理念也同時結合了東方文化，整體構造既大氣又兼具美感，三根立柱、太空艙和十一顆大大小小的球體，造就了「大珠小珠落玉盤」的獨特地標。就色彩而言，也是喜氣洋洋。

我們搭上每秒七米的高速電梯，上到了觀光層，馬上吸睛的是上海高樓聳立的特殊景觀，舉目遠望外灘的萬國建築博覽群，南浦大橋和楊浦大橋，還有黃浦江上行駛的船隻。今年5月1日，才正式對遊客開放的懸空觀光廊，位於第二個主球體內，遊客可以走在「凌霄步道」上，從腳下透明的玻璃，俯瞰黃埔江兩岸的景色，感受漫步在雲中的刺激，體驗「720度全方位」的視覺享受，當然，有懼高症的人是不能輕易嘗試的喔！

「新天地」也是到訪上海必遊的新建景觀之一，其特色在「石庫門」見證著上海半世紀以來鋪天蓋地的大轉變，迎接著翻天覆地的改造之後的人潮，這裡有許多帶著歷史意義的老建築改建成的藝品店、酒吧、餐廳和咖啡館，特別古色古香，頗有懷舊的味道。這裡的餐廳價位不低，因為享用的不僅是美食，還有藝術和氛圍。精緻典雅的名品店和酒吧餐廳，訴說著上海的歷史與

文化，也把「石庫門」帶入現代化，是一處具有多功能的時尚休閒文化中心。

具有古意的還有城隍廟，俗稱「老城隍廟」。夜晚的城隍廟，依舊人潮洶湧，「南翔饅頭店」和「綠波廊」還是門庭若市；STARBUCKS COFFEE置身在古建築中，有種不協調的華麗之美。

中國第一水鄉——九百多年歷史的「周莊」

「周莊」位於蘇州的昆山市境內——小橋、流水、人家——正是江南典型的水鄉澤國。名古畫家吳冠中說：「黃山集中國山川之美、周莊集中國水鄉之美。」她的魅力在於古橋和街道相連，居民的房屋傍水而築，很是特別。綠柳婆娑，碧水泱泱，伴著輕搖的小船，在呈「井」字型的河道上跳舞，呈現安謐幽靜的水鄉情趣。可惜觀光的發展，帶來太多的商家和人潮，把周莊披上了商業化的外衣。

走在造型獨特的石拱和石樑的「雙橋」上——世德橋和永安橋，見到橋面一豎一橫，還有一方一圓的橋洞，樣子很像古時的鑰匙，難怪又有人把這座橋稱為「鑰匙橋」。

參觀著名的「沈廳」，是江南巨富沈萬三的後裔沈本仁在清乾隆七年（1742年）所建的，佔地二千多平方米，大大小小的房間就有一百多間。這裡有水鄉典型的「前廳後堂」的建築格局——最前面是專供船隻停靠、洗滌衣物的；中間部分是接待賓客，議事和舉辦婚喪大事的地方；最後面則是生活起居的地方。

這裡很多店舖的櫥窗裡都展示著紅通通的煮熟的蹄膀，叫做「萬三蹄」。至於，為什麼叫「萬三蹄」呢？原來是和沈萬三有關。

出身低微，卻因緣際會由貧到富，雖然沈萬三在周莊、蘇州和南京都留下了足跡，卻總不願離開他立業的周莊這塊風水寶地。富甲一方的沈萬三，其財富連朱元璋都心生妒嫉。明初，傳說朱元璋當上皇帝後，全國都避諱說「豬」。有一次朱元璋到蘇州遊玩，到沈萬三家作客，沈萬三就以豬蹄膀招待朱元璋，朱元璋就問說：這道是什麼菜？因為不能說是「豬」蹄，機智的沈萬三拍了自己的大腿說：「此乃『萬三蹄』！」朱元璋又故意為難沈萬三，問他該怎麼吃呢？因為蹄膀是一整隻，完全沒有切開，如果沈萬三拿出刀來切，朱元璋就可以「殺豬」為由，名正言順的治沈萬三的罪了。但聰明的沈萬三，從蹄膀中抽出了一根骨頭，以骨切肉，又救了自己一命。這也成了「萬三蹄」的傳統吃法。

清純古樸的烏鎮

烏鎮是浙江的一個水鄉古鎮，我最早是從文學作品中知道這個歷史文化名城的，她是大文豪茅盾的故鄉。據考證約在六千年前，烏鎮這一帶就開始有人生活了。烏鎮不同於周莊，若說周莊是成熟的少婦，烏鎮則是清純的少女。

走在舊石板路的東大街上，整條街整齊而乾淨，散步起來非

常舒服，遊船時見到很多居民在忙著家務，有的人家把房子改為民宿，所以，一大早有人忙著做早餐招待客人，有人正在洗滌換下的床單和浴巾。據統計現在還住著三百五十多戶的人家。烏鎮因為開發得晚，反而在「以舊修舊、整舊如故」的整修原則下保存得很完整，而且家家戶戶有抽水馬桶、有水、有電，排水系統也規劃得很好，連冷氣都安裝得整齊劃一。

我喜歡烏鎮，不僅因為她的古樸之美，還有她到處都在訴說著的故事。

「昭明書院」，就是與南朝梁昭明太子蕭統有關的。

據說昭明太子出生時，右手緊捏拳頭，無法伸直，梁武帝十分擔憂，便公開張榜招名醫診治，只要有人能掰開太子的手，就讓太子拜他為師。沈約見了榜文，就揭榜試試，當他捧起太子的右手輕輕一掰，手指就伸直了。梁武帝便賜封沈約為太子的老師。沈約是烏鎮人，每年清明節都要回鄉掃墓，並要守墓幾個月。梁武帝怕太子荒廢學業，就命沈約帶太子一起回鄉，於是，就在烏鎮建造了一座書屋。

太子來到烏鎮後，因此地鳥語花香，景色宜人，終日嬉戲玩樂，荒廢學業。沈約是個治學嚴謹的好老師，見到不用功的太子，便機會教育對他說了一件事。有一年，沈約回烏鎮過年，轎子經過一座廟，廟前有一群圍觀的百姓擋住了路，一問之下，才知道原來是廟裡凍死了一個十多歲的小乞丐。這個小乞丐父母雙亡，無依無靠，白天沿街行乞，晚上就投宿在廟裡。他希望能出人頭地，所以行乞來的錢，除了買東西填飽肚子，就是拿去買

書。沈約進到廟裡，見到那個身體已經凍僵的小乞丐，左手還拿著一本書啊！沈約有意藉著這個有志於學的故事，警惕太子；果然太子自此刻苦讀書，後來，成了有名的文學家，他所主編整理的《昭明文選》是我國第一本詩歌散文總集。

現在西柵景區內就有「昭明書屋」來紀念太子曾在此發奮讀書。之後，沈約把主墳遷到京城，就把他在烏鎮的府第捐為白蓮寺，現在白蓮寺門前有一個題為「六朝遺勝」石坊，還有沈士茂的題書「梁昭明太子同沈尚書讀書」，至今皆保存完好，當地人都會常常帶小孩來此拜謁，希望小孩能立志用功，成為有用之人。

我們在烏鎮入住的「昭明書舍」，毗鄰昭明書院古蹟，是三層古典的中式建築。在去年九月才剛開幕，這是一間很有文化氣息的酒店，一走進大廳就被彌漫著的高雅氛圍給吸引，天花板是以竹簡拼成裝飾的，所有的桌椅都很古色古香，連房間門口的門牌號碼都是用竹簡做的。走進房間還是驚喜，先見到的是一個大客廳，靠牆處有個雙人的書桌，對面是一個木頭衣櫥，走進去見到的洗手間也是很有古意。這不是傳統的標準房，裡面有兩間單人房，每間還要用不同的門卡感應才能進去。所有的傢俱——床、化妝臺、電話、檯燈、窗戶——都離不開「古」字。

鎮上有一間名為「烏鎮囡囡」的玩具店，門口有個很特別的「立桶」，原來那是以前烏鎮的育兒用具，小孩子會站立後，父母會把小孩放入桶子裡，一邊忙家務，一邊還可以看顧小孩，很安全，就像現在我們圈住孩童的安全圍床是一樣的。不過，這個「立桶」，可是在冬天時，還可以在桶子底下放暖爐，小孩可以

保暖，不怕著涼呢！這樣的設計可真是細心啊！

　　設計的細心還有「彙源當舖」，這是烏鎮首富徐東號的第九代徐溰藻創建於清光緒年間的，當時烏鎮經濟繁榮，所以當舖也特別多。一進到這間當舖見到的是一個玄關高牆，牆上有個特大的「當」字，這牆設計得這樣高大，其實是很貼心的，有「遮羞」作用的，商家考慮典當人的心理，所以用牆遮擋，讓走進當舖的人不那麼不舒服。當然，商家也會顧慮到自己的利益，所以在當鋪櫃檯的設計上，設計得居「高」臨下，有一百八十到兩百公分高，一方面可以盛氣凌人地面對典當人，一方面也可以保護自己。真是不得不佩服當時人的用心。

　　在當地的飲食方面，很多東西也是有典故的。比如：歷史悠久的「三白酒」，據說，「三白酒」的由來和一個孝子有關。這位孝子是個雇工，雇主給了他兩個粽子當點心，他捨不得吃，想帶回家給母親吃，就把粽子藏在一個老樹洞裡，並順手拿了一把草，遮掩住洞口。後來，突然下大雨，孝子匆忙回家，卻忘了拿回粽子，等到想起來去拿的時候，粽子已經被雨水和草汁浸泡得軟軟的了。因為家裡窮，所以孝子還是把這粽子帶回家。沒想到當他和母親把粽子葉剝去後，居然傳來陣陣香氣，味道特別好，母親問了原由，才發現原來孝子順手抓起的一把草，是一種能讓米食發酵的酒藥草。後來，母子倆就利用這種草釀製甜白酒，而後，這種釀酒的方法就流傳開來。至於，為何叫「三白酒」，那是因為這種酒是用──白米、白麵、白水──三種原料製作，故以此命名的。聽說浙江官員曾把三白酒進獻給朱元璋，皇帝喝過

後，讚不絕口，就封為貢酒，之後，三白酒的作坊就開始發達了。

　　類似這種特別的作坊，還有烏鎮的傳統名點——「姑嫂餅」。這餅也是有來頭的。據說古時烏鎮有一方姓人家開了一家小糕餅店，夫妻倆用心製作酥餅，親自配料，用料講究，製作精良，上門的客人越來越多，這令鎮上的同行嫉妒萬分。也因此，夫妻倆對製作的方法嚴格保密，其獨門技術也只傳給兒子和媳婦，不傳授給未來要出嫁的女兒，這讓當女兒的非常不服氣。有一天，嫂嫂正在做酥糖，女兒就騙嫂嫂說母親有事找她，當嫂嫂一離開，她就到廚房抓了一把鹽，撒在嫂嫂製作酥糖的那堆材料中。孰料，這次嫂嫂做出來的小酥餅銷路特別好，客人以為是商家開發了新口味，紛紛上門詢問。方家老闆原本一頭霧水，後來問清楚原來是女兒搞鬼後，乾脆將錯就錯，就說這種甜中帶鹹的餅，是他家女兒和嫂嫂合作配製的，並將這種小酥餅取名為「姑嫂餅」。

　　當旅行結合美食，是一種品味的提昇，而當美食又聯結了典故，就更具享受了。

　　烏鎮的名人不少，但是茅盾應該算是第一位。因為在他的很多小說中，都可以見到他把烏鎮的方言和風光寫進了作品裡，到處可以想見烏鎮的影子。

　　茅盾的故居在觀前街17號，隔壁就是書院。1933年，茅盾回到烏鎮為他的祖母除靈，就用剛收到的《子夜》的稿費翻建破舊的小屋，他還親自畫了草圖，並請人監工。隔年秋天，新屋即將落成，他還從上海趕回烏鎮，親自在小徑旁栽植了棕櫚和天竹。之後，茅盾回到烏鎮，都住在他設計的屋子裏寫作。《多角關

係》就是他在小屋的書房完成的小說。

我想起茅盾的「農村三部曲」對江南農村生活的描述——《春蠶》裡的農民老通寶悉心照料絲蠶，結果蠶繭大豐收，但「洋貨」入侵後，蠶絲業蕭條，農村趕不上變動，銷貨的通路也改變了，老通寶卻落得債滾債，氣得生病了；《秋收》裡老通寶的病漸漸好起來，便又賒來豆餅施肥，秋收時，又是滿意的成績，可是卻遇上米價飛跌，又白忙一場，負了一身的債，這次他送了命。老通寶的兒子多多頭，組織並率領了饑餓的村民們到鎮上搶糧食；《殘冬》裡多多頭的父親想靠苦幹實幹來改善困境，根本就是行不通的。多多頭和其他人，在一個完全絕望的風雪夜，摸進反動武裝保衛團的駐地，繳了他們的槍，自發起來進行武裝革命鬥爭之路。

這三篇書寫舊中國農村變化的小說，襯托著眼前不管是小橋流水之間像彩虹的拱橋，或是雕鏤精細的飛簷翹角的古建築，細細讀來都是感觸萬分啊！

掙錢的辛苦

無錫的女地陪說，他們無錫有個傳統的習俗，家裡生了男孩，會種一棵櫸木，希望以後男孩長大「中舉」；若生的是女孩，則種的是樟木，女孩長大後，樟木長到了生出圍牆之外，就是讓人知道我家的女兒已經長到可以出嫁的年齡了，媒婆可以來提親了。當女兒被人下聘後，家長就會將砍伐的樟木，製成一個

小香樟箱，裡面放入三樣東西：筷子、棉被和珍珠，當成陪嫁的嫁妝。地陪說筷子代表的是「快快樂樂」、「成雙成對」，都是討吉利的。

我以為她要深入介紹當地的文化風情，結果還是把話題導向了「珍珠」，原來下一站是要到珍珠工廠參觀，她希望大家為了她的業績能夠多多捧場。我很不喜歡到大陸旅遊那種被「強迫」購物的不舒服，可也由此見到了當地人要「掙錢」的辛苦。

晚上，出去閒逛，經過美容院便去洗了頭，服務我的是一個年紀很輕的小男生，他問我頭髮是不是剛燙兩個星期，我誇他真是厲害，就是半個月前燙的，他說：「妳不要看我年輕，我很早就走這一行了，我學了很多年了，挺行的！」他開始講起自己的學習歷程，又跟我問起臺灣的燙髮技術和價格，表現得就是很想了解外面的世界。這一點懂得行銷自己，真是臺灣年輕人要學習的。

到麻辣火鍋店吃宵夜，客人很多，服務員卻只有三位，為我們點菜的小男生，忙進忙出，等到我們快見鍋底了，我們點的金針菇還沒送來，我們大概跟三個服務員催過了，最後終於送來了。結帳時，不出我們所料，金針菇多算了一盤。我們告知點菜的服務員，他卻看著帳單，手在發抖，後來，我見他低著頭離開去櫃檯找了個穿白襯衫打領帶的。我實在於心不忍，一盤金針菇10塊人民幣，就讓他說不出話來，手發抖。我主動到櫃檯結帳，並對打領帶的說：「請問您是經理嗎？」他點頭。我接著說：「你們這個服務員，很認真，忙進忙出的，你們怎麼客人那麼

多，服務員那麼少？」經理說：「晚班的服務員比較少，也沒料到今晚客人那麼多。」我又說：「你們真的只送來了一盤金針菇，我們不會去誆你那10塊錢，不過，如果，你這10塊錢是要這個服務員賠的話，那我就付這10塊錢。」

這時，我見到那個低著頭的服務員終於微微笑了。經理說：「不會，不會，不會扣他的。」我再次確認：「你確定喔？可不要到時他要挨罵喔！」經理再次強調：「不會啦！我知道，我會吸收的。」

全陪的小洪推銷我們去按摩，讓他和師傅賺一點。於是他每人收了130人民幣，說是包含了給按摩師傅的小費。按摩時，專業的師傅相當用心，還跟我們問起臺灣的按摩方式，我隨口跟師傅說起：「您服務得這麼好，別忘了跟我們全陪拿小費，他已經統一收了要給你們的小費了。」房間裡的四個師傅，不約而同地搖頭說，那個小費會被他們經理收走，他們拿不到的，每次都是這樣的。我想也有可能小洪根本也不會給經理的。趁著小洪來巡房時，我問他說：「小洪，不好意思，我如果說錯話，你別生氣。我想確定一下，你說你收的130是含了給師傅的小費的，對不對？」小洪有點錯愕地回答：「是啊！」我又說：「那你要確定有到師傅手上喔！他們服務得很好，很辛苦的。」小洪無奈地點頭說：「沒問題。」然後離去，我想他心裡是恨極了，我知道我在擋他的財路，可我真是氣不過。他一離開，四個師傅感動得直誇獎我，我說：「我們已經給他捧場了，他還要拿走你們應得的，我就是看不下去。」沒多久，鐵著一張臉的小洪帶著經理來

賞錢了，故意在我們面前把小費給了師傅，不過明明說是10塊，卻只給了5塊，我想算了，免得這些師傅難做人。按摩結束後，我拿了50塊給四個師傅分，他們還直說不好意思：「如果不是妳的仗義直言，我們連5塊錢都拿不到呢！」我答應他們，回臺灣後我會大力宣傳，讓他們以後服務臺灣人時，都能拿到應得的小費。

蘇州的園林和寺廟

中國四大名園是北京的「頤和園」、熱河承德的「避暑山莊」、蘇州的「留園」，還有蘇州園林中面積最大的「拙政園」。這座園林是明代的弘治進士王獻臣晚年仕途不得意，罷官告老還鄉後，在家鄉蘇州買了一塊地，特別聘請文徵明為他設計藍圖，他傾其所有，前後共花了十六年時間，蓋起了這座高低錯落，佈局疏密，層次分明，最能反映明代特色的古典園林。

「拙政」由來，取自晉代文學家潘岳〈閒居賦〉說的：「灌園鬻蔬，以供朝夕之膳，是亦拙者之為政。」這句話表達了辭退官場者，對仕途的參透，同時也嘲諷了朝廷無法任用賢能的愚昧。

「拙政園」的美在於她的詩情畫意，不論是雕花窗櫺、古木綠竹，或是樓閣水道、迴廊亭臺，都展現了山水畫的唯美意境。尤其「梧竹幽居亭」的文徵明的「爽借清風明借月，動觀流水靜觀山」充分展現了「拙政園」的意境。還有那特別的一條「龍」——「見山樓」是龍頭，「爬山廊」是龍身，「雲牆」是龍尾，

「門洞」是龍嘴，「曲橋」是龍鬚，更是令人直呼特別。

　　「寒山寺」則更是錯過不得的，因為一定要去看看「江」村橋和「楓」橋。唐朝詩人張繼當年搭船經過這裡，因為滿懷旅愁，就觸景生情寫了下〈楓橋夜泊〉：「月落烏啼霜滿天，江楓漁火對愁眠，姑蘇城外寒山寺，夜半鐘聲到客船。」原來，我們一直以為的「江楓」是江邊的楓樹，沒想到真正指的是「江」村橋和「楓」橋。不管是江邊的楓樹，還是兩座橋的意境，都有不同的美啊！

　　付了5塊錢，上到鐘樓的二樓去敲個祈福鐘，據說要連敲三響，心願才會成真喔。

西湖的傳說

　　古時天河兩岸有兩個仙子──玉龍和金鳳。有一天他倆發現了一粒光亮奪目的石頭，於是，合力把仙石磨成一顆滾圓的珠子，又找來天河的水，把珠子洗得亮晶晶，成了天地間最美的東西。王母娘娘得知後，派人偷走了那顆寶珠，並在她生日時，拿出寶珠展示給眾仙欣賞，眾仙無不嘖嘖稱奇。此時，失去寶珠的玉龍和金鳳，正在傷心難過之餘，見到了空中有一道亮光直射而來，便順著光芒來到仙宮，於是，兩方在爭奪寶珠時，寶珠竟掉落到人間。玉龍和金鳳追不到寶珠，眼見她觸地後，變成了晶瑩碧透的湖水──西湖。玉龍和金鳳捨不得離開寶珠，就變成了西子湖畔的兩座山──玉龍山和鳳凰山，日夜守護西湖。

東坡先生把西湖比喻為美女西施：「水光瀲灩晴方好，山色空蒙雨亦奇；欲把西湖比西子，淡妝濃抹總相宜。」正好可以想像西湖十景——蘇堤春曉、曲院風荷、平湖秋月、斷橋殘雪、花港觀魚、南屏晚鐘、雙峰插雲、雷峰夕照、三潭印月、柳浪聞鶯——的天生麗質的風采，四季的景色都令人讚嘆。

　　幾年後，我想我還會記起張藝謀「印象西湖」美侖美奐的聲光秀；還會想起梁山伯與祝英臺曾在「萬松書院」同窗三年，我站在書院前，感動著他倆如歌如泣的浪漫愛情；更會憶及江南綺麗的美景，令我心醉神馳的難忘剎那。

原載於《今日生活》，2010年3月、6月，第395～396期。

Q 請介紹德國的「巴伐利亞」？並上網查詢介紹其某一城市之風光特色。

Q 你知道「日月潭」有一個動人的傳說故事嗎？讓美麗的傳說故事帶我們去旅行，請搜集並說明兩個臺灣旅遊點的傳說故事，增值其旅行的意義。

Q 從電影《達文西密碼》的羅浮宮、《艾蜜莉的異想世界》的蒙馬特、《托斯卡尼豔陽下》的托斯卡尼、《情遇巴塞隆納》的巴塞隆納、《海角七號》的墾丁，請選一部影片，談一談你對這些地區或城市的印象？

Q 近來強調「慢走・樂活」，而林務局也陸續推動全國步道系列推廣活動，請說明你走過哪一條步道是最令你難忘的？又或者你計劃要去哪一條步道遠足，原因為何？

預約幸福——乘著文學去旅行

一、專書

劉昭明主編：《旅行與文藝國際會議論文集》，書林出版社，2001年。
東海大學中文系：《旅遊文學論文集》，文津出版社，2000年。
孟樊主編：《旅行文學讀本》，揚智出版社，2004年。
余光中等著：《春天該去布拉格》，爾雅出版社，1995年。
余秋雨：《山居筆記》，爾雅出版社，1995年。
余秋雨：《文化苦旅》，爾雅出版社，1992年。
鄭華娟：《美麗的旅行荷包》，圓神出版社，2004年。
東海大學文系主編：《旅遊文學論文集》，文津出版社，2000年。
張曼娟：《天一亮就出發》，皇冠出版社，2007年。
謝淑芬：《觀光心理學》初版七刷，五南圖書，2000年。
羅智成等：《2006旅行，在臺北》，臺北市政府新聞處，200年。
國立臺中技術學院應用中文系編：《臺灣旅遊文學研討會‧論文集／論
　　文讀後集》初版一刷，五南圖書，2006年。
蔣勳：《旅行臺灣：名人說自己的故事》，時報文化，2008年。
大前研一：《旅行與人生的奧義》，商周出版，2007年。
明道文藝編輯部：《明道文藝》，旅遊文學專輯，第331期，2003年。

二、會議論文集

魏仲佑、許建崑執編，東海大學中文系編：《旅遊文學論文集》初版一
　　刷，文津出版，2000年1月。

林翠鳳主編，國立臺中技術學院應用中文系編：《臺灣旅遊文學研討會‧論文集／論文讀後集》初版一刷，五南圖書，2006年6月。

三、期刊論文

丁敏：〈當代臺灣旅遊文學中的僧侶記遊：以聖嚴法師《寰遊自傳系列》為探討〉，《佛學研究中心學報》，第7期，341-378頁，2002年。

方群：〈三毛等作家的旅行寫作〉，《幼獅文藝》，第84卷第5期（521期），47-50頁，1997年。

林維君：〈留住福爾摩沙永恆的春天──臺灣生態旅遊發展潛力與方向〉，《臺灣經濟研究月刊》，第25卷第4期，頁105-116，2002年4月。

林宗賢：〈永保南投好山、好水、好家園〉，第66期，《大自然》，頁44-49，2000年1月。

胡錦媛：〈繞著地球跑（上）──當代臺灣旅遊文學〉，《幼獅文藝》，第83卷第11期（515期），24-28頁，1996年12月。

胡錦媛：〈繞著地球跑（下）──當代臺灣旅遊文學〉，《幼獅文藝》，第83卷第12期（516期），51-59頁，1996年12月。

胡錦媛：〈回歸點與出發點在旅行文學中的重要性〉，《幼獅文藝》，第84卷第5期（521期），43-46頁，1997年5月。

胡錦媛：〈靜止與遊牧──《印度之旅》中的兩種旅行〉，《東海大學中文系旅遊文學研討會發表論文集》，2000年。

胡錦媛：〈臺灣當代旅行文學〉，《臺中技術學院應用中文系臺灣旅遊文學研討會發表文》，2006年。

曹逸書：〈觀光遊憩與生態環境〉，第13卷第3期，頁35～37，1995年6月。

陳淑美：〈隨我走天涯——旅遊文學正發燒〉，《光華文學》，第23卷第5期，104-117頁，1998年5月。

鄭民生：〈四方遊蹤，情繫山海〉，《幼獅文藝》，第85卷第6期（534期），111-112頁，1998年6月。

鍾淑真：〈千巖萬壑路不定——旅遊文學小鏡〉，《幼獅文藝》，第85卷第6期（535期），46-48頁，1998年7月。

黃哲永：〈臺灣的鄉土知性之旅及其作品——以東石、六腳為例〉收錄於東海大學中文系編，《旅遊文學論文集》初版一刷，文津出版，2000年1月。

醸旅人08　PE0057

預約幸福
——乘著文學去旅行

作　　者	陳碧月
責任編輯	黃姣潔
圖文排版	詹凱倫
封面設計	陳碧瑤

出版策劃	醸出版
製作發行	秀威資訊科技股份有限公司
	114 台北市內湖區瑞光路76巷65號1樓
	電話：+886-2-2796-3638　傳真：+886-2-2796-1377
	服務信箱：service@showwe.com.tw
	http://www.showwe.com.tw
郵政劃撥	19563868　戶名：秀威資訊科技股份有限公司
展售門市	國家書店【松江門市】
	104 台北市中山區松江路209號1樓
	電話：+886-2-2518-0207　傳真：+886-2-2518-0778
網路訂購	秀威網路書店：http://www.bodbooks.com.tw
	國家網路書店：http://www.govbooks.com.tw
法律顧問	毛國樑　律師
總 經 銷	聯合發行股份有限公司
	231新北市新店區寶橋路235巷6弄6號4F
	電話：+886-2-2917-8022　傳真：+886-2-2915-6275

出版日期	2014年4月　BOD一版
定　　價	400元

國家圖書館出版品預行編目

預約幸福：乘著文學去旅行 / 陳碧月著. -- 一版. -- 臺北
市：釀出版, 2014.04
　　面；　公分. -- (生活風格類；PE0057)
BOD版
ISBN 978-986-5871-91-8 (平裝)

1. 旅遊文學　2. 世界地理

719　　　　　　　　　　　　　　　　　103000350

讀 者 回 函 卡

感謝您購買本書，為提升服務品質，請填妥以下資料，將讀者回函卡直接寄回或傳真本公司，收到您的寶貴意見後，我們會收藏記錄及檢討，謝謝！如您需要了解本公司最新出版書目、購書優惠或企劃活動，歡迎您上網查詢或下載相關資料：http:// www.showwe.com.tw

您購買的書名：＿＿＿＿＿＿＿＿＿＿＿＿＿＿＿＿＿＿＿＿＿＿＿＿＿

出生日期：＿＿＿＿＿年＿＿＿＿＿月＿＿＿＿＿日

學歷：□高中 (含) 以下　□大專　□研究所 (含) 以上

職業：□製造業　□金融業　□資訊業　□軍警　□傳播業　□自由業
　　　□服務業　□公務員　□教職　　□學生　□家管　□其它＿＿＿

購書地點：□網路書店　□實體書店　□書展　□郵購　□贈閱　□其他

您從何得知本書的消息？

　　□網路書店　□實體書店　□網路搜尋　□電子報　□書訊　□雜誌
　　□傳播媒體　□親友推薦　□網站推薦　□部落格　□其他＿＿＿＿＿

您對本書的評價：(請填代號　1.非常滿意　2.滿意　3.尚可　4.再改進)

　　封面設計＿＿＿　版面編排＿＿＿　內容＿＿＿　文／譯筆＿＿＿　價格＿＿＿

讀完書後您覺得：

　　□很有收穫　□有收穫　□收穫不多　□沒收穫

對我們的建議：＿＿＿＿＿＿＿＿＿＿＿＿＿＿＿＿＿＿＿＿＿＿＿

＿＿＿＿＿＿＿＿＿＿＿＿＿＿＿＿＿＿＿＿＿＿＿＿＿＿＿＿＿＿＿

＿＿＿＿＿＿＿＿＿＿＿＿＿＿＿＿＿＿＿＿＿＿＿＿＿＿＿＿＿＿＿

＿＿＿＿＿＿＿＿＿＿＿＿＿＿＿＿＿＿＿＿＿＿＿＿＿＿＿＿＿＿＿

11466
台北市內湖區瑞光路 76 巷 65 號 1 樓

秀威資訊科技股份有限公司　　　收

BOD 數位出版事業部

．．．

（請沿線對折寄回，謝謝！）

姓　　名：＿＿＿＿＿＿＿＿＿＿　年齡：＿＿＿＿＿　性別：□女　□男

郵遞區號：□□□□□

地　　址：＿＿＿＿＿＿＿＿＿＿＿＿＿＿＿＿＿＿＿＿＿＿＿＿＿＿

聯絡電話：(日)＿＿＿＿＿＿＿＿＿＿　(夜)＿＿＿＿＿＿＿＿＿＿

E-mail：＿＿＿＿＿＿＿＿＿＿＿＿＿＿＿＿＿＿＿＿＿＿＿＿＿＿